21世纪高等职业教育财经类规划教材

财务会计类

工业和信息化高职高专“十二五”规划教材立项项目

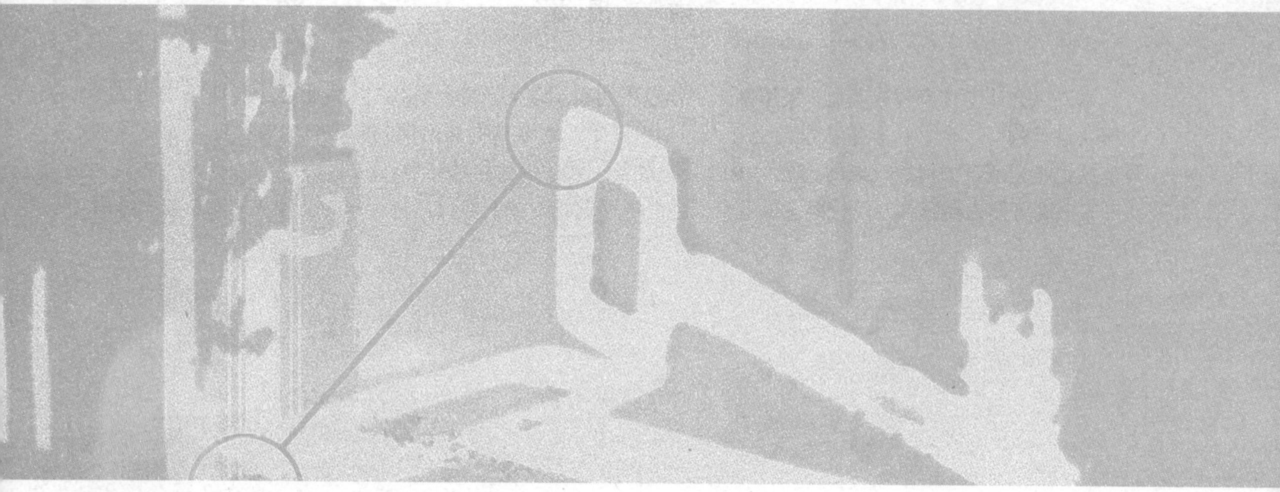

基础会计实务

The Practice of Accounting Basis

◎ 曾理 陈玲 主编 ◎ 黄娟 闵权凤 洪煜娴 吴雯 副主编 ◎ 彭林君 主审

人民邮电出版社

北京

图书在版编目（CIP）数据

基础会计实务 / 曾理，陈玲主编. -- 北京 : 人民邮电出版社，2015.9
21世纪高等职业教育财经类规划教材. 财务会计类
ISBN 978-7-115-39985-4

Ⅰ. ①基… Ⅱ. ①曾… ②陈… Ⅲ. ①会计学－高等职业教育－教材 Ⅳ. ①F230

中国版本图书馆CIP数据核字(2015)第165604号

内容提要

本书以会计工作流程为基础，采用基于工作过程的教学理念，结合最新的《企业会计准则》，共分为6个模块进行编写。全书让学生从学习会计入门知识开始，逐渐掌握如何填制和审核原始凭证、如何填制与审核记账凭证、如何登记账簿、如何编制会计报表，最后检验和总结学习成果。

本书既可作为高职高专院校财会专业及其他经济管理类专业的教材，也可作为会计从业人员的参考用书。

◆ 主　　编　曾　理　陈　玲
副 主 编　黄　娟　闵权凤　洪煜娴　吴　雯
主　　审　彭林君
责任编辑　刘　琦
责任印制　张佳莹　杨林杰

◆ 人民邮电出版社出版发行　北京市丰台区成寿寺路11号
邮编　100164　电子邮件　315@ptpress.com.cn
网址　http://www.ptpress.com.cn
北京鑫正大印刷有限公司印刷

◆ 开本：787×1092　1/16
印张：15.25　2015年9月第1版
字数：382千字　2015年9月北京第1次印刷

定价：36.00元

读者服务热线：(010)81055256　印装质量热线：(010)81055316
反盗版热线：(010)81055315
广告经营许可证：京崇工商广字第0021号

前 言

本书依据高职教育最新的人才培养目标，按照“工学结合、校企合作”的人才培养理念，以任务驱动教学模式为主线进行编写。为了适应高职院校人才培养模式创新的新形势，特邀请南昌财致咨询服务有限公司具有丰富会计从业经验的人员共同参与本书的编写，力求将最新、最前沿的实务操作融入其中，更好地将理论联系实际，增强本书的实用性。本书是江西外语外贸职业学院江西省高校人文社会科学研究课题《高职院校构建紧密型校企合作模式的研究》的重要成果之一。

具体来说，本书主要具有以下特色。

1. 结构上创新

本书继承和吸收了众多教材的优点，以真实的工作业务流程来构建模块，以模块中的具体工作过程作为工作任务，以任务引领知识、技能和方法，让学生在实施具体工作任务的同时学习知识并掌握相应技能。

2. 体例上创新

本书在体例上打破传统的章节模式，以会计账务处理的流程为主线，共分为6个模块编写。每个模块设计若干个任务，按照会计职业活动的情境来进行实训，设有“知识目标”“技能目标”“模块导航”“任务描述”“任务分析”“知识拓展”“任务实施”“模块综述”“阅读篇目”等栏目，以实现“教、学、做”一体。

3. 内容上创新

本书打破了传统的以理论内容主导教材的形式，强调实践操作的重要性。基础会计是一门理论性和操作性非常强的学科，而高职层次的学生既要掌握基础会计的基本理论和方法，又要具备会计核算的基本技能。因此，本书在编写中紧紧围绕高职人才培养目标，既注重基础会计理论知识的系统讲述，又强调加强学生的实际操作能力。通过“教和学”“学和练”的有机结合，提高学生的理论水平和操作能力。

本书与《基础会计练习与实训》配套使用，可针对6个模块教学内容进行强化实训，进一步增强学生的实际操作能力和解决实际问题的能力。

特别需要说明的是：本书主审是曾经担任过香港上市公司中国财务总监，现任多家会计师事务所和企业高级财务顾问的注册会计师彭林君教授，他负责制订全书结构和内容规划。本书编者均为教学和科研一线的“双师型”教师，经验丰富，解决教学问题针对性强。本书由江西外语外贸职业学院曾理、陈玲担任主编，黄娟、闵权凤、洪煜娴、吴雯担任副主编。具体编写分工如下：模块一由彭林君编写，模块二由洪煜娴编写，模块三由陈玲、吴雯编写，模块四由曾理、黄娟编写，模块五由闵权凤编写，模块六由黄娟编写。

本书可作为高职高专院校会计、财务管理等专业以及其他经济管理专业学生的教材，也可作为各类财会培训学校的教学用书和从事会计工作的广大财会人员的自学参考用书。

在本书编写过程中，借鉴了国内外大量的文献，参考了大量的相关财经政策、法规及著作，在此编者对相关作者表示衷心的感谢。由于编者水平有限，书中疏漏之处在所难免，恳请读者不吝指正，以便进一步补充和完善。

编者

2015年7月

目录

目 录

模块一

熟悉会计入门知识，带你走进会计世界

【知识目标】

1. 掌握会计的概念、职能、对象和目标。
2. 掌握会计核算方法的组成内容和相互联系。
3. 熟知会计人员职业素养要求。

【技能目标】

1. 认识会计与会计职业能力。
2. 认知会计专业岗位目标群。
3. 熟知会计职业生涯路径。

模块导航

会计的产生和发展是随着人们的生产实践和管理的需要而产生和发展的，经济越发展，会计越重要。现代会计是经济管理的重要组成部分，具有核算和监督两大基本职能。会计要体现这两大职能，就必须对会计领域中的一些未知因素做出合理的假设，于是就产生了会计基本假设。为了实现会计目标，完成会计任务，会计人员必须采用一系列专门的核算方法。

本模块主要介绍了会计的概念、会计职业生涯的必由之路、会计职业生涯规划；现代会计是经济管理的重要组成部分；会计的对象、目标；会计具有核算和监督两大职能，会计的核算方法；会计人员职业素养要求。

任务一　带你走进会计世界

任务描述

某知名网站，一网友发帖，题为一笔 10 元账该咋记？内容如下：老爸送给自己 2.5 千克大米用不用记账？这笔账在家庭账本中咋体现？一个看似很无厘头的问题，经网友“love huangs”发帖咨询后，引起了众多网友的热议。以下是该咨询帖节选：我和老婆养成了开销记账的习惯。有一天发生了一件事。我们在超市买了 2.5 千克米，总价 10 元钱，由于我老婆身上没有带钱，于是同行的老爸付了钱。然后晚上记账的时候分歧来了，老婆认为应该记收入 10 元，因为白得了价值 10 元的米。我认为这件事不用记账，如果要记的话，就要在收入项记 10 元，同时在支出项也应该记上 10 元。因为我觉得白得的 2.5 千克大米对我来说，其实际意义就是不用花本来应该花的 10 元钱去买，如果记成了收入的话，那么就应该相应的记上支出，因为我们并没有得到实际的钱。

10 元账该咋记？主要有以下几种观点。

观点 1：应记收入 10 元。因为实际是白得了 10 元的大米。

观点 2：记收入 10 元的同时，再记支出 10 元。因为可以理解成自己得了 10 元钱“收入”后又“支出”买了 2.5 千克米。

观点 3：应作为捐赠入账，应记米增加 2.5 千克、价格 10 元。因为是父亲付的款，属于“赠予”。

观点 4：应作为借款入账。因为这 10 元钱是父亲代给的，所以属于债务。

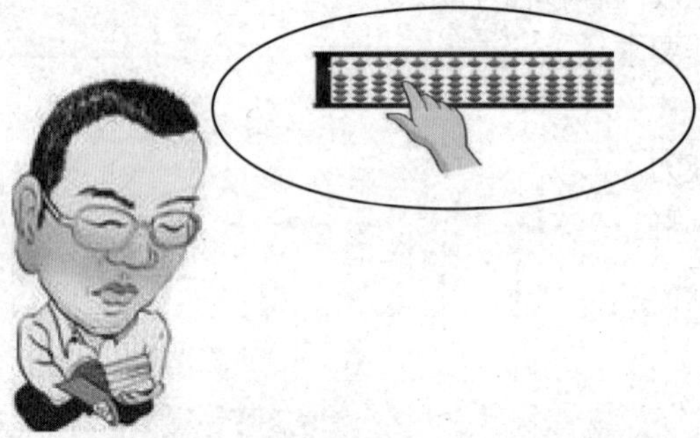

请思考：同学们，你们的观点是什么呢？

任务分析

在超市买了 2.5 千克米，总价 10 元钱，身上没带钱，老爸付的款……

白得 10 元大米，该记“收入”？得到的本不是钱，所以不用记？

按“赠予”入账？还是按“借款”入账？

为了开源节流，很多家庭都拿起记账“利器”，打响自己的资产“保卫战”。不过小账本中的一些细节，却让很多没有学习过会计专业知识的人感到困扰。

有人说，家庭账本简单记下就行了，不用太较真；也有人说，本来生活就是琐碎的，一点一滴的小账都不记，积少成多就不能真实反映家庭实际的开销情况，也就失去了记账的意义。

那么一套行之有效且简单明了的家庭账本应该是怎样的？或许现在你也有些摸不着头脑，但当了解一些相关理论知识后，就会拨云见日了。

相关知识

一、会计世界

亲爱的同学们，当你告别中学时代，进入大学学习经济管理类专业时，你将要学习一门全新的课程——会计。

什么是会计呢？下面我们就带你走进会计世界，让你做到对会计心中有数。

会计一词，在现实生活中通常包括 3 种含义：第一，是指会计人员（Accountant），即担任会计工作的人，如公司的王会计、商场的李会计、宾馆的刘会计等；第二，是指会计工作（Accounting Work），如说，她是做会计的；第三，是指会计学（Accounting），也就是以会计为研究对象的学科，如她在大学学的是会计，他是一名会计教师等。我们这里讲的会计世界，主要是指会计工作。

1. 观察身边的会计

当你来到大学，到学校的财务部门交学费、书费；你父母每月寄给你生活费，你从银行取出钱，然后到学校给饭卡充值、买生活日用品、买书等；你经常去超市购物，当你选中自己需要的物品后，收银员给你结算，然后你付钱等。不难发现上面列举的事项，都是与钱有关的事项。人们的这些活动都属于经济活动。但是，如班上要举办一次文艺晚会，为了成功举办这次活动，班主任老师要求班干部和同学们制订表演计划，执行计划，进行排练，布置会场等，最后进行演出。在这项活动当中，没有涉及钱，因此这项活动属于不涉及经济的活动。但是，假如这次表演需要花钱租借演出服装、购买化妆用品、购买演出道具，那就涉及钱了，也就属于经济活动了。因此，凡是能引起钱发生增减变化的那些事情，我们统称为经济活动、经济业务或者会计事项。企业的管理活动很多都涉及钱，如花钱买材料、用钱支付水电费、用钱支付员工的工资、收到客人购买产品的货款等，这些活动都属于经济活动。请你想一想：我们身边的经济活动还有哪些？组织单位存在经济活动，家庭单位也存在经济活动，可以说经济活动在现代社会无处不有。

对于个人的经济活动，有的人就是自己记账，提醒自己不要忘记，看看有没有搞错，看看自己的钱是怎么花的，但有些人根本不记账。对于单位的经济活动，如学校收取学生的学费、支付水电费、收到上级拨款等；工厂采购原材料进行生产加工，加工成产品后对外销售，销售后收回资金，支付各项费用；商场购进商品对外销售等，都需要有专门的人来进行专门的记录，并实施管理，这就是会计。

2. 认识会计

会计就是对单位发生的经济事项进行收集整理，再把收集整理的结果通过会计资料和会计报表等会计信息载体反映出来，提供给相关的人使用。有人说会计就像一张写满了信息的纸，通过它，你可以了解到企业赚了多少钱、亏了多少钱、还有多少钱等很多信息。

会计是以货币为主要计量单位，使用会计特有的技术方法，对经济活动进行连续、系统、全面、综合的记录，并通过财务报表的形式来进行经济信息的披露。企业通过财务报表来总括反映企业的财务状况、经营成果和现金流量，我们日常使用的财务报表有 3 张，即资产负债表、损益表和现金流量表。作为一般的经济管理工作者，至少要能够看懂前面两张报表。一般来说，损益表比较好理解，但资产负债表却不容易看明白。

在现实生活中，不少厂长、总经理拿着财务部经理报上来的财务报表，都喜欢看损益表，而不太喜欢看资产负债表。因为损益表就是利润表，上面能清楚地反映出企业的营业收入、营业成本、营业税金及附加、销售费用、管理费用、利润总额、所得税费用等项目，这些项目是大部分人比较熟悉并能理解的内容，当然，其中也有一些不太容易理解的内容，如财务费用、每股收益、稀释每股收益等概念，但没关系，这不影响领导看企业总体的经营成果。通过这张报表领导知道企业这一时期的收入、费用和利润有多少。但资产负债表却不是这样，一张表上有许多内容是不好理解的，只有少部分项目是平时经常接触到的，如固定资产、存货、应收账款、应付账款、短期借款、长期借款等，而更多的如交易性金融资产、持有至到期投资、递延所得税资产、递延所得税负债、实收资本、资本公积、盈余公积等项目，是不那么浅显且容易理解的概念，因此领导们不爱看这张表，即使财务经理解释过是什么意思，但第二个月领导拿到报表时又不记得这些项目的含义了。由于资产负债表是能够总括反映企业的财务状况的报表，如果不能正确读懂它，将影响领导进行经营决策。下面我们就通过一个案例简单地讲讲这两张报表，让你做到心中有数。

王董事长准备在南昌市投资一家四星级酒店，他自己有资金 2 000 万元，向银行贷款 1 000 万元（5 年后归还）。总计 3 000 万元的资金，酒店盖大楼花费 1 800 万元，购买设施设备花费 600 万元，购买客房日用品、厨房原料等材料花费 300 万元，还剩 300 万元留在银行账户上准备周转使用。酒店建设完成开始经营后，每年实现营业收入 3 000 万元，开支成本费用 2 500 万元，实现利润 500 万元。案例中，王董事长用来投资酒店的资金我们称为资金的来源，也就是资金是从哪里来的，其中有 2 000 万元是王董事长自已的，是投资者自已投入的资本，这称作实收资本，属于资产负债表中的所有者权益中的一项。除了自己投入的 2 000 万元外，王董事长还向银行贷款 1 000 万元，期限为 5 年，这称作长期借款，属于资产负债表中的负债。也就是说，王董事长投资酒店的资金是由实收资本和长期借款组成的。这些钱用到哪里去了呢？这可以称作资金的运用。我们可以看到，盖酒店大楼和购买设施设备共花费 2 400 万元，大楼和设施设备是酒店的固定资产；购买材料用去 300 万元，这是酒店的存货；剩下 300 万元留在银行账户上，这是酒店的货币资金。固定资产、存货和货币资金都属于酒店的资产，加起来也就是 3 000 万元，与资金的来源是相等的。资产负债表中的所有者权益和负债相加称作权益，也就是说资产与权益相等。这些内容在资产负债表中都可以反映出来。酒店营业后，每年接待客人住宿、用餐等消费，收到客人交来的收入 3 000 万元，这称作营业收入；为了给客人提供服务，酒店要支付各种原材料消耗、水电费、燃料费、人员工资等，这些费用开支一年达 2 500 万元，这称作费用；酒店在收到客人的收入后，减去支付的各种费用开支，剩下的就是酒店的利润。这些内容可以通过损益表来反映。

也就是说，通过资产负债表，可以知道企业的钱是从哪里来的，用到哪里去了，从而可以掌握企业的财务状况；通过损益表，可以知道企业做了多少业务，耗费了多少钱，有多少利润，从而可以掌握企业的经营成果。

会计就是要将会计报表中的每一个项目、每一个数字的来龙去脉用特殊的、国际通用的商业语言——会计语言记录、汇总，最终形成财务报告。

会计不仅记录企业的经济活动，提供经济活动信息，还发挥着管理的重要作用。在提供财务报告的同时，会计还必须对单位的经济活动情况进行分析。通过将经营数据与上期、上年同期、同行业同期等进行对比，分析生产经营过程中出现或存在的问题，以便提出改进方案。会计通过数据分析，制订成本控制方案，明确企业内部各部门的经济责任，根据每期数据正确评价各部门工作完成情况，促使企业提高效率，杜绝浪费，实现股东财富最大化。会计还能够预测企业经济前景，对企业经营环境做出正确的判断，提出有利于企业的投资或经营方案。因此，我们讲现代企业的会计工作应重在管理。

在现代经济社会中，很多企业的厂长、经理大都喜欢两类人：一类是销售人员，他们为企业直接创造财富，是企业的生之者（开源）；另一类是企业的管理人员，包括会计，他们利用会计制作的经济数据对企业实施有效的管理，节约成本与开支，为企业间接创造财富，也是企业的生之者（节流）。

作为经济管理专业的同学，通过会计课程的学习，要能够读懂会计报表，正确使用相关信息，为自己将来从事经营管理工作、为企业经营决策奠定基础。

作为会计专业的同学，通过会计课程的学习，你最终要能够正确编制会计报表，为企业管理者提供可靠的信息，发挥好会计的管理作用。当然，要做到这一步可不是一天两天的事，它需要通过一系列会计专业课程的学习才能实现。

二、会计职业生涯必由之路

1. 什么人需要懂得会计知识

市场经济的今天，不只做会计的人需要掌握会计知识，其实所有从事经济管理工作的人都需要懂得会计知识，看懂财务报表，才能在经济活动中做到游刃有余。例如，作为企业的总经理，通过财务报表，能够对企业的财务状况、经营情况和资金状况等做到心中有数，较好地进行长、短期经营决策。作为一般的股民，通过财务报表可以了解自己投资的企业业绩如何、收益如何、估值水平如何等。营销人员不懂会计知识，就不能很好地确定产品的推销价格；业务人员不懂得会计知识，不会计算成本、税费，就不能清楚地计算每笔生意的利润；管理人员不懂得会计知识，就不能在管理过程中正确利用会计信息为企业的管理服务；一般的市民不懂得会计知识，就不能很好地进行理财，不能将自己辛苦赚来的钱进行合理的投资。

会计专业技术性强，以技术性作为平台和支点，进可攻，退可守，全面渗透到现代企业生活与个人生活的方方面面；会计神奇、奥秘，有着自己独特的语言和技术方法，记录着社会经济活动的各个过程，最终把经济活动信息以自己特有的方式告诉别人，并实施科学有效的管理。因此，现代会计与财务在企业的经营管理中处于核心地位，现代企业的许多高管人员大多是从会计与财务岗位上提升的。

2. 会计专业相关岗位群

会计专业相关岗位群如表 1-1 所示。

表 1-1　　会计专业相关岗位群

组织单位	岗位
党政机关、事业单位	出纳、会计（政府会计、预算会计）
小微企业	出纳、会计
大中型企业	车间核算员、车间统计员、品质检验员、仓库保管员、材料稽核员、出纳、材料会计、销售会计、工资会计、固定资产会计、费用会计、往来会计、税务会计、成本会计、总账与报表会计、财务科长、财务经理、财务总监、总经理助理、总经理、董事长
超市、连锁便利店	收银员、店长助理、店长
银行	前台会计、后台会计
会计事务所	代理记账与报税会计、注册会计师助理、注册会计师

银行会计

医院出纳

公司会计

会计师事务所的会计师

超市收银员

经理

3. 职业生涯必由之路

会计专业的就业是一棵常青树，历久弥新，经久不衰。这是因为会计专业技术性强、用途极为广泛，以会计技术为支撑平台，进可攻，退可守。攻可到市场营销、物流管理、人力资源管理、文秘、企业管理等广阔领域，在此跨越中不存在太大的技术障碍；守即退回平台去胜任会计专业相关岗位群的工作，其就业的空间与回旋余地都较大。此外，在企业里既懂营销、又懂财务管理的人才备受重视。在职业生涯的成长之路上，同学们还要明白几个道理：一是专业知识与专业技能固然重要，但比专业知识更为重要的是综合知识与综合能力；二是一定要牢记企业欢迎的人是能给企业带来财富的人即人“财”，能在某一领域独当一面的人即人才，有潜力能被打造成才的人即人“材”；三是一定要牢记“天下大事，必作于细”的道理，从小事做起，从基础做起，不沉湎于幻想，不好高骛远，要用埋头苦干的行动创造实实在在的业绩。一定要牢记“艰难困苦，玉汝于成”的道理，迎难而上，百折不挠，不畏惧挫折，不彷徨退缩，在千磨万击中历练人生，收获成功。每个人都渴望成功，但成功之路需要人们踏踏实实、一步一个脚印地走出来。当你进入校门，你要抓紧美好时光，掌握必备的知识与技能，为成功奠定基础。跨入社会大门，你必须虚心好学，一切从零开始。此时，你可以成为一名助理，辅助他人工作，同时自己不断学习进步，提高自身各方面的能力。经过一段时间的锻炼，你可以独立承担工作项目，那时你已成为企业的业务骨干了。这时，进一步钻研业务、提高管理水平是你的任务，当你具备策划、组织、执行等能力之后，你将成为业务经理。一般人在这个层次徘徊的时间比较长，当你有了非常突出的能力和对企业有特殊的贡献时，你将成为企业的高管人员来全面经营企业。世界上很多商界成功人士最早都从事过会计工作，具有会计教育或职业背景，可以说，会计工作造就了无数成功人士。

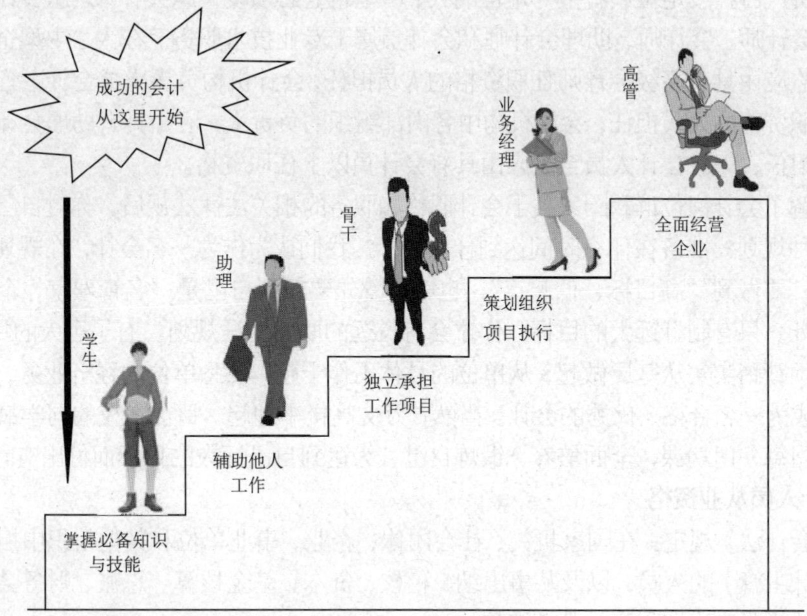

4. 会计职业生涯规划

《中华人民共和国会计法》(以下简称《会计法》)和《会计专业职务试行条例》规定，按会计人员的政治表现、学识水平、业务能力以及国家组织的会计人员技术资格统一考试成绩评聘相应的技术职称。我国《会计专业职务试行条例》将会计人员专业技术职称主要定为高级职称（高级会计师)、中级职称（中级会计师)、初级职称（初级会计师)；最高端专业考试证书主要有注册会计师（Certified Public Accountant)、ACCA（特许公认会计师公会)。会计专业职称及证书具体如图 1-1 所示。

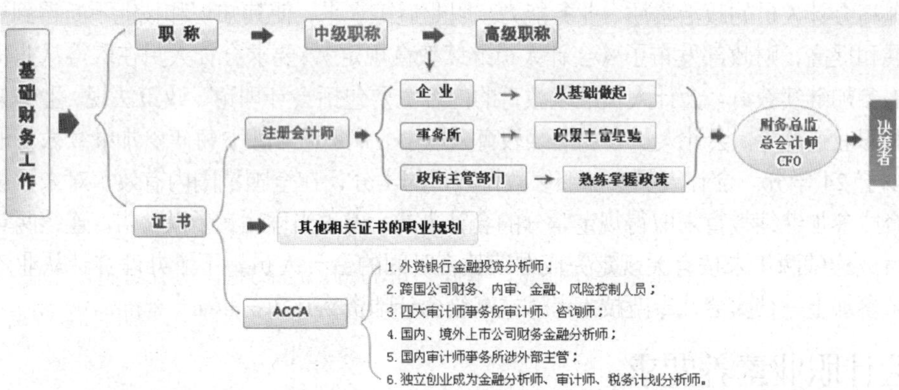

图 1-1　会计专业职称及相关资格证书

会计专业技术资格分为初级资格、中级资格和高级资格。会计专业技术资格实行全国统一组织、统一考试时间、统一考试大纲、统一考试命题、统一合格标准的考试制度。高级资格（高级会计师资格）实行考试与评审结合的评价制度。通过全国统一考试，取得会计专业技术资格的会计人员，表明其已具备担任相应级别会计专业技术职务的任职资格。用人单位可根据工作需要和德才兼备的原则，从获得会计专业技术资格的会计人员中择优聘任。按照《会计法》的要求，国有的和国有资产占控股地位或者主导地位的大、中型企业必须设置总会计师。总会计师属于行政职务，高级会计师、会计师、助理会计师和会计员属于专业技术职务。在大、中型企业，总会计师或财务总监应由具有高级会计师任职资格的人员担任；会计机构负责人或会计主管应由具有会计师以上任职资格的人员担任；会计机构中各内部组织的负责人，应由具有助理会计师以上任职资格的人员担任；一般会计人员至少应由具有会计员以上任职资格。

当你了解了会计岗位群和国家关于会计职称和职务的相关法律法规后，你对自己的会计职业生涯将作何种规划？准备在什么时间达到什么目标？我们认为作为一名会计，在规划自己的会计职业生涯时，要做到“高目标、低起点”，也就是首先要想到自己是一名管理家、企业家，其次才是一名会计。只有制订远大的目标，你才会有长远的职业生涯规划。有了远大的目标还不够，接下来你必须踏踏实实从基层做起，从单位的具体工作干起，熟悉单位的经济业务，掌握单位的工作流程，成为一名合格、优秀的会计。当然，万丈高楼平地起，目前在校的同学最根本的任务就是刻苦学习每一门功课，全面培养、锻炼自己，为达到自己远大的目标而付出实际行动。

5. 会计人员从业资格

我国《会计法》规定：在国家机关、社会团体、企业、事业单位和其他组织中担任会计机构负责人（会计主管）的人员，以及从事出纳、稽核、资本、基金核算、总账、财务会计报告编制等会计工作的人员应当取得会计从业资格。

根据全国会计从业资格考试报考指南，会计从业资格证的报名条件为凡符合《会计法》《会计从业资格管理办法》等有关法律、法规规定，申请取得会计从业资格的人员，均可报名考试，具体如下：（1）遵守会计和其他财经法律、法规；（2）具备良好的道德品质；（3）具备会计专业基础知识和技能。会计从业资格考试科目为财经法规与会计职业道德、会计基础、会计电算化（或者珠算）。会计从业资格考试科目实行无纸化考试，各考试科目应当一次性通过。

✎【学习知识查阅】财政部发布的《会计从业资格管理办法》。

6. 会计人员继续教育

为提高会计人员的政治素质、业务能力、职业道德水平，使其知识和技能不断得到更新、补充、拓展和提高，财政部发布了《会计人员继续教育规定》，要求会计人员在取得从业资格证后每年均需参加继续教育。会计人员继续教育的内容主要包括会计理论、政策法规、业务知识、技能训练和职业道德等。会计人员参加继续教育采取学分制管理制度，每年参加继续教育取得的学分不得少于 24 学分。会计人员参加继续教育取得的学分，在全国范围内有效。对未按规定参加继续教育或参加继续教育未取得规定学分的会计人员，无正当理由，予以警告。连续两年未接受继续教育或连续两年未按有关规定完成继续教育时间的会计人员，不予办理会计从业资格证年检，不得参加上一档次会计专业技术考试或高级会计师资格评审。

三、会计职业素养要求

当你心中已对会计及会计职业有了基本认知；当你牢记了职业生涯成长之路中必须明白的几个道理之后，你会了解自己应当具备哪些会计职业素养，这样才能成为一名成功、优秀的会计。下面就来谈谈会计职业素养的要求。

1. 遵守职业道德

（1）爱岗敬业。要求会计人员热爱会计工作，安心本职岗位，忠于职守，尽心尽力，尽职尽责。

（2）诚实守信。要求会计人员做老实人，说老实话，办老实事，执业谨慎，信誉至上，不为利益所诱惑，不弄虚作假，不泄露秘密。

（3）廉洁自律。要求会计人员公私分明、不贪不占、遵纪守法、清正廉洁。

（4）客观公正。要求会计人员端正态度，依法办事，实事求是，不偏不倚，保持应有的独立性。

（5）坚持准则。要求会计人员熟悉国家法律、法规和国家统一的会计制度，始终坚持按法律、法规和国家统一的会计制度的要求进行会计核算，实施会计监督。

（6）提高技能。要求会计人员增强提高专业技能的自觉性和紧迫感，勤学苦练，刻苦钻研，不断进取，提高业务水平。

（7）参与管理。要求会计人员在做好本职工作的同时，努力钻研相关业务，全面熟悉本单位的经营活动和业务流程，主动提出合理化建议，协助领导决策，积极参与管理。

（8）强化服务。要求会计人员树立服务意识，提高服务质量，努力维护和提升会计职业的良好社会形象。

【学习知识查阅】财政部颁布的《中华人民共和国会计法》。

2. 提高业务素质

（1）熟悉企业的经济活动

在成为一名优秀的会计之前，你首先应该成为企业的一名业务人员。来到企业的第一站不应是企业的财务部门，而应该是企业的业务部门。必须熟悉企业的业务，包括业务范围、生产流程、工作流程、企业的规章制度、员工守则等。只有非常熟悉企业的业务，才能很好地进行财务核算，参与企业的经营管理，发挥会计的核算和监督职能。

有不少单位的会计抱怨说单位的领导不重视会计。这主要是会计没有能够充分发挥自己的管理作用，领导自然就感觉不到你的重要性了。会计只有非常熟悉本单位的业务，才能从会计的角度发现管理中存在的问题，同样才能从会计角度提出切实可行的方案以解决问题，为企业经营管理做出贡献，为企业带来经济效益，这样才能让领导对会计刮目相看。因此，熟悉本企业的业务是做好会计的第一步。

（2）掌握专业知识

在熟悉了企业的经济活动之后，会计人员必须用会计语言将企业的经济活动记录下来，这就需要用到会计专业知识。专业知识是会计人员素质的特质，是职业判断能力的潜在表现，是会计人员应具备的最基本的从业知识。“基础会计”是同学们学习会计的入门课程，接下去同学们还要学习“财务会计”“成本会计”“管理会计”“财务管理”“税法”“经济法”等相关专业课程，只有经过一系列的专业课程学习，才能对会计知识有系统的了解，为完成会计工作奠定基础。

（3）掌握专业技能

由于会计工作是一项实践性很强的工作，必须将理论知识应用到实践工作中，才能提高职业能力。因此同学们在校期间，应认真进行会计模拟实训，通过在“做中学，学中做”，将理性认识与感性认识相结合；同时也要珍惜步入社会前的社会顶岗实习机会，在实习过程中将理论知识应用到实践工作中，进而深化对专业知识的认识。

同时，同学们应注重现代人必须掌握的工具一是语言工具，二是计算机工具。会计电算化在实际工作中显得尤为重要，它使会计人员从繁重的手工劳动中解放出来，使会计工作者有更多的时间与精力去进行管理，是减轻会计工作量、提高会计工作效率的保证，也是会计信息化的前提。《会计电算化》是会计专业知识不可缺少的一部分内容，掌握好计算机知识和操作技术是当代会计人员的必备条件。最后是驾驶工具。

3. 培养综合能力

要想成为一名成功、优秀的会计，只具备良好的会计职业道德和较强的会计专业能力还不够，还必须培养自己的综合能力。综合能力是指一个人在面对工作任务或者难题时，能够从多个层面进行思考，深刻分析导致问题产生的原因，并系统地制订行动方案，从而采取恰当的手段使工作得以高效率展开并最终取得高绩效的能力。综合能力包括学习能力、观察能力、思考能力、策划能力、执行能力等。

例如，随着我国市场经济体制的不断完善和经济形势的不断变化，财会专业知识的更新速度非常快。对于国家不断出台的新的会计制度、会计准则及其他相关法规，会计人员必须及时学习，跟上时代的步伐，适应工作的需要。终身学习成为当今社会的必然要求，会计人员也不例外。这就需要会计人员具备一定的学习能力。在工作中，会计人员经常会遇到各种问题，有业务方面的，也有其他方面的，这就需要会计人员有处理和解决各种问题的能力。又如，会计工作不仅需要与单位内部各部门的人员接触，还需要与外部相关业务单位如银行、税务、审计、财政等部门打交道，有的还需要和工商部门、物价部门进行沟通，所有这些都要求会计人员具备良好的人际交往能力和协调能力。

我们需要强调的是，培养综合能力，首先要同学们学会做人，做人的核心是具备爱心与责任心，其次，才是做事。同学们可以在不断地“做”事的过程中培养自己的综合能力。这为我们在“做中学”提供了科学的认识基础。只有把职业道德、专业能力和综合能力的培养有机结合起来，才能达到“以能力为本位”的培养目标。

任务实施

1. 会计支招：根据不同情况来考虑如何记账，毕竟家庭记账与严格的企业记账有所不同，家庭记账除了要考虑精确外，更重要的是要了解自己记账的目的是什么。某私企财务部门的会计万建军的观点是，应该按照不同情况考虑如何记账。

支招 1：实物进账不能单记收入或者支出。单就这一笔 10 元账来说，如果考虑到家庭收支中很少有这样的实物“进账”出现，完全可以忽略不计。一方面，该笔实物“进账”金额并不算大；另一方面，因为这 10 元的背后其实是 2.5 千克大米的实物，这种实物“进账”其实兼具收入和支出“双重身份”，所以不能单记收入或者单记支出。如果记录的话，必须是先记入收入 10 元（可添加备注：老爸赠予），再记支出 10 元（可添加备注：2.5 千克大米）。

支招 2：“忽略式”记账无法真实“反映”家庭收支。万建军认为，如果在家庭收支当中，像这种亲友赠予、单位福利或者其他意外收入较多的话，则有必要在账本中逐一体现。不能因为这种实物“进账”身兼两职就一并抵销掉。

支招 3：家庭账单按收入/支出两条线分别列表。正确的做法应该是，在收入项下，可将现金收入（包括工资、福利等）、卡券收入（包括消费卡、购物券等）等实物收入分别归类记录。如得到 2.5 千克大米（市价 10 元）的馈赠，可在收入项下实物收入中记录 10 元，然后在支出项下的日常消费支出中也记录 10 元。

2. 行家建议：区分“体内循环”还是“体外循环”记账。江西外语外贸职业学院会计系主任彭林君教授在网上接受来访时强调道，家庭账本毕竟与企业账本不同，对于家庭必须采用什么样的记账方式不能一概而论。如亲友间互相馈赠物品需不需要入账，其实得区分不同情况，或者说因人而异。“我认为这种家庭成员间涉及金钱或者物品的往来，就像是体内循环一样，不用在账本中体现，不能记收入，也不能记支出。彭林君教授认为，按照我们的传统，父母子女间这种日常物品你来我往，更多的是被赋予一种亲情味，一概量化地记到账本里反倒没有意义，更多的是需要记在心里。而诸如家庭成员以外的借贷行为、人情往来更像是“体外循环”，则属于另外一种情况。

3．记账窍门：家庭可参照企业做法也设立两本账。用友软件江西分公司财务部经理徐伟在接受网上采访时表示，家庭账本和企业账本有相通之处，同样都需要记录收入和支出。但又不能太过于死板地记录，最好是理论联系实际掌握一些记账的小窍门。

窍门 1：家庭也设立两本账。家庭可以参照企业账本的形式，设立两本账，这样就可以比较有效地避免遇到人情往来、亲友间的借款等问题时不知道该如何在家庭日常开销账本中体现的问题。

窍门 2：设立预支款项目。家庭消费中，除了日常生活消费等比较固定的支出外，经常会出现一些意外消费支出。因此，建议在家庭账本中设置一个预支款项目。

窍门 3：做好家庭预算。家庭记账很大程度上取决于家庭成员的自觉性，记账的同时也要做好预算。这种方式能在某种程度上鼓励家庭成员多攒钱，养成良好的理财习惯，避免过多的冲动性消费。

窍门 4：家庭成员轮流审计。企业需要由审计部门对其账本进行监督，家庭成员也可以每个月轮流审计，通过审计能够查找出“呆坏账”等。家庭账本不能光顾着记录，定期也有必要进行一番整理“审计”，看一下收入多少，支出多少，是否有遗漏的部分。

4．问问经济学：借贷平衡原理。“有借必有贷，借贷必相等”是会计学中一个基本的记账规则。这一记账规则也被称为“借贷平衡原理”，运用该原理可以检验会计分录、过账、结账等一系列会计处理的正确性。需要特别说明的是，“借”和“贷”只是记账符号，用以指明记账的增减方向、账户之间的对应关系和账户余额的性质等。而与这两个文字的字义及其在会计史上的最初含义无关。为什么“白得”了 2.5 千克大米不能直接算做家庭收入的一部分？其实用借贷平衡原理就可以解释：获得他人赠送的 2.5 千克大米，可以理解为自己的收入多了 10 元（2.5 千克大米的实际价值），应在收入账户（贷方）记上 10 元；但这笔收入其实已被同时支出用于购买大米，所以，在支出账户（借方）记上 10 元。科学地运用“借”和“贷”的记账符号，能充分体现出资金运行的来龙去脉这一对立统一关系。

知识链接

会计的产生和发展

一、会计的产生

会计作为一项记录，计算和考核收支的工作，在公元前一千年左右就出现了。但是，具体起源在何时、发源于何地，至今尚未确切地加以考证。最初的会计只是作为生产职能的附带部分，然后经历了古代会计，近代会计和现代会计 3 个发展阶段。

从另外一方面来说，人类要生存，社会要发展，就要进行物质资料的生产。生产活动一方面创造物质财富，取得一定的劳动成果；另一方面要发生劳动耗费，包括人力物力的耗费。在一切社会形态中，人们进行生产活动时，总是力求以尽可能少的劳动耗费，取得尽可能多的 劳动成果，做到所得大于所费，提高经济效益。为此，就必须在不断改革生产技术的同时，采用一定的方法对劳动耗费和劳动成果进行记录、计算，并加以比较和分析，这就产生了会计。可见，会计的产生与加强经济管理，追求经济效益有着不可分割的天然联系。

二、会计的发展

早期的会计是比较简单的，只是对财物的收支进行计算和记录。随着社会生产的日益发展和科学技术水平的不断进步与发展，会计经历了一个由简单到复杂，由低级到高级的漫长发展过程。

它的发展过程主要有以下 3 个阶段。

1. 古代会计。早在原始社会，随着社会生产力水平的提高，人们捕获的猎物及生产的谷物等便有了剩余，人们就要算计着食用或进行交换，这样就需要进行简单的记录和计算。但由于文字没有出现，所以只好“绘图记事”，后来发展到“结绳记事”“刻石记事”等方法。这些原始的简单记录，就是会计的萌芽。随着生产的进一步发展，科技的进步，劳动消耗和劳动成果的种类不断增多，出现了大量的剩余产品，会计逐渐“从生产职能中分离出来，成为特殊的、受当事人专门委托的独立的职能”。我国《周礼》中有会计官职的设置，如“司会”，掌管国家和地方的财产物资。元代就形成了“四柱清册”，即“旧管+新收=开除+实在”，意思就是“原有的+新得到的=拿走的+还剩下的”。这些都是最早期的会计，为近代会计的发展奠定了基础。

2. 近代会计。一般认为，从单式记账法过渡到复式记账法，是近代会计的形成标志，即 15 世纪末期，意大利数学家卢卡·巴其阿勒有关复式记账论著的问世标志着近代会计的开端。

（1）15 世纪，伴随着意大利的佛罗伦萨、热那亚、威尼斯等地的商业和金融业的要求不断改进和提高，世界上最早的复式记账方法诞生了。复式记账技术首先来自银行的存款转账业务。为适应实际需要，1494 年，意大利数学家卢卡·巴其阿勒出版了他的《算术、几何、比与比例概要》一书，系统地介绍了威尼斯的复式记账法，并给予理论上的阐述。有此开始了近代会计的历史。

（2）从 15 世纪到 18 世纪，会计的理论与方法的发展仍然是比较缓慢的。直到蒸汽技术的发明实现了社会的工业革命，才使得会计有了较大的发展。在英国，由于生产力的迅速提高，会计迅速发展。过去，会计主要是记账和算账，现在还要编制和审查报表，而为满足编制财务报表的需要，还要求研究资产的估价方法和有关理论等。

（3）第一次世界大战以后，美国取代了英国的地位，无论是生产上、还是科学技术的发展上都处于遥遥领先的地位。因此，会计学的发展中心，也从英国转移到美国。在 20 世纪 20 年代和 30 年代，美国对标准成本会计的研究有了突飞猛进的发展。到这一时期，会计方法已经比较完善，会计科学也已经比较成熟。

3. 现代会计。在经济活动更加复杂，生产日益社会化，人们的社会关系更加广泛的情况下，会计的地位和作用，会计的目标，会计所应用的原则、方法和技术都在不断发展、变化并日趋完善，并逐步形成自身的理论和方法体系。另外，科学技术水平的提高也对会计的发展起到了很大的促进作用。现代数学、现代管理科学与会计的结合，特别是电子计算机在会计数据处理中的应用，使会计工作的效能发生了很大变化，它扩大了会计信息的范围，提高了会计信息的精确性和及时性。这样，在 20 世纪中叶，比较完善的现代会计就逐步形成了。一般认为，成本会计的出现和不断完善，在此基础上管理会计的形成和与财务会计相分离而单独成科，是现代会计的开端。

任务二　提炼会计知识

任务描述

周明是某高职院校财会专业大三的学生，在南昌清风有限责任公司财务部实习。按照学校实习管理规定，周明必须将每个月实习过程中的学习体会进行总结。第一个月过去了，周明对自己在财务部看到的会计工作过程进行了归纳总结，她写道：会计人员收到各种原始单据后都要进行认真仔细的审核，根据符合规范的原始单据来判断企业的经济活动内容，再根据这些通过了审核的单据来填制会计记账凭证，把企业的经济活动通过记账凭证记录下来。在这个过程当中，会计人员全部都是用人民币作为计量各经济事项的计量单位。接下来会计人员再根据记账凭证登记会计账簿，从而将各项分散的经济业务进行汇总。到了第二个月的月初，会计人员根据账簿编制上个月的会计报表，报送给公司领导、上级主管部门、税务局、银行等部门。周明写到这里，停下笔思考：所有我看到的这些会计工作实务的理论应该怎么提炼呢？

请思考：会计基本理论知识有哪些？

任务分析

每一门学科都有其学科特点、研究对象、研究目标和研究方法，会计也有其自身的特点和功能，因此会计的研究对象也具有其特殊性，要达到会计工作的目的，必须使用一系列的会计手段即会计方法。

相关知识

一、会计的特点

会计是以货币为主要计量单位，利用会计特有的七种技术方法，对企事业单位的经济活动进行连续的、系统的、全面的、综合的记录，并运用记录所获得的经济数据对经济活动实施科学有效的管理。会计具有以下基本特点。

1. 以货币为主要计量单位

任何一种经济活动的核算和记录，都必须使用一定的计量单位，否则就无法进行数量反映。在现实的经济活动中存在有 3 种单位量度，即实物单位量度（如千克、件、米等）、劳动单位量度（如工作日、工时等）和货币单位量度（元、角、分等）。实物量度是为了核算各种不同物资的实物数量而采用的，它对于提供经营管理上所需的实物指标，保护各种物资的安全和完整具有重要意义。但是，实物量度有一定的局限性，它只能用于总计同一种类的物资，而不能用来总计各种不同种类的物资，更无法用来综合反映各种不同的经济活动。劳动量度是为了核算企业经营活动中消耗的劳动者工作时间的数量而采用的一种计量单位，应用劳动量度可以具体确定某一工作过程的劳动耗费，这在商品经济条件下是非常必要且具有特定作用的。但是，社会再生产过程中所消耗的劳动量，不能广泛利用劳动量度来进行记录和计算，它无法进行集中反映。而货币量度，则可对不同质的事物用相同的量度来进行反映，并可进行分类汇总和比较，提供综合指标。以货币作为统一的计量单位来进行核算是会计的一个重要特点。

2. 经济活动具有全面性、连续性、系统性和综合性

会计具有一套科学的专门方法，能够对经济活动进行连续、系统、全面和综合的核算与监督。全面性是指对各种经济活动都要反映其来龙去脉，不能遗漏；连续性是指按照经济活动发生的时间顺序做不间断的记录，不允许中断和间断；系统性是指对各种经济活动的记录要采用一系列专门的方法，遵循一定的处理程序，科学有序地进行，以取得分门别类的有用信息；综合性是指以货币作为统一的计量单位。

3. 具有一整套完整的科学实用的专门方法

为了正确地反映企业经济活动，会计在长期发展过程中，形成了一系列科学实用的专门核算方法，按照经济业务发生的顺序进行连续、系统、全面的记录和计算，为企业经营管理提供必要

的经济信息。

4. 以合法凭证为依据

任何经济活动都会留下自己的痕迹，而会计就是以这些痕迹（交易或事项）发生或完成的书面凭证为依据进行核算和监督。为了保证会计信息的可靠性，对于取得或填制的书面凭证，必须先审核，然后才能作为核算和监督的依据。因此，会计提供的信息具有可验证性。

二、会计的职能

会计的职能（Function of Accounting）是指会计在经济管理工作中所具有的功能。会计的职能有多种，并随着经济的发展及会计内容和作用的不断扩大而发展变化着，但是从会计的本质来讲，核算（记录）和监督（管理）是会计的两项基本职能。

1. 会计的核算（记录）职能

会计的核算职能也称为会计的反映职能，是会计的最基本职能。会计核算的过程就是把大量经济活动的数据转换为会计信息的过程，它是全部会计工作的基础。具体来说，会计的核算职能是指会计以货币为主要计量单位，通过确认、记录、计量、报告等会计核算方法，从价值量上反映各单位已经发生或完成的经济活动，为经济管理提供完整、连续和系统的会计信息。

会计核算职能具有如下特点。

（1）会计核算主要是从价值量上反映各单位的经济活动情况。

（2）会计核算具有全面性、连续性、系统性和综合性。

（3）随着计算机在会计信息处理中的应用，会计的传统工艺同现代信息技术相结合，使会计核算的方式从手工簿记系统逐步发展为电子数据处理系统，极大地加强了会计获取信息和传递信息的能力，从而使会计信息变得更为广泛和完善，更能满足多方面、多层次信息使用者的需求。

2. 会计的监督（管理）职能

会计的监督职能也称为会计的控制职能（管理职能），是指会计通过专门方法，利用会计核算所提供的信息，对各单位的经济活动进行控制，使其按照规定的要求运行，以达到预期目标。

会计监督职能有以下特点。

（1）会计监督主要利用价值指标来进行。

（2）会计监督贯穿于经济活动的全过程。

3. 会计核算和会计监督的关系

会计核算和会计监督两者是相辅相成、不可分割的。会计核算是会计监督的基础，没有会计核算就无法进行会计监督；会计监督是会计核算的发展，没有会计监督，就很难达到预期目标，会计核算也就失去存在的意义。然而，从两者在会计职能中的地位来看，虽然都是基本职能，但是会计核算是最基本的、处于主导地位的，而会计监督则存在于会计核算的过程之中。

三、会计的对象

会计的对象（Objection of Accounting）是指会计核算和监督的内容，即会计所要记录的对象。会计的对象存在于社会再生产过程之中。社会再生产过程分为生产、分配、交换和消费四个环节，它包括多种多样的经济活动，具体表现在价值运动和使用价值运动。因为使用价值没有统一的标准和计量尺度，不便于比较和汇总，而会计是以货币为主要的计量单位，借助价值形式，能达到会计确认、计量和报告交易或事项的目的。所以，会计核算和监督的是社会再生产过程中的价值运动，这种价值运动是能用货币全面、连续、系统、综合表现的，也称作资金运动，这就是会计的对象。

社会再生产过程中的资金运动，在不同的单位里，其表现方式是不完全相同的。如商品流通企业和工业企业由于行业性质的不同，资金运动的内容也不一样。商品流通企业资金循环与周转如图 1-2 所示。

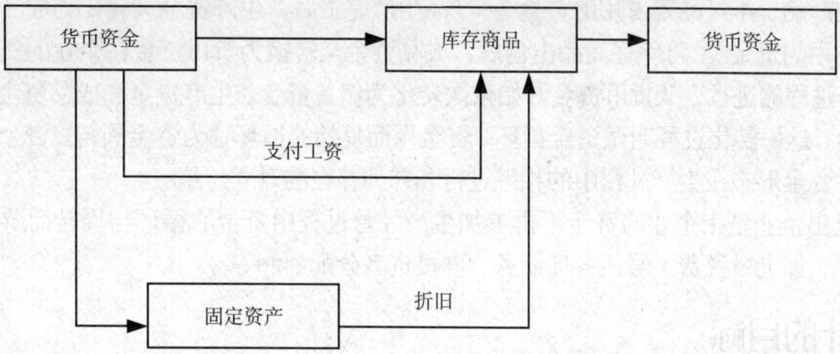

图 1-2　商品流通企业资金循环与周转示意图

商品流通企业的经济活动主要是组织商品流通，其经营过程分为商品购进和商品销售两个过程。商品购进过程主要是由货币资金形态转化为商品形态；商品销售过程主要是把商品销售出去并收回货款，由商品形态转换为货币资金形态。商品流通企业的资金是以“货币资金—商品资金—货币资金”的运动方式连续不断地循环与周转的。

相对于商品流通企业而言，制造企业生产经营过程比较复杂，却又最为完整。制造企业资金运动包括资金进入企业、资金在生产经营过程中的循环与周转以及资金退出企业。

同样是企业，工业、商业、建筑业及金融业也都有各自资金运动的特点。下面以工业企业为例进行介绍。

工业企业是从事工业产品生产和销售的营利性经济组织。为了从事产品的生产和销售活动，企业必须拥有一定数量的资金，用于建造厂房、购买机器设备、采购原材料、支付职工工资、支付经营管理中必要的开支等，生产出的产品经过销售后，收回的货款还要补偿生产中的垫付资金、偿还有关债务、上缴有关税金等。由此可见，工业企业的资金运动表现为资金的投入、资金的循环与周转（包括供应过程、生产过程和销售过程 3 个阶段）和资金退出企业 3 个部分。既有一定时期内的显著运动状态（表现为收入、费用和利润等），又有一定时期的相对静止状态（表现为资产、负债和所有者权益），如图 1-3 所示。

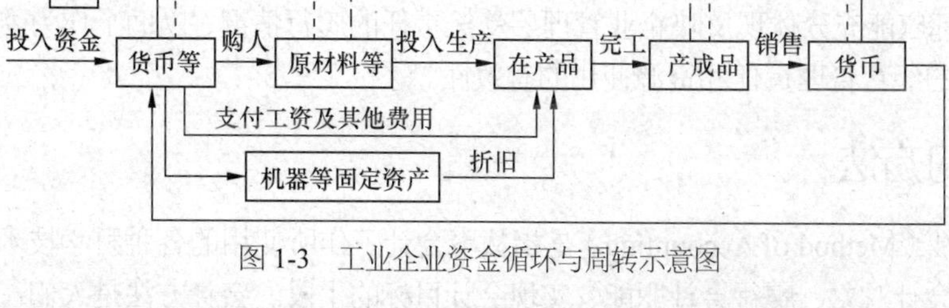

图 1-3　工业企业资金循环与周转示意图

资金进入企业包括企业所有者投入和债权人投入的资金两个部分，前者构成了企业的所有者权益，后者则形成了企业的负债。

资金的循环与周转分为供应过程、生产过程和销售过程等环节。在供应过程中，企业要用筹集到的货币资金去购买材料物资，企业资金由货币资金形态转化为储备资金（指原材料等物资占用的资金）。进入生产过程后，生产部门领取和耗用各种材料物资，这时储备资金又转变为生产资金（指在产品、半产品等占用的资金）。产品生产完工后，生产资金又转化为成品资金（指库存商品等占用的资金）。将库存商品出售后，成品资金又转换为货币资金。企业的资金随着供、产、销三个过程的进行，从货币资金开始依次转化为储备资金、生产资金和成品资金，最后又回到货币资金，这一转化过程叫做资金循环。资金周而复始的循环称为资金周转。资金的循环与周转就是各种资金形态在生产过程中的相继进行和并列存在的对立与统一。

资金退出企业是指企业的资金不再参加生产经营过程中资金的循环与周转而游离于企业资金运动之外。如上缴税费、偿还各项债务、向投资者分配利润等。

四、会计的目标

会计的目标（Target of Accounting）是指会计工作所要达到的目的，也称为财务报告目标。我国颁布的《企业会计准则——基本准则》对会计目标做了明确的规定：会计目标是向财务报告使用者提供与企业财务状况、经营成果和现金流量等有关的会计信息，反映企业管理层受托责任履行情况，有助于财务报告使用者做出决策。

1. 提供决策有用的会计信息

企业会计提供的信息主要涉及两个方面：一是会计信息使用者；二是会计信息使用者需要什么样的信息。企业会计主要通过包括财务报表在内的会计报告对使用者提供信息。

会计作为一项管理活动，要向信息使用者提供有助于其做出正确决策的数量化信息，包括企业现金流量的信息和经营业绩及资源变动的信息。例如，投资者进行投资决策需要大量可靠而且相关的会计信息，而会计信息的提供又必须依赖于会计人员所从事的工作，这时，会计工作就必须以提供信息服务于决策为目标取向。

会计信息使用者包括外部和内部两个方面。会计信息的外部使用者具体包括投资者、债权人、政府部门和社会公众。投资者包括现有的和潜在的投资者；债权人主要包括银行、非银行金融机构、企业债券购买人及其他提供信贷的单位和个人。会计信息的内部使用者主要是指企业内部管理者及企业职工。

2. 反映企业管理层受托责任的履行情况

随着企业的所有权和经营权的高度分离，企业的管理层受企业的所有者之托经营管理企业及其各项资源，负有受托责任。由于作为委托人的所有者十分关注资本的保值和增值，需要定期了解企业管理层保管、使用资产的情况，决定是否需要调整投资政策，是否需要更换管理层等。因此，会计的目标应能充分体现反映企业管理层受托责任的履行情况，以助于作为委托人的所有者正确评价企业的经营管理责任和资源使用的有效性。

五、会计的方法

会计的方法（Method of Accounting）是指从事会计工作所使用的各种科学技术方法，它是用来核算和监督会计对象、履行会计职能、实现会计目标的手段。会计方法是人们在长期的会计工作实践中总结、创立的，并随着生产发展和管理活动的复杂化而逐渐完善起来的。会计方法一般由会计核算、会计分析、会计监督、会计预测等具体方法组成。

会计核算方法是会计方法中最基本、最主要的方法，是其他各种方法的基础。在社会再生产过程中会产生大量的经济信息，将经济信息依照会计准则等规定进行确认、计量、记录、计算、分析、汇总、加工处理，就会形成各种会计信息，这个信息转换的过程就是会计核算。会计核算又包括一系列具体的核算方法。会计核算方法是以货币为主要计量单位，对各单位已发生的交易或事项进行确认、计量和报告的一系列专门方法。通常包括设置账户、复式记账、填制和审核会计凭证、登记账簿、成本计算、财产清查和编制会计报表。

1. 设置账户

设置账户是对会计对象的具体内容进行分类核算和监督的一种专门方法。会计对象的内容是多种多样的，为了对各项交易或事项进行系统的核算和监督，就必须按照交易或事项的内容、特点和经济管理要求，分别设置账户，分类反映各会计要素的增减变化和结果，以便提供管理所需要的会计信息。

2. 复式记账

复式记账是记录交易或事项的一种专门方法。它要求对发生的每一笔交易或事项，都要以相等的金额在相互联系的两个或两个以上的账户中进行记录，通过账户的对应关系可以完整地反映交易或事项的全貌，便于检查账户记录的正确性。如企业增加了一台价值 20 000 元的机器设备，一方面要反映企业的资产增加了；另一方面还要反映企业是怎么获得这项设备的，是投资者投入的还是企业用银行的存款去购买的，或是企业赊账购买的等。采用复式记账方法就是对发生的任何一项经济业务，既要在有关账户中登记其来源，又要在有关账户中登记其去向。只有这样才能相互联系地反映经济业务的全貌。

3. 填制和审核会计凭证

填制和审核会计凭证是为保证会计记录真实可靠、合理、合法而对交易事项进行核算和监督的一种专门方法。在会计工作中，任何一笔需要记账的交易或事项都必须先取得或填制凭证，并由经办人员或有关单位签名盖章，而且会计部门和有关部门要对凭证进行认真审核，这是会计核算工作程序的第一环节。只有经过审核无误的会计凭证，才能作为登记账簿的依据。

4. 登记账簿

账簿是会计账簿的简称，是由具有一定格式、相互联系的账页所组成的，用来全面、连续、系统地记录交易或事项的簿籍。登记账簿就是以审核无误的会计凭证为依据，将发生的每笔交易或事项分门别类地登记到有关账户中去的一种专门方法。登记账簿是会计信息加工的一项重要程序，它可以将分散的交易或事项进行系统的归类和汇总，同时通过定期结账、对账，为成本计算和编制会计报表提供完整而系统的会计资料。

5. 成本计算

成本计算是按照一定对象归集和分配生产经营过程中所发生的全部费用，从而计算各个对象的总成本和单位成本的一种专门方法。例如，供应过程要计算各种材料物资的采购成本；生产过程要计算各种产品的生产成本等。成本计算主要是满足企业加强内部管理和正确确定经营盈亏的需要，也是正确计量资产、负债和所有者权益以及如实反映企业财务状况的需要。通过正确计算成本，可以反映企业生产经营过程中所发生的各项费用支出情况，从而促使企业加强核算和监督，努力降低成本，不断提高经济效益。

6. 财产清查

财产清查是指通过盘点实物、核对账目往来款项等，查明各项财产物资、货币资金的实有数的一种专门方法。具体做法是将实物盘点的结果与账面结存数相核对，将企业的债权、债务逐笔核对，如果发现账实不符，应立即查明原因，确定责任该由谁承担，并调整账面余额，做到账实相符。财产清查是确保会计信息正确和真实的一种手段。

7. **编制会计报表**

会计报表是总括反映会计主体在某一特定日期财务状况和某一会计期间经营成果和现金流量的书面文件。它是根据账簿记录，遵循一定的编制要求，采用专门的方法编制而成的。编制会计报表，是提供会计信息的主要形式，是会计核算工作程序的最后一个环节。

上述各种会计核算方法相互联系、密切配合，构成了一个完整的方法体系。在会计核算工作中，必须全面、正确地运用这些方法。不论是采用手工处理方式，还是使用计算机数据处理系统方式，在经济业务发生或完成时，必须先取得或填制原始凭证，并根据审核无误的原始凭证，按照规定的会计科目，采用复式记账的方法填制记账凭证；其次，根据审核无误的原始凭证和记账凭证，将全部经济业务记入相互联系的账簿之中，同时，运用成本计算方法计算出各成本计算对象的实际总成本和单位成本；最后，通过财产清查，在账证相符、账账相符的基础上，根据账簿记录，定期编制各种财务会计报告，提供符合一定质量标准的会计信息。习惯上，将填制会计凭证、登记账簿和编制会计报表这一会计核算程序称为会计循环，如图 1-4 所示。

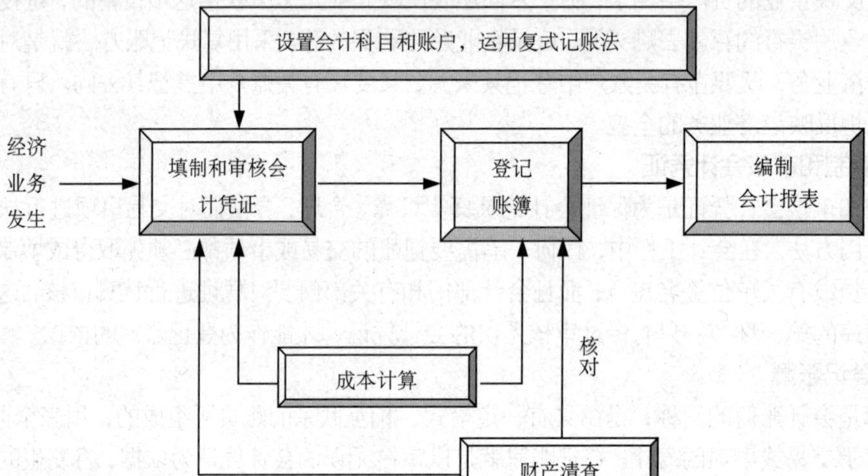

图 1-4　会计核算方法之间的关系

六、会计基本准则——会计核算的基本前提

根据我国颁布的《企业会计准则》，会计核算的基本前提（Basic Standard of Accounting）又称作会计假设，是会计人员对会计核算所处时间、空间环境等做出的合理设定，是会计核算的前提条件。会计核算的基本前提主要包括会计主体、持续经营、会计分期和货币计量四项。

1. **会计主体**

会计主体又称会计实体或会计个体，它是指会计人员所核算和监督的单位或组织。会计主体的前提是要求会计人员核算和监督所在主体的经济业务。这一基本前提的主要意义在于：将特定主体的经济活动与该主体所有者及职工个人的经济活动区别开来，从而界定了从事会计工作和提供会计信息的空间范围。同时说明会计主体的会计信息仅与该会计主体的整体活动和成果有关。

应当注意的是，会计主体与法律主体（法人）并不是对等的概念，一般来说，法律主体必然是会计主体，但会计主体并不一定是法律主体。会计主体可以是独立法人，也可以是非法人单位（如合伙企业）；可以是一个企业，也可以是企业内部的某一单位或一个特定部分（如企业的分公司、企业设立的营业部）；可以是单一企业，也可以是由几个企业组成的企业集团。法人可作为会计主体，但会计主体不一定是法人。只要从事经济活动的实体，都需要进行会计确认、计量和报告，都是会计主体。从单位或组织的经济性质来看，会计主体可以是营利性单位（如各类企业），也可以是行政、事业单位等非营利性组织（如政府机关、医院、学校、慈善机构等）。从单位或组织涉及的经济活动范围看，会计主体可以是独立的单位或组织，也可以是其下属部门或特定部分（如企业的维修部门或采购部门，医院的门诊部或住院部）；还可以是众多独立核算单位所组成的集合体（如由多家企业组成的企业集团）。典型的会计主体是企业。

纳税主体是指纳税人和扣缴义务人。在一般情况下，纳税主体与会计主体是一致的，一个纳税主体也是一个会计主体。在特定条件下，纳税主体不同于会计主体。例如，按照新税法的规定，分公司不是一个纳税主体，却可能是一个会计主体；又如，未实行合并纳税的企业集团，不是一个纳税主体，却可能编制合并财务报表，作为一个会计主体；再如，由企业管理的证券投资基金、企业年金基金等，尽管不属于纳税主体，但属于会计主体，应当对每项基金进行会计确认、计量和报告。

会计主体假设的基本含义是指会计反映的是一个特定单位或组织的经营活动，而不包括投资者本人和其他单位或组织的经营活动。在会计主体假设下，企业应当对其本身发生的经济业务进行会计确认、计量和报告，以反映企业本身所从事的各项经营活动。

2. 持续经营

持续经营是指会计主体在可以预见的未来，将根据正常的经营方针和既定的经营目标持续经营下去。即在可预见的未来，该会计主体不会破产清算，所持有的资产将正常营运，负有的债务将正常偿还。这一基本前提的主要意义在于它可使会计原则建立在非清算基础上，从而为解决很多常见的资产计价和收益确认问题提供了基础。当然，任何企业都不可能长生不老，一旦进入破产清算，持续经营基础就将被清算基础所取代，从而使这一前提不复存在。但这不会影响持续经营前提在大多数正常企业的会计核算中发挥作用。

持续经营假设的重要意义在于明确了会计确认、计量和报告的时间范围。会计主体确定后，只有假定作为会计主体的企业是持续、正常经营的，在可以预见的未来不会面临破产和清算，企业拥有的各项资产才会在正常的经营过程中耗用、出售或转换，承担的债务也在正常的经营过程中得以清偿，经营成果就会不断形成，从而为会计人员选择适当的会计准则和会计方法奠定了基础。例如，如果判断企业会持续经营，固定资产就可以根据其取得时的历史成本计量，并采用折旧的方法，将历史成本按照使用的年限的长短分期转为费用。当然，当企业确定终止时，这一假设以及以该假设为前提的会计准则和会计方法也相应地丧失其存在的基础，应改为以清算为基础的会计处理方法。

3. 会计分期

会计分期是指将企业持续不断的生产经营活动划分为一个个连续的、长短相同的会计期间，以便分期结算账目和编制财务报告，及时向会计信息使用者提供有关企业财务状况、经营和现金流量的信息。根据我国《企业会计准则》的规定，会计期间分为年度、半年度、季度和月度。年度、半年度、季度和月度均按公历起迄日期确定。以每年 1 月 1 日至 12 月 31 日作为一个会计期间，称为会计年度，它是最重要的会计期间，短于一年的会计期间统称为会计中期。

会计分期假设是持续经营假设的必然结果，是对会计确认、计量和报告时间范围的具体划分。

会计分期假设的重要意义具体表现在以下两个方面：第一，会计期间的确定，实际上决定了企业对外报送财务报告的时间间隔以及所涵盖的时间跨度；第二，由于会计分期，才产生了本期与以前期间、以后期间的差别，才使不同类型的会计主体有了记账的时间基准，进而出现了折旧、摊销等会计处理方法。

4. 货币计量

货币计量是指企业在会计核算过程中采用货币作为计量单位以确认计量和报告企业的生产经营活动。在会计的确认、计量和报告过程中选择货币作为基础进行计量，是由货币本身的属性决定的。货币是商品一般等价物，是衡量一般商品价值的共同尺度，具有价值尺度、流通手段、贮藏手段和支付手段等特点。其他计量单位如质量、台、件都只能从一个侧面反映企业的生产经营情况，无法在量上进行汇总和比较，不便于会计计量和经营管理。

货币计量假设规定了会计核算的统一计量尺度——货币，包括两层含义：一是记账本位币（用于记账的货币）的选择。会计核算应以人民币作为记账本位币。业务收支以人民币外的货币为主的企业，也可以选择人民币以外的一种货币作为记账本位币，但编制的财务会计报告应当折算为人民币。在境外设立的中国企业向国内报关的财务会计报告，应当折算为人民币。二是币值稳定的假设，即在一般情况下，会计核算应当按照币值稳定的原则进行。对于货币购买能力的波动可以不予考虑，否则，货币计量假设就不能成立。

会计核算的四项基本前提，具有相互依存、相互补充的关系。会计主体确立了会计核算的空间范围，持续经营与会计分期确立了会计核算的时间长度，货币计量为会计核算提供了必要手段。

七、会计信息质量要求

会计信息质量要求（Information Quality Requirements of Accounting）是指为了满足使用者的需要，会计信息在质量上应该达到的基本要求，是使财务报告所提供的会计信息对使用者决策有用应具备的基本特征。会计信息质量要求包括可靠性、相关性、可理解性、可比性、实质重于形式、重要性、谨慎性和及时性。

1. 可靠性

可靠性要求企业应当以实际发生的交易或者事项为依据进行确认、计量和报告，如实反映符合确认和计量要求的会计要素及其他相关信息，保证会计信息真实可靠、内容完整。

会计信息要有用，必须以可靠为基础，如果财务报告所提供的会计信息是不可靠的，就会对投资者等财务报告使用者的决策产生误导甚至带来损失。

2. 相关性

相关性要求企业提供的会计信息应当与投资者等财务报告使用者的经济决策需要相关，有助于投资者等财务报告使用者对企业过去、现在或未来情况做出评价或者预测。

会计信息质量的相关性要求，需要企业在确认、计量和报告会计信息的过程中，充分考虑使用者的决策模式和信息需要。也就是说，会计信息在可靠性前提下，尽可能地做到相关性，以满足投资者等财务报告使用者的决策需要。

3. 可理解性

可理解性要求企业提供的会计信息应当清晰明了，便于投资者等财务报告使用者的理解和使用。会计信息是一种专业性较强的信息，在强调会计信息的可理解性要求的同时，还应假定使用者具有一定的有关企业经营活动和会计方面的知识，并且愿意付出努力去研究这些信息。对于某些复杂的信息，企业就应当在财务报告中充分披露，只有这样才能提高会计信息的有用性，实现财务报告的目标，满足向投资者等财务报告使用者提供决策有用信息的要求。

4. 可比性

可比性要求企业提供的会计信息应当相互可比。应从以下两个方面来理解可比性。

第一，同一企业不同时期可比。同一企业不同时期发生的相同或者相似的经济业务，应当采用一致的会计政策，不得随意变更。这一要求的目的是便于财务报告使用者将企业不同会计期间的财务报告和会计信息进行纵向比较，据以了解企业的财务状况、经营成果和现金流量的变化趋势，全面、客观地评价过去，预测未来，从而做出决策。强调会计政策的一致性，并不是要求会计政策在任何条件下都不能变动，如果按照规定或者在会计政策变更后可以提供更可靠、更相关的会计信息，则可以变更会计政策，但应当在附注中说明有关变更情况。

第二，不同企业相同会计期间可比。不同企业同一会计期间发生相同或者相似的经济业务，应当采用规定的会计政策，确保会计信息口径一致、相互可比，以使不同企业按照一致的确认、计量和报告要求提供有关会计信息。该要求强调的是不同企业之间，特别是同一行业内不同企业之间，应使用基本相同的会计政策，使不同企业财务报告的编制建立在相同的基础上，从而便于财务报告使用者评价不同企业的财务状况和经营成果。

5. 实质重于形式

实质重于形式要求企业应当按照经济业务的经济实质进行会计确认、计量和报告，不应仅以经济业务的法律形式为依据。这里所讲的形式是指法律形式，实质是指经济实质。

企业发生的交易或者事项在多数情况下，其经济实质和法律形式是一致的。但在有些情况下，会出现不一致。例如，以融资租赁方式租入的资产，虽然从法律形式来讲企业并不拥有其所有权，但是由于租赁合同中规定租赁期相当长，往往接近该资产使用寿命；租赁期满时承租企业有优先购买该资产的选择权；在租赁期内承租企业有权支配资产并从中受益等。从其经济实质看，企业能够控制融资租入资产所创造的未来经济利益，在会计确认、计量和报告上就应当将以融资租赁方式租入的资产视为企业的资产，列入企业的资产负债表。

知识拓展　融资租赁与经营租赁

融资租赁是指出租人根据承租人对租赁物件的特定要求和对供货人的选择，出资向供货人购买租赁物件，并租给承租人使用，承租人则分期向出租人支付租金，在租赁期内租赁物件的所有权属于出租人所有，承租人拥有租赁物件的使用权。租期届满，租金支付完毕并且承租人根据融资租赁合同的规定履行完全部义务后，对租赁物的归属没有约定的或者约定不明的，可以协议补充；不能达成补充协议的，按照合同有关条款或者交易习惯确定，仍然不能确定的，租赁物件所有权归出租人所有。

经营租赁是为满足承租人临时或季节性使用资产的需要而安排的“不完全支付”式租赁。它是一种纯粹的、传统意义上的租赁。承租人租赁资产只是为了满足经营上短期的、临时的或季节性的需要，并没有添置资产上的企图。经营租赁泛指融资租赁以外的其他一切租赁形式。

6. 重要性

重要性要求企业提供的会计信息应当反映与企业财务状况、经营成果和现金流量等有关的所有重要交易或者事项。

在实务中，如果某会计信息的省略或者错报会影响投资者等财务报告使用者据此做出决策的，该信息就具有重要性。重要性的应用需要依赖职业判断，企业应当根据其所处环境和实际情况，从项目的性质和金额大小两方面加以判断。

7. 谨慎性

谨慎性要求企业对经济业务进行会计确认、计量和报告时应当保持应有的谨慎，不应高估资产或者收益，低估负债或者费用，因而又称为稳健性。

谨慎性的实质是要求企业对不确定的经济业务进行确认和计量时，应合理确认及计量可能发生的损失和费用。具体应用中就是对于可能发生的费用或损失，应当及时、充分、合理地加以估计和列示；而对可能发生的收益则应在实际实现时再予以确认。这样，可以使损益计算、资产计价都能更加稳健可靠，增强企业化解和防范经营风险的能力。

8. 及时性

及时性要求企业对已经发生的经济业务及时进行会计确认、计量和报告，不得提前或者延后。

及时性要求有 3 个方面的含义：一是要求及时收集会计信息，即在经济业务发生后，及时收集整理各种原始单据或者凭证；二是要求及时处理会计信息，即对企业本期发生的经济业务应及时地在本期内确认和计量，不能延至下一个会计期间；三是要求及时传递会计信息，即在规定的日期内及时编制、传递财务报告，以便于会计信息使用者及时使用和决策。

知识链接

权责发生制与收付实现制

权责发生制（Accrual Basis）是指凡是本期应当负担的费用，无论款项是否付出，都应当作为本期的费用。反之，凡是不属于本期的收入，即使款项已在本期收妥，也不应当作为本期的收入；凡是不属于本期的费用，即使款项已在本期付出，也不应当作为本期的费用。在权责发生制前提下，应记入某一会计期间的收入和费用与款项的实际收付并不是一回事。判别应该记入某一会计期间的收入和费用的经济业务，其标准是对企业经济资源和义务确实产生了影响，且这种影响是以权利和责任的发生与否为依据来加以判断的。如果权责关系发生于不同期间，就应运用应收、应付、预付、预收等一系列会计处理方法，真实地反映某一会计期间的经营成果。

采用权责发生制，可以正确反映各个期间所实现的收入和为实现收入所应负担的费用，从而可以把各期的收入与费用合理地配比，正确计算各期的经营成果。按照权责发生制的要求，在会计期末结账前，必须根据账簿的记录，对应收未收的收入、应付未付的费用以及预收收入和预付费用等账项进行调整。由于权责发生制以是否取得收款权利和是否形成付款义务为标准来确认收入和费用，因此，它能够更加真实、合理地反映特定会计期间的财务状况和经营成果。

与权责发生制相对应的是收付实现制，收付实现制是以收到现金或支付现金作为确认收入和费用的依据，即收到现金时确认收入，支出现金时确认费用。目前我国企业会计的确认、计量和报告以权责发生制为基础，行政事业单位则采用收付实现制。事业单位除经营业务采用权责发生制外，其他业务采用收付实现制。

任务实施

周明整理自己的思路，分析得出作为会计要先运用原始凭证熟悉企业经济业务，其次运用记账凭证记录企业的经济业务，再次运用会计账簿汇总企业的经济业务，最后运用会计报表提供经济活动信息。这些会计工作实务的理论提炼就应该是自己在学校学习过的关于会计的特点、会计的职能、会计的对象、会计的目标和会计的方法的综合运用。想清楚这些问题，周明就可以继续完成她的实习总结了。

模块综述

会计是经济管理工作中的重要组成部分，不仅会计专业的同学必须学习、掌握，经济管理类专业的同学也必须懂得一定的会计知识，才能成为一名优秀的管理人员。

要成为一名成功、优秀的会计，需要从业人员遵守职业道德，提高业务素质，培养综合能力。

现代会计是以货币为主要计量单位，采用一系列专门的方法和程序。会计的基本特点有以下几点：以货币为主要计量单位；具有一整套科学实用的专门方法；以凭证为依据；具有连续性、系统性、全面性和综合性；必须遵循会计准则。会计具有核算和监督两项职能。会计的一般对象是资金运动，其目标是向信息使用者提供决策有用的信息，反映企业管理层受托责任的履行情况。会计核算方法是最基本的会计方法，通常包括设置账户、复式记账、填制和审核记账凭证、登记账簿、成本计算、财产清查和编制会计报表，并构成一个完整的方法体系。

会计是对企业等经济组织的经济活动进行全面、连续、系统、综合的核算和监督，提供可靠、相关的信息，以满足信息使用者进行经济决策的一种管理活动。会计人员进行会计工作都是在一定假设前提下进行的。会计基本假设包括会计主体、持续经营、会计分期、货币计量。会计的信息质量要求主要有可靠性、相关性、可理解性、可比性、实质重于形式、重要性、谨慎性、及时性。会计确认、计量和报告的基础是权责发生制原则。

阅读篇目

- 全国人民代表大会常务委员会颁布的《中华人民共和国会计法》。
- 财政部颁布的《企业会计准则——基本准则》。
- 财政部颁布的《会计从业资格管理办法》。
- 财政部颁布的《会计基础工作规范》。

实施效果检测

一、单项选择题

1. 下列项目中，属于会计基本职能的是（　　）。

A. 预测职能、监督职能　　B. 计划职能、核算职能

C. 核算职能、监督职能　　D. 决策职能、监督职能

2. 会计对象是企事业单位的（　　）。

A. 资金运动　　B. 经济资源　　C. 经济活动　　D. 劳动成果

3. 资金的循环与周转过程不包括（　　）。

A. 供应过程　　B. 生产过程　　C. 销售过程　　D. 分配过程

4. 下列方法中不属于会计核算方法的有（　　）。

A. 登记会计账簿　　B. 填制会计凭证　　C. 编制财务预算　　D. 财产清查

5. 会计方法体系中，其基本环节是（　　）。

A. 会计核算方法　　B. 会计分析方法　　C. 会计监督方法　　D. 会计决策方法

6. 下列不属于会计核算方法的是（　　）。

A. 成本计算　　B. 设置账户　　C. 会计分析　　D. 财产清查

7.（　　）是会计工作的主体。

A. 会计人员　　B. 会计主管　　C. 单位负责人　　D. 总会计师

8. 下列各项中，既是会计主体又是法律主体的是（　　）。

A. 分公司　　B. 子公司

C. 子公司内设机构　　D. 企业管理的证券投资基金

9. 会计分期是建立在（　　）基础上的。

A. 会计主体　　B. 权责发生制　　C. 持续经营　　D. 货币计量

10. 在会计核算的基本前提中，界定会计工作和会计信息的空间范围的是（　　）。

A. 会计主体　　B. 持续经营　　C. 会计分期　　D. 货币计量

11. 根据《会计法》的规定，我国会计年度的期间为（　　）。

A. 农历1月1日起至12月31日止　　B. 公历1月1日起至12月31日止

C. 农历4月1日起至次年3月31日止　　D. 公历10月1日起至次年9月30日止

12. 计提固定资产折旧以（　　）为基本前提。

A. 会计主体　　B. 货币计量　　C. 会计分期　　D. 持续经营

13.（　　）要求企业应当以实际发生的交易或者事项为核算依据进行会计确认、计量和报告，如实反映符合确认和计量要求的各项会计要素及其他相关信息，保证会计信息真实可靠、内容完整。

A. 相关性　　B. 明晰性　　C. 可比性　　D. 可靠性

14. 下列各项中，要求企业合理核算可能发生的费用和损失的会计信息质量要求是（　　）。

A. 可比性　　B. 及时性　　C. 重要性　　D. 谨慎性

15. 目前我国的政府行政单位会计采用的会计基础，主要是（　　）。

A. 权责发生制　　B. 应收应付制　　C. 收付实现制　　D. 统收统支制

二、多项选择题

1. 我国《会计专业职务试行条例》将会计人员专业技术职称定为（　　）。

A. 总会计师　　B. 财务总监　　C. 高级会计师

D. 中级会计师　　E. 初级会计师　　F. 会计员

2. 下列关于会计特征的表述中，正确的有（　　）。

A. 会计是一种经济管理活动

B. 经济活动具有全面性、连续性、系统性和综合性

C. 会计采用一系列专门的方法

D. 会计以货币作为主要计量单位

3. 会计反映职能的一般特征是（　　）。

A. 具有客观性

B. 以货币为主要计量单位

C. 具有连续性、系统性、全面性

D. 体现在记账、算账、报账3个阶段

4. 下列有关会计基本职能的关系的说法中，正确的有（　　）。

A. 反映职能是监督职能的基础

B. 监督职能是反映职能的保证

C. 没有反映职能提供可靠的信息，监督职能就没有客观依据
D. 没有监督职能进行控制，也不可能提供真实可靠的会计信息
E. 两大职能是紧密结合，辩证统一的
5. 下列各项中，属于会计对象的有（　　）。
A. 会计所要核算和监督的具体内容
B. 社会再生产过程中的资金运动
C. 预算资金收支活动
D. 企业的资金投入、周转和退出
6. 工业企业的资金运动表现为（　　）3 个部分。
A. 资金的投入　　B. 资金的循环与周转
C. 资金的偿还　　D. 资金退出
7. 下列各项中，属于会计信息使用者的有（　　）。
A. 投资者　　B. 债权人
C. 企业内部各级管理者　　D. 政府及其相关部门
8. 会计核算方法主要包括（　　）。
A. 设置会计科目和账户　　B. 复式记账
C. 填制和审核会计凭证　　D. 登记账簿
E. 成本计算　　F. 财产清查
G. 编制会计报表
9. 会计核算的基本前提主要包括（　　）。
A. 会计主体　　B. 持续经营　　C. 会计分期　　D. 货币计量
10. 我国《企业会计准则》规定，会计期间分为（　　）。
A. 年度　　B. 半年度　　C. 季度　　D. 月度

三、判断题

1. 会计是对经济活动进行连续、系统、全面的反映和监督的一个经济管理工具。（　　）
2. 会计可反映过去已经发生的经济活动，也可反映未来可能发生的经济活动。（　　）
3. 会计最基本的职能是监督职能。（　　）
4. 没有会计监督，会计反映便失去了存在的意义。（　　）
5. 会计七大核算方法是一个完整的方法体系。（　　）
6. 会计核算方法是最基本的会计方法。（　　）
7. 编制会计报表是会计核算方法的核心。（　　）
8. 法律主体一定是会计主体，但会计主体不一定是法律主体。（　　）
9. 会计主体必须是法律主体。（　　）
10. 会计只能以货币为计量单位。（　　）

模块二

反映经济业务，掌握填制与审核原始凭证的方法

【知识目标】

1. 掌握原始凭证的种类。
2. 掌握原始凭证的基本内容和填制要求。
3. 掌握原始凭证的审核方法。

【技能目标】

1. 掌握原始凭证的概念和作用。
2. 能正确识别常用的原始凭证属于何种分类。
3. 能根据经济业务完整、规范地填写原始凭证。
4. 能正确审核各种常用的原始凭证。

模块导航

原始凭证是指根据经济业务的内容填写的，用来证明经济业务事项已经发生或者完成，用来明确经济责任的一种会计凭证，是进行会计核算的原始资料和重要依据。原始凭证不仅记录了经济业务发生或完成情况，而且也明确了有关单位、部门和个人的经济责任，是进行会计核算工作的原始资料和依据，是会计资料中最具法律效力的文件。如果原始凭证失真，就不能正确地反映微观经济各项经济业务的真实情况，从而影响国际宏观经济决策，甚至造成国家税收的减少，国有资产的流失。因此，原始凭证的审核作为会计基础性工作，是很重要的。

本模块主要讲述原始凭证的概念和分类，原始凭证的构成要素、填制要求、填制方法及其审核的有关事项。学习时，要认真思考填制和审核原始凭证在会计核算工作中的重要性。

任务一　填制原始凭证

任务描述

小张从某高校毕业后应聘成为南昌庐美商贸有限公司的出纳。2015 年 4 月 3 日，该公司会计吴磊告诉小张公司留存的现金不够，让小张去银行取现 3 000 元，小张看着空白的现金支票傻眼了，不知道该怎么填写，你能帮帮他吗？（见图 2-1）南昌庐美商贸有限公司的开户行是建行高新支行，账号为 25622145632102。

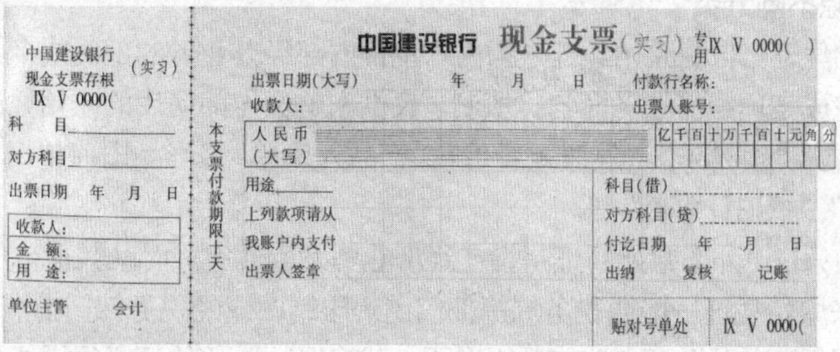

图 2-1　现金支票

任务分析

现金支票出票日期应该大写，收款人可写为本单位名称也可写为收款人个人姓名。大小写金额应该一致。

相关知识

一、原始凭证的概念

原始凭证（Original Document）又称为单据，是在经济业务发生或完成时取得或填制的，用以记录或证明经济业务的发生或完成情况的书面文件。例如，乘坐火车时用的火车票；在乘坐出租车之后，司机给的车费小票；购买家用电器取得的购物发票等。企业和单位在进行每一项经济活动时，都必须由经办该业务的有关人员填制或取得能证明经济业务内容的原始凭证，并签名或盖章，以明确经济责任。原始凭证不仅记录了经济业务发生或完成情况，而且也明确了有关单位、部门和个人的经济责任，是进行会计核算工作的原始资料和依据，是会计资料中最具法律效力的证明文件。图 2-2 中的原始凭证你熟悉吗？

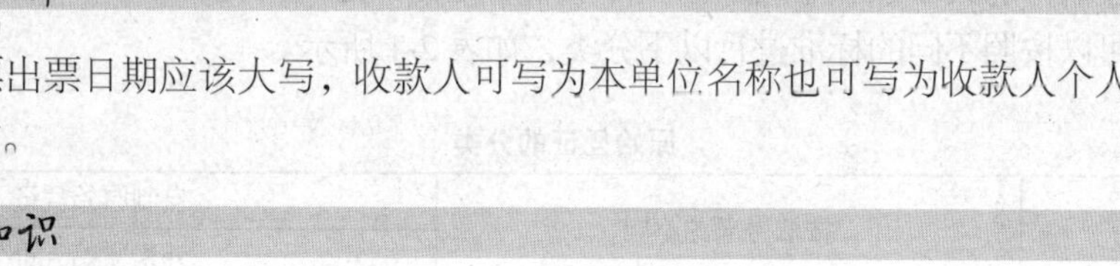

图 2-2　原始凭证

知识拓展

根据原始凭证的概念，凡是不能证明经济业务已经发生或完成的各种单据文件，如购销合同、购料申请单、银行对账单、业务批准书等，不能作为进行会计核算的原始凭证。但是，如果这些单据与经济业务的发生有着直接的关系，则应作为原始凭证的附件或重要会计资料妥善保管。

二、原始凭证的分类

1. 按取得来源不同分类

（1）自制原始凭证。自制原始凭证是指由本单位内部经办业务的部门或个人（包括财会部门本身）在执行或完成某项经济业务时自行填制、仅供本单位内部使用的原始凭证。常见的自制原始凭证有"收料单""领料单""限额领料单""产品入库单""产品出库单"，财会部门编制的"工资发放明细表""折旧计算表"等。

（2）外来原始凭证。外来原始凭证是指在经济业务发生或完成时从其他单位或个人直接取得的原始凭证。外来原始凭证一般由税务局等部门统一印制，或经税务部门批准由经济单位印制，在填制时加盖出据凭证单位公章方为有效，对于一式多联的原始凭证必须用复写纸套写或打印机套打。如购买材料时取得的增值税专用发票、银行转来的各种结算凭证、对外支付款项时取得的收据，职工出差取得的火车票、车船票等。外来原始凭证都是一次凭证。

原始凭证可以按照不同的标准进行以下分类，如表 2-1 所示。

表 2-1　　原始凭证的分类

原始凭证的分类	按取得来源不同	自制原始凭证
		外来原始凭证
	按填制手续和内容的不同	一次原始凭证
		累计原始凭证
		汇总原始凭证
	按填制格式的不同分类	通用原始凭证
		专用原始凭证

2. 按填制手续和内容的不同

（1）一次原始凭证。一次原始凭证是指一次填制完成的、只记录一项或若干同类经济业务的原始凭证。一次原始凭证的填制手续一次完成，已填制的原始凭证不能再重复填制。一次原始凭证使用方便灵活但凭证数量较多。所有的外来原始凭证和大部分自制原始凭证都是一次原始凭证，如发票、收款收据、飞机票等。

（2）累计原始凭证。累计原始凭证简称累计凭证。累计原始凭证是在规定时间内连续多次记载不断重复发生的同类经济业务的原始凭证。累计凭证的填制手续不是一次完成的，而是随着经济业务的陆续发生分次填写的，只有完成全部填制手续后，才能作为原始凭证。它的特点是可以随时计算发生额累计数，便于同定额、计划和预算进行比较，达到控制费用支出的目的。工业企业使用的"限额领料单"就是一种典型的自制累计原始凭证。"限额领料单"格式如表 2-2 所示。

表 2-2　　　　　　　　　　　　　　限额领料单

领料部门：三车间

用　途：生产液压千斤顶　　　　2015 年 6 月　　　　　　　　　　发料仓库：5 号库

材料编号	材料名称	计量单位	计划投产量	单位消耗定额	领用限额	实发		
						数量	单价	金额
032	生铁	千克	1 000	30	30 000	27 000		

日期	领用			退料			限额结余数量
	数量	领料人签章	发料签章	数量	退料人签章	收料人签章	
3	9 000	徐丽	王涵				21 000
6	4 000	徐丽	王涵				17 000
18	9 000	徐丽	王涵				8 000
21	5 000	徐丽	王涵				3 000
合计	27 000						3 000

生产计划部门：李密　　　　　　供销部门：　　　　　　　　　　仓库：王树立

（3）汇总原始凭证。汇总原始凭证也称“原始凭证汇总表”，是指在会计核算工作中，为简化记账凭证的编制工作，将一定时期内若干份记录同类经济业务的原始凭证按照一定的管理要求汇总编制成一张汇总凭证，用以集中反映某项经济业务总括发生情况的会计凭证，汇总原始凭证是有关责任者根据经济管理的需要定期编制的。汇总原始凭证在大中型企业中使用得非常广泛，因为它可以简化核算手续，提高核算工作效率；能够使核算资料更为系统化，使核算过程更为条理化；能够直接为管理者提供某些综合指标。如企业编制的发料凭证汇总表、收料凭证汇总表、工资分配汇总表都是汇总原始凭证。发料凭证汇总表如表 2-3 所示。

表 2-3　　　　　　　　　　　　发料凭证汇总表

2015 年 4 月

部　门	材料名称	领用数量（千克）	计划单价	计划总额
一车间	生铁 112	1 800	100	180 000
	圆钢 254	300	50	15 000
	小计			195 000
二车间	生铁 112	1 500	100	150 000
	圆钢 254	530	50	26 500
	小计			176 500
合计	生铁 112	3 300	100	330 000
	圆钢 254	830	50	41 500
	总计			371 500

财务主管：卓木　　　　　　　　　　　　　　　　　　　　制表人：　李浩

3. 按填制格式的不同分类

（1）通用原始凭证。通用原始凭证是指由有关部门统一印制、在一定范围内使用的具有统一格式和使用方法的原始凭证。通用原始凭证的使用范围因制作部门不同而异。可以是某一地区、某一行业；也可以是全国通用。如人民银行制作的银行转账结算凭证就是全国通用的。

（2）专用原始凭证。专用原始凭证是指由单位自行印制、仅在本单位内部使用的原始凭证，如收料单、领料单、差旅费报销单、工资费用分配单等。

三、原始凭证的基本内容

由于经济业务的种类和内容不同，经济管理要求不同，原始凭证的格式和内容也千差万别。但为了满足会计核算工作的需要，无论何种原始凭证都必须做到所载的经济业务清晰，经济责任明确。原始凭证所包括的基本内容，通常称为凭证要素，一般应具备以下内容。

（1）原始凭证名称。

（2）填制原始凭证的日期。

（3）填制原始凭证的编号。

（4）接受原始凭证单位名称（抬头人）。

（5）经济业务内容（包括经济业务的数量、单价、金额等）。

（6）填制单位签章。

（7）有关人员（部门负责人、经办人员）签章。

（8）填制凭证单位名称或者填制人姓名。

（9）凭证附件。

实际工作中，根据经营管理和特殊业务的需要，除上述基本内容外，还可以添加必要的内容。对于不同单位经常发生的共同性经济业务，有关部门可以制定统一的凭证格式。如人民银行统一制定的银行转账结算凭证，标明了结算双方单位名称、账号等内容；铁道部统一制定的铁路运单，标明发货单位、收货单位、提货方式等内容。

四、原始凭证的填制要求

原始凭证是编制记账凭证的依据，是会计核算最基础的原始资料。原始凭证的正确与否影响整个会计核算的质量。因此，正确填制原始凭证是会计人员必须掌握的一项基本技能。为了保证各项经济业务的真实情况能被正确、及时、清晰地反映出来，原始凭证的填制应该符合相关规定。

1. 填制原始凭证的基本要求

（1）记录要真实。原始凭证要由填制人或经办人根据经济业务的实际执行和完成情况填写，不得伪造、变造。原始凭证上的经济业务发生的日期、内容、数量和金额等必须与实际情况完全相符，不能填写估计的数值。

（2）内容完整。原始凭证所填列的项目必须逐项填列齐全，不得遗漏和省略。凭证的填制日期、经济业务的内容、数量、金额等都必须认真填写，不得遗漏。经办人员及有关单位、人员要签名盖章，做到手续完备。项目填列不全的原始凭证不能作为企业经济业务的合法证明，也不能作为编制记账凭证的依据和附件。

（3）手续要完备。单位自制的原始凭证，必须有经办单位领导人或者其他指定的人员签名盖章；对外开出的原始凭证必须加盖本单位公章；如果是从外部取得的原始凭证，必须盖有填制单位的公章；从个人取得的原始凭证，必须有填制人员的签名盖章；购买实物的原始凭证，必须有入库证明；支付款项的原始凭证，要有收款单位和收款人的收款证明。总之，取得的原始凭证必须符合手续完备的要求，以明确经济责任，确保凭证的合法性、真实性。

（4）书写要清楚、规范。原始凭证要按规定填写，文字摘要要简练，字迹要清楚，易于辨认，不得使用未经国务院公布的简化汉字；数量、单价、金额计算要正确；各种凭证必须连续编号，以便核查；凭证如果已有预先编号的，在写错作废时，应加盖“作废”戳记，并保存，不得销毁；书写要符合规定。大小写要按规定使用蓝黑、碳素墨水，字迹要工整、清晰。

（5）编号要连续。各种凭证要连续编号，以便核查。如果凭证已预先印定编号，如发票、支票等重要凭证，在写错作废时，应加盖“作废”戳记，并妥善保管，不得撕毁。

（6）不得涂改、刮擦、挖补。原始凭证有错误的，应当由出具单位重开或更正，更正处应当加盖出具单位印章。原始凭证金额有错误的，应当由出具单位重开，不得在原始凭证上更正。

（7）编制及时。各种原始凭证必须在经济业务发生时及时填写，并应按规定的程序及时送交财务部门，由财务部门加以审核并据以编制记账凭证，不能任意拖延填制时间。

2. 一次原始凭证的填制方法

一次凭证是指一次填制完成、只记录一笔经济业务的原始凭证。所有的外来原始凭证和大部分的自制原始凭证都属于一次凭证。如购货发票、收据、领料单、借款单、银行结算凭证等。

（1）支票的填制方法

一般常见的支票分为现金支票、转账支票，支票的填写要注意以下几点。

① 出票日期（大写）的填写

支票的出票日期必须使用中文大写。为防止变造票据的出票日期，在填写月、日时，月为壹、贰和壹拾的，日为壹至玖和壹拾、贰拾和叁拾的，应在其前加“零”；日为拾壹至拾玖的，应在其前加“壹”。如2月15日，应写成“零贰月壹拾伍日”；再如10月21日，应写成“零壹拾月贰拾壹日”。出票日期使用小写填写的，银行不予受理。大写日期未按要求规范填写的，银行可予受理，但由此造成损失的，由出票人自行承担。

② 收款人的填写

a. 现金支票收款人可写为本单位名称，此时现金支票背面被背书人栏内加盖本单位的财务专用章和法人章，收款人可凭现金支票直接到开户银行提取现金；现金支票收款人也可写为收款人个人姓名，此时现金支票背面不盖任何章，收款人在现金支票背面填上身份证号码和发证机关名称，凭身份证和现金支票签字领款。

b. 转账支票收款人应填写为对方单位名称。转账支票背面本单位不盖章。收款单位取得转账支票后，在支票背面被背书栏内加盖收款单位财务专用章和法人章，填写好银行进账单后连同该支票交给收款单位的开户银行委托收款。

③ 付款行名称、出票人账号的填写

付款行名称、出票人账号即本单位开户银行名称及银行账号。

④ 人民币金额的填写。

a. 小写金额用阿拉伯数字逐个书写，不得写连笔字。在金额前要填写人民币符号“¥”，人民币符号“¥”与阿拉伯数字之间不得留有空白；金额数字一律填写到角、分，无角、分的，写“00”或符号“—”；有角无分的，在分位写“0”，不得用符号“—”代替。

b. 大写金额用汉字壹、贰、叁、肆、伍、陆、柒、捌、玖、拾、佰、仟、万、亿、元、角、分、零、整等，一律用正楷或行书字书写；大写金额前未印有“人民币”字样的，应加写“人民币”三个字，“人民币”字样和大写金额之间不得留有空白。

大写金额到元为止的，后面要写“整”或“正”字；到角为止的，可以写“整”或“正”字；有分的，不写“整”或“正”字。如小写金额为￥1 008.00，大写金额应写成“人民币壹仟零捌元整”。

c. 阿拉伯数字小写金额中间有“0”时，汉字大写金额要写“零”字。如￥1 409.50，应写成“人民币壹仟肆佰零玖元伍角”。阿拉伯数字小写金额中间有连续几个“0”时，汉字大写金额中只可以写一个“零”字。如￥6 007.14，应写成“人民币陆仟零柒元壹角肆分”。阿拉伯数字小写金额元位是“0”，或者数字中间连续有几个“0”、元位也是“0”，但角位不是“0”时，汉字大写金额可以只写一个“零”，也可以不写“零”字。如￥1 680.32，应写成“人民币壹仟陆佰捌拾元零叁角贰分”，或者写成“人民币壹仟陆佰捌拾元叁角贰分”；又如￥107 000.53，应写成“人民币壹拾万柒仟元零伍角叁分”，或者写成“人民币壹拾万零柒仟元伍角叁分”。阿拉伯数字金额角位是“0”，而分位不是“0”时，中文大写金额“元”后面应写“零”字。如￥16 409.02，应写成“人民币壹万陆仟肆佰零玖元零贰分”；又如￥325.04，应写成“人民币叁佰贰拾伍元零肆分”。

⑤ 用途的填写

第一，现金支票使用有一定限制，一般填写备用金、差旅费、工资、劳务费等内容。

第二，转账支票使用没有具体规定，可填写如货款、代理费等内容。

⑥ 支票已填写内容不能更改

支票的金额、出票或者签发日期、收款人名称不得更改，更改的票据一律无效。受票人如果发现支票填写不全，可以补记，但不能涂改；支票金额以中文大写和阿拉伯数字同时书写，两者必须一致，否则票据无效，银行不予受理。一旦写错或漏写了数字，必须重新填写单据，不能在原票据上改写数字，以保证所提供数字真实、准确、及时、完整。出票单位现金支票背面印章模糊的，可把模糊印章打叉，重新再盖一次。空白现金支票如图 2-3 所示。

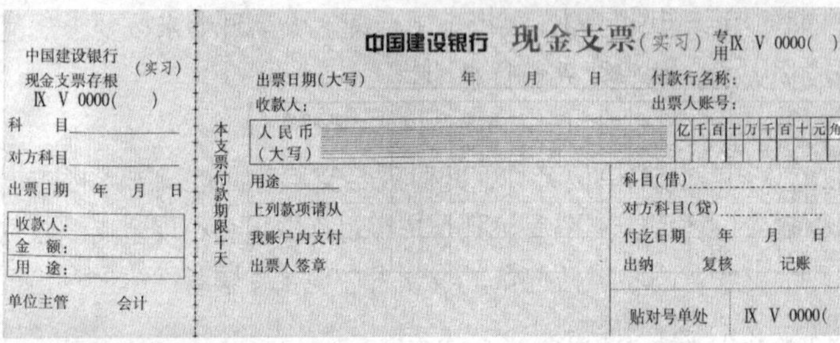

图 2-3　中国建设银行现金支票空白样票

【做中学 2.1】南昌庐美商贸有限责任公司 2015 年 3 月 5 日开出一张转账支票，向南昌世贸广告公司支付 500 000 元广告费。南昌庐美商贸有限责任公司的开户行为建行高新支行，账号为 25622145632102。该公司填写支票如图 2-4 所示。

图 2-4　转账支票

知识拓展 支票丢失的处理

支票见票即付，不记名。因此，丢了支票尤其是现金支票可能就是丢了与票面金额数相同的钱，银行不承担责任。现金支票一般要素填写齐全，假如支票未被冒领，应到开户银行挂失。转账支票分两种情况：若支票要素填写齐全，应到开户银行挂失；若要素填写不全，应到票据交换中心挂失。

（2）入库单的填制

入库单是证明企业材料已验收入库的一种原始凭证，属于自制一次凭证。当企业购进的材料验收入库时，由仓库保管人员根据入库材料的实际验收情况，按实收材料的数量和单价填制收料单。入库单一式三联，一联留仓库，据以登记材料物资明细账和材料卡片；一联随发票账单到会计处报账；一联交采购人员存查。

【做中学 2.2】南昌庐美商贸有限责任公司 2015 年 3 月 12 日购入一批针织棉布料，验收入库，布料入库时数量为 25 000 匹，每匹单价为 5.00 元，运杂费为 1 000 元。仓库保管员李木子填写了相关入库单，如表 2-4 所示。

表 2-4 材料入库单

供货单位：东莞美丽布料厂 2015 年 3 月 12 日 编号：00011

材料类别	材料编号	材料名称及规格	计量单位	数量	单价	金额
原材料	022	针织棉布料	匹	25 000	5.00	125 000.00
备注：运杂费 1 000 元					合计：	126 000.00

仓库保管员：李木子 采购业务员：陆渐平 送货人：肖龙女

（3）折旧费用分配表填制

固定资产折旧费也是产品成本的组成部分，但是，它不单设成本项目，而是按照固定资产的使用部门归集，然后再与车间、部门的其他费用一起分配计入产品成本及期间费用。折旧费用的分配，通过“固定资产折旧费用分配表”进行，一般由企业的会计人员编制，并根据它来编制记账凭证。

【做中学 2.3】南昌庐美商贸有限责任公司的会计李璐编制 2015 年 3 月的固定资产折旧分配表，如表 2-5 所示。

表 2-5 折旧费用分配表

2015 年 3 月

应借项目	车间部门	2 月折旧额	2 月增加折旧额	2 月减少折旧额	本月折旧额
制造费用	基本生产车间	2 970	660	240	3 390
辅助生产成本	机修车间	1 210	150	80	1 280
	运输车间	930	120		1 050
	小计	2 140	270	80	2 330
管理费用	行政管理部门	1 140	230	110	1 260
合计		6 250	1 160	430	6 980

（4）发票的填制

当企业从外单位购入材料物资或接受劳务，或向外单位销售产品或提供劳务时，由销货单位或提供劳务单位开具发票，用以证明企业某项经济业务完成情况。发票分为增值税专用发票和普通发票。

填制普通发票首先要写清购货单位的名称全称，不能过于简略（如仅填写××公司，不写明是××市公司还是××县公司）。然后按凭证格式和内容逐项填列齐全。发票要如实填写，不能按购货人的要求填写。经办人的签章和单位的公章都要盖全。

增值税专用发票是一般纳税人于销售货物时开具的销货发票，一式四联，销货单位和购货单位各两联。其中留销货单位的两联，一联存有关业务部门，一联作为会计机构的记账凭证；交购货单位的两联，一联作为购货单位的结算凭证，一联为税款抵扣凭证。购货单位向一般纳税人购货，应取得增值税专用发票，因为只有增值税专用发票税款抵扣联支付的进项税才能在购货单位作为“进项税额”入账，销货单位也不漏税，否则销货单位就会漏税，给国家带来损失。

【做中学 2.4】南昌庐美商贸有限责任公司 2015 年 3 月 8 日在南昌新华书店购买总账本 20 本，单价为 8 元；明细账本 20 本，单价 10 元；记账笔 50 支，每支 0.9 元。用现金支付，收到的普通发票如图 2-5 所示。

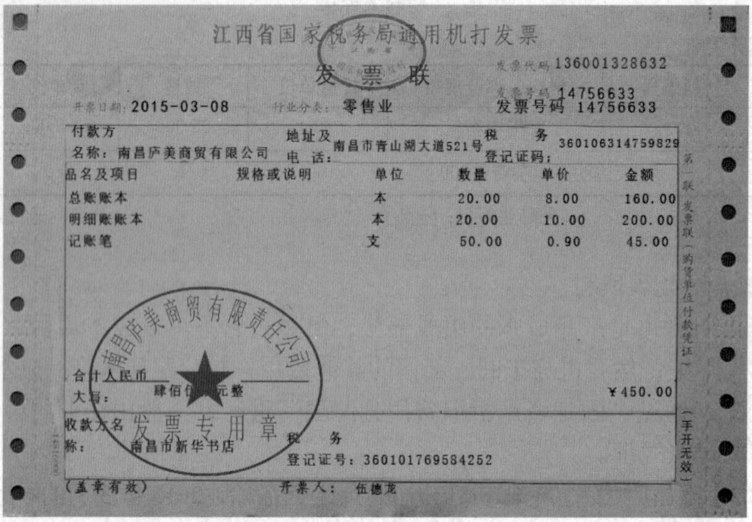
江西省国家税务局通用机打发票

发票联

发票代码 136001328632

发票号码 14756633

开票日期：2015-03-08　行业分类：零售业　发票号码 14756633

付款方名称：南昌庐美商贸有限公司　地址及电话：南昌市青山湖大道521号　税务登记证码：360106314759829

品名及项目	规格或说明	单位	数量	单价	金额
总账账本		本	20.00	8.00	160.00
明细账账本		本	20.00	10.00	200.00
记账笔		支	50.00	0.90	45.00

合计人民币（大写）：肆佰伍拾元整　¥450.00

收款方名称：南昌市新华书店　税务登记证号：360101769584252

（盖章有效）　开票人：伍德龙

第二联 发票联（购货单位付款凭证）

（手开无效）

图 2-5　普通发票

【做中学 2.5】南昌庐美商贸有限责任公司为一般纳税人，2015 年 3 月 20 日销售给南昌大江公司编号为 NS102 的男士上衣 3 000 件，每件售价 50 元，编号为 WS203 的女士上衣 5 000 件，每件 100 元。南昌庐美商贸有限责任公司开户行为建行高新支行，账号为 25622145632102，地址为南昌市青山湖大道 521 号。庐美公司开具的增值税专用发票如图 2-6 所示。

（5）领料单的填制。

领料单为自制原始凭证。领料单要“一料一单”地填制，即一种原材料填写一张单据，一般一式四联。第一联为存根联，留领料部门备查；第二联为记账联，留会计部门作为出库材料核算依据；第三联为保管联，留仓库作为记材料明细账依据；第四联为业务联，留供应部门作为物质供应统计依据。领用原材料需经领料车间负责人批准后，方可填制领料单；车间负责人、收料人、仓库管理员和发料人均需在领料单中签章，无签章或签章不全的均属无效，不能作为记账的依据。

江西省增值税专用发票　　NO.00678912

34 78130　　发 票 联　　开票日期：2015 年 3 月 20 日

购货单位	名　称：南昌大江公司 纳税人识别号：360106314745261 地址、电话：南昌迎宾大道 210 号 开户行及账号：中国工商银行叠山路支行 987-184165	密码区	298404＞1/199＜7457＜1*加密版本：013004＞ 24-*1/4/6*81279*　5100053142＜ 95+＜＜56＞868/12＜457-0 000180184486＞ +3648506＜876＞＞/9

货物或应税劳务名称	规格型号	单位	数量	单价	金　额	税率(%)	税　额
NS102男士上衣		件	3000	50	150000.00	17%	25500.00
WS203女士上衣		件	5000	100	500000.00	17%	85000.00
合　计							
价税合计（大写）	柒拾陆万零伍佰元整				（小写）¥760500.00		

销货单位	名称：南昌庐美商贸有限责任公司 纳税人识别号：360106314759829 地址、电话：青山湖大道 521 号 开户行及账号：建行高新支行25622145632102	备注	南昌庐美商贸有限责任公司 发票专用章

款人：　　复核：　　开票人：　　销货单位（章）：

图 2-6　增值税专用发票

【**做中学 2.6**】南昌美丽服装厂 2015 年 3 月 21 日一车间因为生产编号为 WS320 的女士上衣到 5 号仓库领取编号为 005 棉布料 120 匹，单价为 20 元一匹填制相关领料单，如表 2-6 所示。

表 2-6　　领　料　单　　凭证编号：3456

2015 年 3 月 21 日

领料部门：一车间　　用途：制造 WS320 女士上衣　　材料仓库：5 号仓库

材料编号	材料名称及规格	计量单位	数　量		价　格		第二联记账联
			请领	实发	单价	金额	
005	棉布料	匹	120	120	20.00	2 400.00	
		备注：			合计	2 400.00	

主管（印）记账：（印）　审批人：（印）　领料人：（印）　发料人：（印）

（6）统一收据的填写。

收据是用于证明公司收到其他单位或个人的款项所出具的证明文件，由收款人（出纳）制作，一式三联，第一联留存，第二联交会计记账，第三联交付款人留存。

【**做中学 2.7**】2015 年 3 月 15 日，上海某实业有限公司收到南昌火星工厂购买机器的预付款 8 530 元，由会计人员李密开具统一收据。填制的收款收据如图 2-7 所示。

上海市企业单位统一收据

收据联　　发票代码：231000501151　发票号码：00866100

交款单位　南昌火星工厂　　2015 年 3 月 15 日

收　款　内　容	单　位	金　额	总计金额（千百十元角分）	备　注	第二联 收据联 交款单位凭证
预付购机器款			853000		
合计人民币（大写） 捌仟伍佰叁拾元整			853000		

开票单位（盖章有效）上海龙西实业有限公司 发票专用章　税务登记号
地　址　　开户银行
收款人　　帐　号

图 2-7　收据

（7）发料凭证汇总表的填制。

发料凭证汇总表属于汇总原始凭证，工业企业在生产过程中领发材料比较频繁，业务量大，同类凭证也较多。为了简化核算手续，需要编制发料凭证汇总表。编制原材料发料凭证汇总表的基础是领料单，此表是根据领料单，按部门、材料类别编制而成的。编制时间根据业务量的大小确定，可 5 天、10 天、15 天或 1 个月汇总编制一次。汇总时，要根据实际成本计价（或计划成本计价）的领发料凭证、领料部门以及材料用途分类进行。各单位可以根据实际情况填写，最后由财务主管、制表人签字、盖章。发料汇总表如表 2-7 所示。

表 2-7　　发料汇总表

2015 年 3 月 22 日　　单位：元

会计科目	领料部门	木材	燃料	合计
基本生产成本	一车间	5 000	10 000	15 000
	二车间	8 000	14 000	22 000
	小计	13 000	24 000	37 000
辅助生产成本	供电车间	7 000	2 000	9 000
	锅炉车间		4 000	4 000
	小计	7 000	6 000	13 000
制造费用	一车间	400		400
	二车间	600		600
	小计	1 000		1 000
管理费用		200	300	500
合计		21 200	30 300	51 500

会计主管：　　审核：　　制表：

五、原始凭证的错误更正

各种原始凭证不能随意涂改、刮擦、挖补或用褪色水改。原始凭证填写如有错误，要使用正确的改错方法更正。原始凭证的错误不同，使用的更正方法也不同，具体如下。

（1）外来原始凭证如果发生金额以外的数字，本单位不得更正，必须退回原开具单位重开，并在更正处加盖更正单位公章及相关人员名章。

（2）对于记载的金额发生错误的原始凭证，应该退回并由原始凭证开具单位重开。金额改动的原始凭证无效。

（3）对于记载的文字发生错误的原始凭证，应退回原开具单位重开，或在错误处进行更正，并在更正处加盖更正单位公章及相关人员名章。

（4）原始凭证开具单位应当依法开具准确无误的原始凭证，对于填制有误的原始凭证，负有更正和重新开具的法律义务，不得拒绝更正和重开。

任务实施

小张应该填写如下现金支票。

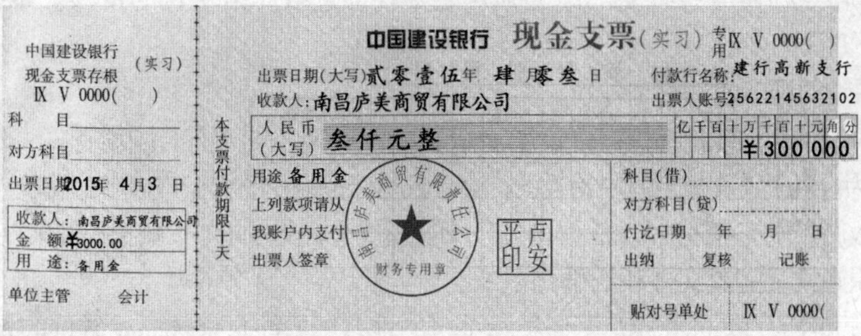

中国建设银行　现金支票存根（实习）
Ⅸ V 0000(　　)
科　目
对方科目
出票日期2015年 4月3 日
收款人：南昌庐美商贸有限公司
金　额：￥3000.00
用　途：备用金
单位主管　　会计

中国建设银行　现金支票（实习）　专用Ⅸ V 0000(　　)
出票日期（大写）贰零壹伍年 肆 月零叁 日　付款行名称：建行高新支行
收款人：南昌庐美商贸有限公司　出票人账号：25622145632102
人民币（大写）叁仟元整　￥300000
本支票付款期限十天
用途 备用金　科目（借）
上列款项请从　对方科目（贷）
我账户内支付　付讫日期　年　月　日
出票人签章　出纳　复核　记账
贴对号单处　Ⅸ V 0000(

图 2-8　现金支票的填写

任务二　审核原始凭证

任务描述

在 2015 年 3 月南昌市庐美商贸有限公司采购部采购员李明来报销出差费用，出示了发票中有住宿发票如下。

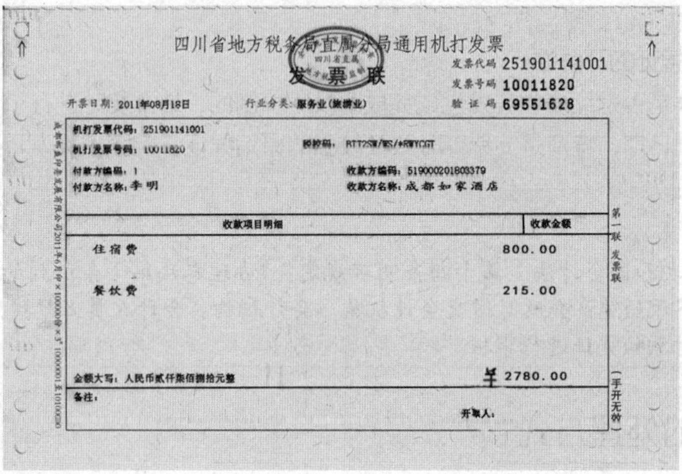

四川省地方税务局直属分局通用机打发票
发票联
发票代码 251901141001
发票号码 10011820
验证码 69551628
开票日期：2011年08月18日　行业分类：服务业（旅游业）
机打发票代码：251901141001
机打发票号码：10011820
付款方编码：1　收款方编码：519000201803379
付款方名称：李 明　收款方名称：成都如家酒店

收款项目明细	收款金额
住宿费	800.00
餐饮费	215.00

金额大写：人民币贰仟柒佰捌拾元整　￥2780.00
备注：
开票人：

图 2-9　普通发票

请思考：这张发票存在什么问题，出纳小张对该发票应该如何处理？

任务分析

原始凭证的填制要素包括原始凭证名称，原始凭证的日期和编号，接受原始凭证单位名称，经济业务内容（包括经济业务的数量、单价、金额等），填制单位签章或填制人姓名，经办人员签章。

相关知识

一、原始凭证的审核

原始凭证的审核是指对接受的外来凭证或企业自制的原始凭证的真实性、完整性、合法性和合理性的审核。为了正确地反映和监督各项经济业务，保证原始凭证的真实、正确和合法，会计部门和经办业务的有关部门必须对原始凭证进行严格认真的审核。审核原始凭证主要有以下几个方面的内容。

1. 审核原始凭证的合法性

审核原始凭证的合法性是指检查原始凭证所反映的经济业务是否符合国家有关法规和制度等，有无违法违规行为。对于违反规定的原始凭证，会计人员应拒绝受理。在审核中如发现弄虚作假、营私舞弊、伪造涂改原始凭证等违法乱纪行为，应立即扣留凭证，及时向单位负责人汇报，以便严肃查处。

2. 审核原始凭证的真实性和正确性

审核原始凭证所反映的内容有无与实际不符的地方。要注意审核原始凭证的日期是否真实、业务内容是否真实、数据是否真实。对于不真实的原始凭证会计人员不予接受，并及时向单位负责人报告。同时，审核原始凭证的摘要和数字及其他项目填写是否正确，数量、单价、金额、合计数的填写是否正确，大小写金额是否相符。

3. 审核原始凭证的完整性

审核原始凭证中的所有项目是否填列齐全，手续是否完备，凭证的联次是否正确。有关经办人员是否都已签名或盖章，主管人员是否审核、批准。在审核中如发现有原始凭证项目填列不全、手续不齐备、签名盖章有遗漏或不清晰、主管人员未批准等情况，会计人员应将该原始凭证退还经办人员，待其补充完整后再予受理；如果属于外单位开出的凭证，应该拒绝接受，并退回原单位。

4. 审核原始凭证的及时性

审核原始凭证是否是经济业务发生或完成时及时填制的，是否及时进行了传递。审核时，注意原始凭证的填制日期，特别是支票等时效性较强的原始凭证，应验证签发日期。

知识拓展

《中华人民共和国会计法》第十四条明确规定：“办理本法第十条所列的经济业务事项，必须填制或取得原始凭证并及时送交会计机构。会计机构、会计人员必须按照国家统一的会计制度的规定对原始凭证进行审核。”

二、审核后的处理方式

原始凭证是财会人员付款和编制记账凭证的依据，为了维护财经纪律和确保会计核算的质量，财会人员必须严格审核。经审核的原始凭证，应根据不同的情况分别进行处理。

（1）对于真实、合法、合理但内容不够完整、填写有错误的原始凭证，应退回有关经办人员，由其负责将有关凭证补充完整、更正错误或重开后，再办理正式会计手续。

（2）对于不真实、不合法的原始凭证，会计机构和会计人员有权不予受理，并向单位负责人报告，请求查明原因，追究有关当事人的责任。

（3）对于完全符合要求的原始凭证，应及时编制记账凭证。

知识链接

揭露原始凭证会计造假的识别技巧

不论原始凭证采用什么方式造假，都会在原始凭证上直接或间接地表现出以下特点中的一点或几点。

（1）刮、擦、用胶带拉扯过的原始凭证，其表面总会有毛粗的感觉，可用手摸，或用背光目视的方法检查出来；对用“消字灵”等化学试剂消退字迹后写上的原始凭证，其纸张上会显示出表面光泽消失，纸质变脆，有淡黄色污斑和隐约可见的文字笔画残留，纸张格子线和保护花纹受到破坏，新写的字迹由于药剂作用而渗散变淡等一些特征中的一条或几条。

（2）添加改写的原始凭证，其文字分布位置不合比例，字体不是十分一致，有时出现不必要的重描和交叉笔画。

（3）冒充签字的原始凭证，其冒充签字常常在笔迹熟练程度、字形、字的斜度、字体的方向和形态、字与字的间隔、行与行的间隔、字的大小、字的压力轻重、字的基本结构等方面存在差异，有时通过肉眼观察可以发现。

（4）凭证明显不规范，要素不全，经常缺少部分要素，其关键要素经常出现模糊，让人对其经济业务活动的全貌感到怀疑。例如，购买办公用品（实为购买个人消费品）的假凭证，往往只注明“办公用品”，而不注明到底购买了什么办公用品及其规格、型号、品种、数量如何。

（5）其金额往往只有一个总数，而没有分项目的明细，禁不起推敲。

（6）原始凭证的经手人经常含而不露，出现有名无姓或有姓无名现象，如果仔细追问很可能查无此人。

（7）原始凭证上的时间与业务活动发生的时间及以后的入账时间相距甚远。

（8）主要业务凭证与其他相关的凭证不配套，有时只有其中一部分，而没有另一部分。如销售货物只有销售发票而无发货单据、托运证明、出门单、结算凭证等。

（9）凭证的形式不规则，以非正规的票据凭证代替正规的原始凭证。例如，用货币收付凭证代替实物收付凭证，以自制凭证代替外来凭证，以非购销凭证代替购销凭证等。

任务实施

外来原始凭证一般由税务局等部门统一印制，或经税务部门批准由经济单位印制，在填制时加盖出具凭证单位公章方有效。任务资料中的发票中除了填写的金额大小写不一致外，还没有填制单位的发票专用章以及经办人员的签字，应该是一张虚假的发票，应当退回，不予报销。

模块综述

原始凭证又称单据，是在经济业务发生或完成时取得或填制的，用以记录或证明经济业务的发生或完成情况的书面证明文件。

原始凭证应当具备的基本要素包括原始凭证名称、填制原始凭证的日期和编号、接受原始凭证单位名称、经济业务内容（包括经济业务的数量、单价、金额等）、填制单位签章或填制人姓名和经办人员签章。

原始凭证的审核是指对接受的外来凭证或企业自制的原始凭证的真实性、完整性、合法性和合理性的审核。为了正确地反映和监督各项经济业务，保证原始凭证的真实、正确和合法，会计部门和经办业务的有关部门必须对原始凭证进行严格认真的审核。

阅读篇目

- 财政部颁布的《会计基础工作规范》。
- 财政部、国家档案局发布的《会计档案管理办法》。

实施效果检测

一、单项选择题

1. 下列原始凭证中，属于自制原始凭证的有（　　）。

A. 发料单　B. 增税发票　C. 银行对账单　D. 飞机票

2. 下列各项中，不属于原始凭证要素的是（　　）。

A. 经济业务发生日期　B. 经济业务内容

C. 会计人员记账标记　D. 原始凭证附件

3. 材料入库单属于（　　）。

A. 记账凭证　B. 自制原始凭证　C. 外来原始凭证　D. 累计凭证

4. 填制原始凭证时，符合书写要求的是（　　）。

A. 阿拉伯数字金额前面应当书写货币币种符号

B. 币种符号与阿拉伯数字金额之间不得留有空白

C. 大写金额有分的，分字后面要写“整”或“正”字

D. 汉字大写金额可以用简化字代替

5. 汇总原始凭证与累计原始凭证的主要区别点是（　　）。

A. 登记的经济业务内容不同　B. 填制时期不同

C. 会计核算工作繁简不同　D. 填制手续和内容不同

6. 企业接受的原始凭证有错误，应采用的处理方法是（　　）。

A. 本单位代替出具单位进行更正　B. 退回出具单位，不予接受

C. 向单位负责人报告　D. 由出具单位重开或更正

7. 对原始凭证应退回补充完整或更正错误，是属于（　　）。

A. 原始凭证违法行为　B. 原始凭证真实、合法、合理

C. 原始凭证不真实、不合法　D. 真实、合法、合理但不完整

8. 下列有关原始凭证错误的更正不正确的是（　　）。

A. 原始凭证记载的各项内容均不得涂改

B. 原始凭证金额错误的可在原始凭证上更正

C. 原始凭证错误的应由出具单位重开，更正处加盖单位印章

D. 原始凭证金额错误的不可在原始凭证上更正

9. 下列各项，不属于原始凭证审核内容的是（　　）。

A. 凭证反映的内容是否真实

B. 凭证各项基本要素是否齐全

C. 会计科目的使用是否正确

D. 凭证是否有填制单位的公章和填制人员签章

10. 会计机构、会计人员对不真实、不合法的原始凭证和违法收支（　　）。

A. 有权不予受理　B. 予以退回　C. 予以纠正　D. 予以反映

二、多项选择题

1. 原始凭证的审核内容主要有（　　）。

A. 合法性　B. 正确性　C. 合理性　D. 完整性

2. 下列文件中，属于外来原始凭证的有（ ）。

A. 领料单 B. 购货发票 C. 银行对账单 D. 银行付款通知

3. 下列单据中，可以作为自制原始凭证的有（ ）。

A. 购入材料的水、路运费账单 B. 转账凭证

C. 工资结算单 D. 产品入库单

4. 原始凭证应具备的基本内容是（ ）。

A. 填制日期 B. 经济业务涉及的会计科目

C. 经济业务的内容 D. 所附原始凭证的张数

5. 下列属于具有法律效力的原始凭证有（ ）。

A. 银行收付款通知单 B. 开工单 C. 生产通知单 D. 经济合同

6. 下列原始凭证中，属于自制原始凭证的有（ ）。

A. 提货单 B. 发出材料汇总表 C. 购货发票 D. 销售发票

7. 填制原始凭证时，符合书写要求的有（ ）。

A. 阿拉伯数字金额前面应当填写货币币种符号

B. 币种符号与阿拉伯数字金额之间不得留有空白

C. 大写金额有分的，分字后面要写“整”或“正”字

D. 汉字大写金额要以用简化字代替

8. 在原始凭证上书写阿拉伯数字，正确的有（ ）。

A. 所有以元为单位的，一律填写到角分

B. 无角、分的，角位和分位可写“00”，或者符号“—”

C. 有角无分的，分位应当写“0”

D. 有角无分的，分位也可以用符号“—”代替

9. 原始凭证审核的内容包括（ ）。

A. 经济业务内容是否真实 B. 会计科目使用是否正确

C. 应借应贷方向是否正确 D. 经济业务是否有违法乱纪行为

10. 下列说法正确的是（ ）。

A. 原始凭证必须记录真实，内容完整

B. 一般原始凭证发生错误，必须按规定办法更正

C. 有关现金和银行存款的收支凭证，如果金额填写错误，必须作废

D. 购买实物的原始凭证，必须有验收证明

三、判断题

1. 原始凭证的内容中包括会计分录。（ ）

2. 限额领料单是一种累计记账凭证。（ ）

3. 原始凭证是证明经济业务已经发生，明确经济责任，并据以记账的原始依据。（ ）

4. 所有的原始凭证都应有签名和盖章。（ ）

5. 外来原始凭证一般都属于一次凭证。（ ）

6. “发出材料汇总表”属于累计原始凭证。（ ）

7. 从外单位取得的原始凭证，可以加盖公章，但必须有经办人员的签名或盖章。（ ）

8. 原始凭证发生错误，正确更正方法是由出具单位在原始凭证上更正。（ ）

9. 会计人员对不真实、不合法的原始凭证有权不予接收，并向单位负责人报告。(　　)

10. 根据规定，记账凭证必须附有原始凭证。但是，结账和更正错误的记账凭证可以不附原始凭证。(　　)

四、技能操作实训

练　习　一

（一）实训目的：金额的大写以及日期的大写。

（二）实训要求：写出下列金额的大写以及日期的大写。

（1）¥307 809.50

（2）¥2 000 943.00

（3）¥117 050.83

（4）¥94 000.30

（5） 2015 年 1 月 5 日

（6） 2015 年 9 月 8 日

（7） 2015 年 11 月 10 日

（8） 2012 年 9 月 11 日

（9） 2015 年 10 月 10 日

（10）2015 年 8 月 20 日

（11）2014 年 3 月 30 日

练　习　二

（一）实训目的：练习差旅费报销单的填制。

（二）实训资料：2015 年 5 月 20 日，南昌美丽服装厂采购经理龙梅报销当月去上海参加会议的差旅费，其具体情况及南昌美丽服装厂相关财务规定如下。

（1）车费包括 5 月 10 日 11:00 至 16:40，南昌至上海火车，票价 305 元；5 月 14 日 10:10 至 15:50，上海至南昌火车，票价 305 元。

（2）住宿费报销标准为 130 元/日，李元住宿费实际为 140 元/日，共住了四天。

（3）经理级别的公出补助为 120 元/日。

（4）市内车费出租车费用 120 元。

（5）列车餐费补助 20 元/次。

（6）李元预借差旅费 5 000 元，余款以现金退回。

（三）实训要求：根据所给出的资料填写下面的差旅费报销单，如习题表 2-1 所示。

习题表 2-1　　　　**差旅费报销单**

单位＿＿＿＿＿＿＿＿　　　　年　　月　　日　　　　金额单位：元

<table>
<tr><td colspan="3">姓名</td><td colspan="6"></td><td colspan="5">出差事由</td></tr>
<tr><td colspan="3">出发地</td><td colspan="3">到达地</td><td colspan="3">公出补助</td><td rowspan="2">车船飞机费</td><td rowspan="2">住宿费</td><td rowspan="2">市内车费</td><td rowspan="2">其他费用</td><td rowspan="2">合计金额</td></tr>
<tr><td>月</td><td>日</td><td>地点</td><td>月</td><td>日</td><td>地点</td><td>天数</td><td>标准</td><td>金额</td></tr>
<tr><td></td><td></td><td></td><td></td><td></td><td></td><td></td><td></td><td></td><td></td><td></td><td></td><td></td><td></td></tr>
<tr><td></td><td></td><td></td><td></td><td></td><td></td><td></td><td></td><td></td><td></td><td></td><td></td><td></td><td></td></tr>
<tr><td></td><td></td><td></td><td></td><td></td><td></td><td></td><td></td><td></td><td></td><td></td><td></td><td></td><td></td></tr>
<tr><td colspan="9">合计人民币（大写）：　　　　¥</td><td colspan="2">预支</td><td colspan="2">核销</td><td>补付</td></tr>
</table>

单位领导：　　　　　　财务主管：　　　　　　审核人：

练　习　三

（一）实训目的：练习限额领料单的填制。

（二）实训资料：南昌超人机械厂使用限额领料单对塑钢进行登记与管理，该材料编号SB2310，单位成本 4 元/千克，2015 年 3 月拟生产 A 机器 10 000 台，单位消耗该材料的定额为0.2 千克/台，本月限额领用本材料 2 000 千克，发料仓库为 2 号库，仓库发料人黄伟，供应部门负责人张天，生产计划部门负责人方成。

滨海机械厂该月具体领料情况如习题表 2-2 所示。

习题表 2-2　　领料情况表

领用日期	请领数量	实发数量	领料人
3.5	200	200	刘料
3.10	500	500	刘向
3.12	300	300	刘料
3.20	300	300	刘向
3.25	250	250	刘料
3.30	300	300	刘向

（三）实训要求：根据所给出的资料填写下面的限额领料单，如习题表 2-3 所示。

习题表 2-3　　限额领料单

领料部门：

用　　途：　　　　　　　　年　　月　　　　　　　　发料仓库：

材料编号	材料名称	计量单位	计划投产量	单位消耗定额	领用限额	实发																
						数量	单价								金额							
							十	万	千	百	十	元	角	分	十	万	千	百	十	元	角	分

日期	领用			退料			限额结余数量
	数量	领料人	发料人	数量	退料人	收料人	
合计							

生产计划部门：　　　　　　　　供销部门：　　　　　　　　仓库：

练　习　四

（一）实训目的：练习支票的填制。

（二）实训资料：2015 年 5 月 15 日，南昌火娃食品厂从南昌新火油脂厂购入面粉 6 000 千克，每 1 千克 5.0 元，税率为 17%，以转账支票支付上述货款及税费；同日，南昌火娃食品厂开出金额 2 000 元的现金支票从行提取现金，用于日常零星开支。该厂的出纳是刘芳、身份证号码：440203198605232345，发证机关：白云公安分局。

南昌火娃食品厂开户行及账号：建行青山湖支行，564225632555，预留印鉴为南昌火娃食品厂财务章及法定代表人卢涛的名章。

南昌新火油脂厂开户行及账号：招行高新支行，385245225620。

（三）实训要求：根据资料填写下面的转账支票（见习题图 2-1）和现金支票（见习题图 2-2）。

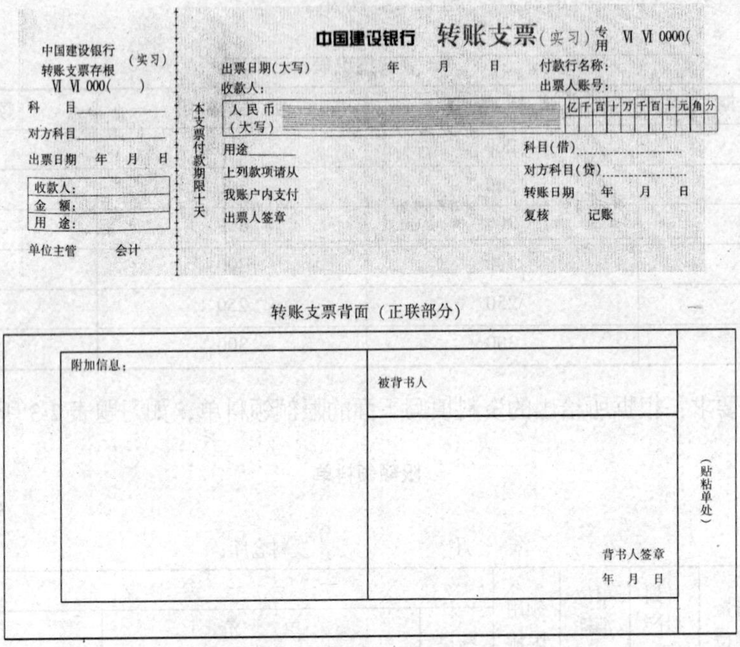
中国建设银行 转账支票存根（实习） Ⅵ Ⅵ 000（ ）
科 目
对方科目
出票日期 年 月 日
收款人：
金 额：
用 途：
单位主管 会计
本支票付款期限十天
中国建设银行 转账支票（实习） 专用 Ⅵ Ⅵ 0000（
出票日期（大写） 年 月 日 付款行名称：
收款人： 出票人账号：
人民币（大写） 亿 千 百 十 万 千 百 十 元 角 分
用途
上列款项请从我账户内支付
出票人签章
科目（借）
对方科目（贷）
转账日期 年 月 日
复核 记账
转账支票背面（正联部分）
附加信息：
被背书人
背书人签章 年 月 日
（贴粘单处）

习题图 2-1 转账支票正面及背面

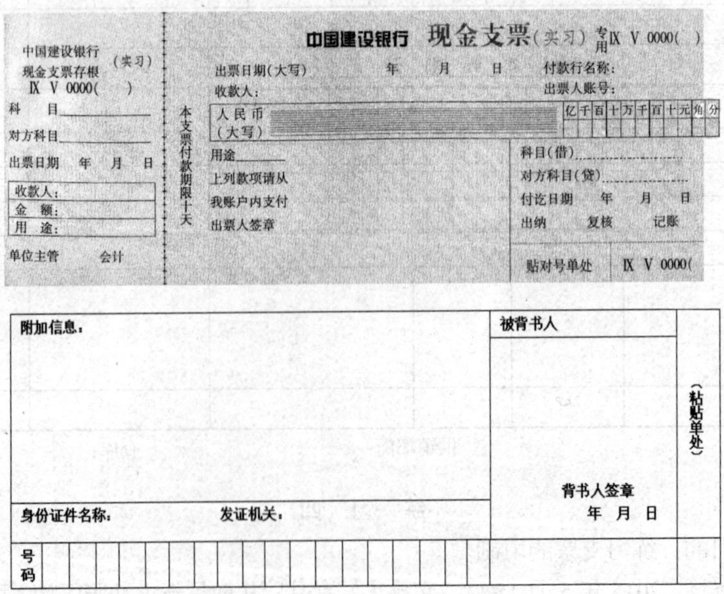
中国建设银行 现金支票存根（实习） Ⅸ Ⅴ 0000（ ）
科 目
对方科目
出票日期 年 月 日
收款人：
金 额：
用 途：
单位主管 会计
本支票付款期限十天
中国建设银行 现金支票（实习） 专用 Ⅸ Ⅴ 0000（ ）
出票日期（大写） 年 月 日 付款行名称：
收款人： 出票人账号：
人民币（大写） 亿 千 百 十 万 千 百 十 元 角 分
用途
上列款项请从我账户内支付
出票人签章
科目（借）
对方科目（贷）
付讫日期 年 月 日
出纳 复核 记账
贴对号单处 Ⅸ Ⅴ 0000（
附加信息：
被背书人
背书人签章 年 月 日
（粘贴单处）
身份证件名称： 发证机关：
号码

习题图 2-2 现金支票正面及背面

练　习　五

（一）实训目的：正确填写增值税发票。

（二）实训资料：南昌庐美商贸有限公司 2015 年 3 月 26 日向广州市春光有限公司销售甲产品 1 100 套，不含税单价 2 000 元/套，税率 17%。南昌庐美商贸有限公司地址为南昌市青山湖大道 521 号，纳税人识别号 8921215，开户行为建行高新支行，账号为 25622145632102。广州市春光有限公司地址为广州市荔城路 188 号，纳税人识别号 4215365，开户行为工商银行荔城支行，账号为 36754321440101。

（三）实训要求：按要求填写增值税专用发票（见习题图 2-3）。

南昌增值税专用发票

全国统一发票监制章
广东
国家税务总局监制

开票日期　　年　　月　　日

购货单位	名　　称： 纳税人识别号： 地址、电话： 开户行及账号：			密码区	（略）		
货物或应税劳务名称	规格型号	单位	数量	单价	金额	税率	税额
合　　计							
价税合计（大写）					（小写）¥		
销货单位	名　　称： 纳税人识别号： 地址、电话： 开户行及账号：			备注			

南昌庐美商贸有限责任公司
发票专用章

第三联：记账联　销货方记账凭证

收款人：　　复核：　　开票人：　　销货单位（章）

习题图 2-3　增值税专用发票

模块三

记录经济业务，掌握填制与审核记账凭证的方法

【知识目标】

1. 掌握各会计要素的概念及包括的内容。
2. 理解和掌握会计等式的概念，明确经济业务发生对会计等式的影响。
3. 掌握常用会计科目及账户的分类、结构。
4. 理解借贷记账法的概念及内容。
5. 掌握会计核算的业务分录。
6. 掌握记账凭证的种类、内容、填制和审核方法。
7. 掌握会计凭证的传递、装订与保管。

【技能目标】

1. 能识别会计要素。
2. 能正确理清会计科目、会计账户与会计要素之间的关系。
3. 能根据会计等式原理对经济业务进行分析并记账。
4. 能理解借贷记账法，并能正确编制各项业务的会计分录。
5. 能正确进行试算平衡。
6. 掌握传递与装订会计凭证的方法。

模块导航

为了满足会计确认、计量、记录和报告的要求以及各有关方面对会计信息的需求，由于会计要素所揭示的企业经营活动的经济特征过于笼统、抽象，企业有必要在会计要素基础上，对会计核算和监督的内容进行具体分类，对会计核算和监督内容具体分类的项目或名称，我们称为会计

科目。有了会计科目，我们就能够以会计科目的名称设置账户，对企业所发生的多种多样、千变万化的经济业务运用借贷记账法进行分门别类的核算。设置会计科目、开设账户、运用借贷记账法是会计人员必须掌握的会计核算的基本方法之一。

本模块主要讲述各会计要素的概念；会计科目的概念、设置原则及分类；会计账户的概念、分类及基本结构；借贷记账法的概念、特点，运用借贷记账法编制业务会计分录；试算平衡。通过学习，要认真理解并掌握会计要素、会计科目、会计账户、借贷记账法的概念及运用，注意区分会计科目、会计账户的种类，明确试算平衡表的编制要点，掌握记账凭证的种类、填制与审核，能够对会计凭证进行正确装订和保管。

任务一　认识会计要素

任务描述

小王和小方于 2015 年 5 月 1 日共同投资了银行存款 200 000 元开办了一家电脑维修公司，从事电脑维修，并附带销售电脑配件。他们首先租了一间小店面，以店面的名义向银行借了 2 年期借款 100 000 元，现在银行存款账户上 300 000 元；花费 4 000 元购买了一些电脑配件，为了方便出行，花费 100 000 元买了一辆汽车，当月维修电脑的全部收入 10 000 元，支付 2 000 元店面月租金，支付请来帮助修理电脑的同学的报酬 700 元，5 月 31 日，支付水电费 300 元。

东升电脑维修店

购买的汽车

电脑配件

请思考：如果你是电脑维修公司的会计，如何将涉及的日常经济事项进行分类？

任务分析

作为电脑维修公司的会计，需要将上述涉及的交易或事项进行确认、计量、记录和报告。

（1）小王和小方于 2015 年 5 月 1 日共同投资的 200 000 元银行存款和向银行借款 100 000 元，共筹集了 300 000 元存入银行账户，这属于维修公司的货币资金；花钱购买的配件 4 000 元，属于维修公司的存货；购买的汽车 100 000 元，属于维修公司的固定资产。

（2）以店面的名义向银行借了 2 年期借款 100 000 元，属于维修公司的长期借款。

（3）小王和小方共同投资的 200 000 元，这部分资金属于维修公司的实收资本。

（4）当月电脑维修全部收入 10 000 元，属于维修公司的收入。

（5）支付房租 2 000 元，支付请来帮助修理电脑同学的报酬 700 元，支付水电费 300 元，这些都属于维修公司当月的费用。

（6）维修公司的收入减去费用就是店面的经营成果。

相关知识

一、会计要素

会计要素是对会计对象进行的基本分类，是会计核算对象的具体化，又称为会计对象要素。从一般意义上说，会计的对象就是企业的资金运动，即能够用货币表现的各项经济业务。但这只是对会计对象的一般描述，比较抽象，而且无法从整体上把握会计的内容。由于企业的经营活动多种多样，而每天发生的经济业务更是数不胜数。为了便于会计确认、计量、记录和报告，就要利用会计要素形式，使会计对象更加具体化，即经济业务的发生所引起的资金运动又具体表现为会计要素的增减变动。确立会计要素对于设置账户、登记账簿、编制财务会计报告，为会计信息使用者提供各种有用的会计信息具有重要的意义。

我国《企业会计准则》将会计要素（Accounting Elements）界定为6个，即资产、负债、所有者权益、收入、费用和利润。其中，前3类表现资金运动的相对静止状况，属于反映企业在某一特定日期的财务状况，成为编制资产负债表的要素；后3类表现资金运动的显著变动状态，属于反映企业在一定时期内的经营成果，成为编制利润表的要素。

【学习知识查阅】企业会计准则对会计要素的分类。

知识拓展　企业会计准则

《企业会计准则》由财政部制定，于2006年2月15日发布，自2007年1月1日起施行，2014年年初财政部对会计准则进行大规模修改，相继修订5项会计准则，并发布2项新准则及1项补充规则，7项准则统一于7月1日起在所有执行企业会计准则的企业范围内施行。

我国企业会计准则体系包括基本准则与具体准则和应用指南，基本准则为主导，对企业财务会计的一般要求和主要方面做出原则性的规定，为制定具体准则和会计制度提供依据。具体准则是在基本准则的指导下，处理会计具体业务标准的规范。其具体内容可分为一般业务准则、特殊行业和特殊业务准则、财务报告准则3大类，我国制定了41项具体准则，其中38项为2006年2月15日发布的，3项为2014年修订项和发布项，本准则对加强和规范企业会计行为，提高企业经营管理水平和会计规范处理，促进企业可持续发展起到了指导作用。

（一）反映企业财务状况的会计要素

1. 资产

《企业会计准则——基本准则》第二十条：资产是指企业过去的交易或事项形成的，由企业拥有或控制的，预期会给企业带来经济利益的资源。资产可以具有实物形态，如房屋、机器设备、商品、材料等，也可以不具有实物形态，如应收款项、无形资产等。

资产具有的特征如下所示。

（1）资产是由于过去的交易或事项所形成的。

作为企业资产，必须是现实的而不是预期的资产，是企业过去的交易或事项所形成的结果。对于预期将在未来发生的交易或事项可能产生的结果，不属于企业现实的资产，不得作为资产确认。

【学中做 3-1】2015 年 7 月，亨达公司与销售方签订了一份购买合同，计划在 2016 年年底购买一批机器设备。试问：这批设备能否确认为亨达公司 2015 年 7 月的资产？

【分析】购买行为尚未发生，该机器设备不符合资产定义，亨达公司不能因此而确认为资产。

（2）资产是企业拥有或者控制的

所谓拥有是指法律意义上的拥有，即所有权全部转移，企业付清了资产全部价款并取得所有权凭证，企业就拥有了该资产，从而能够从资源中获得经济利益。所谓控制是指企业持有资产所有权的法定权利，有些资源虽然不为企业所拥有，但能够被企业所控制，拥有使用该资产的法定权利，因而同样能够从该项资源中获取经济利益。

（3）资产预期会给企业带来经济利益

资产预期会给企业带来经济利益，是指资产具有直接或间接导致现金和现金等价物流入企业的潜力。如果某项物品预期不能为企业带来经济利益，就不能确认为资产。如一些已经报废的机器设备、盘亏的机器设备、存货已不能为单位带来经济利益，就不能在会计上确认为资产。

将一项资源确认为企业的资产，应该符合资产定义，同时还需要满足以下两个条件，才能确认为资产。

第一，与该资源有关的经济利益很可能流入企业。

第二，该资源的成本或者价值能够可靠的计量。

【学中做 3-2】A 公司是一家上市公司，人力资源极其丰富，并且该公司与每一位员工都签订了劳动合同，人员相对稳定，而且这些人力资源都很可能给企业带来经济利益。试问：该公司的人力资源能否确认为该公司的资产？

【分析】由于人力资源的成本或者价值无法可靠地计量，在该公司的会计系统中，人力资源不确认为一项资产。

资产按其流动性不同，可分为流动资产和非流动资产两类。

流动资产是指预计在一个正常营业周期中变现、出售或耗用，或者主要为交易目的而持有的，主要包括货币资金、交易性金融资产、应收票据、应收账款、预付款项、存货等。

非流动资产是指另一些资源被要求能长期（一年以上）为企业所拥有，主要包括长期股权投资、固定资产、无形资产和其他资产等。

按流动性对资产进行分类，有助于掌握企业资产的变现能力，从而进一步分析企业的偿债能力和支付能力。一般来说，流动资产所占的比重越大，说明企业资产的变现能力和支付能力越强。

2. 负债

《企业会计准则——基本准则》第二十三条：负债是指过去的交易或事项形成，预期会导致经济利益流出企业的现时义务。一般企业都有负债，即使是经营非常成功的企业。企业通常通过借款以取得扩大规模所需的资金，或以赊账的方式购买商品物资。

负债具有的特征如下。

（1）负债必须是由过去的交易或者事项形成的。

过去的交易或者事项包括购买货物、接受劳务、接受银行贷款等，导致负债的交易或事项必须已经发生。负债应当由企业过去的交易或者事项所形成；企业将在未来发生的承诺、签订的合同等交易或者事项，不形成负债。

【学中做 3-3】甲企业已经向银行借入款项 3 000 万元，是过去的交易或事项形成的负债。甲企业同时还与银行达成了 3 个月后借入 1 000 万元的意向书，试问：两项都能确认为企业的负债吗？

【分析】3 000 万元是过去的交易或事项形成的，可以确认为企业的负债，而 1 000 万元是未来事项，不属于过去的交易或者事项，不形成企业的负债。

（2）负债是企业承担的现时义务。

负债必须是企业在现行条件下已承担的义务，这是负债的一个基本特征。现时义务是指企业现在已经承担的义务，是企业不可推卸的责任。未来发生的交易或者事项形成的义务，不属于现时义务，不应当确认为负债。例如，企业购买了一批货物还没有付款，形成应付账款 20 000 元；企业向银行借款 100 000 元，期限 2 年，形成长期借款等，这些均属于企业承担的法定义务，需要依法予以偿还。

（3）负债预期会导致经济利益流出企业。

预期会导致经济利益流出企业也是负债的一个本质特征，如果不会导致经济利益流出企业，就不符合负债的定义。在履行现时义务清偿负债时，导致经济利益流出企业的形式多种多样，比如，用现金偿还或以实物资产形式偿还；以提供劳务形式偿还；以部分转移资产、部分提供劳务形式偿还等。

将一项现时义务确认为负债，应该符合负债的定义，同时还需要满足以下两个条件，才能确认为负债。

第一，与该义务有关的经济利益很可能流出企业。

第二，未来流出的经济利益的金额能够可靠地计量。

负债按其流动性不同，可分为流动负债和非流动负债两类。

流动负债指在一个正常营业周期中或自资产负债表日起一年内到期予以清偿的负债。如短期借款、应付账款、应付票据、预收账款、应付职工薪酬、应交税费、应付利息、应付股利、其他应付款等；而偿还期在一年或者超过一年的一个营业周期以上的长期债务被称为非流动负债。如长期借款、应付债券、长期应付款等。

3. 所有者权益

所有者权益是指企业资产扣除负债后由所有者享有的剩余权益。公司制企业中所有者权益又称为股东权益，即公司股东在企业中所享有的剩余权益。负债和所有者权益同为企业资产的来源，但负债体现的是债权对企业资产的索取权（也称债权人权益），而所有者权益是所有者对企业资产扣除负债后的剩余部分的索取权。通常将企业资产减负债后的余额称为净资产，因此，所有者权益也可表述为所有者对企业净资产的要求权。

所有者权益的项目主要包括实收资本、资本公积、盈余公积和未分配利润。其中盈余公积和未分配利润都属于企业净收益的积累，合称为留存收益。

实收资本是指投资者按照企业章程或合同、协议的约定实际投入企业的资本。

资本公积是指企业收到投资者的出资额超过其在注册资本中所占份额的部分。它包括资本（股本）溢价和直接计入所有者权益的利得和损失等。

盈余公积是指企业从税后利润中提取的公积金，包括法定盈余公积、任意盈余公积和法定公益金等。

未分配利润是指企业实现的净利润，经过弥补亏损、提取法定公积金和任意公积金、向投资者分配利润后，留存企业，可在以后年度进行分配。

知识拓展　利得与损失

利得是指企业非日常活动所形成的、会导致所有者权益增加的、与所有者投入资本无关的经济利益的流入，如他人的赠与等。

损失是指企业非日常活动所发生的、会导致所有者权益减少的、与所有者分配利润无关的经济利益的流出。

所有者权益的来源及构成：所有者权益一般包括所有者投入的资本，直接计入所有者权益的利得和损失以及留存收益等。

所有者投入的资本既包括构成企业注册资本或者股本部分的金额，也包括投入资本超过注册资本或者股本部分的金额，即资本溢价或者股本溢价。

直接计入所有者权益的利得和损失是指不应计入当期利润、会导致所有者权益发生增减变动、与所有者投入资本或者向所有者分配利润无关的利得或损失。

留存收益是企业历年实现的净利润留存于企业的部分，主要包括计提的盈余公积和未分配利润。

由于所有者权益体现的是所有者在企业资产中的剩余权益，所以所有者权益的确认主要依赖于其他会计要素，尤其是资产和负债的确认。所有者权益金额的确定也主要取决于资产和负债的计量。

知识拓展　所有者权益与负债的区别

尽管所有者权益与负债都对企业资产拥有要求权，共同构成企业权益，但它们两者之间是有区别的：（1）所有者投入的资本，企业一般可长期使用，不需按期归还，也不需要支付使用费，而负债是有确切的偿还期限，到期一定要偿还，有时还会发生有关的费用需要支付，如银行借款的利息费用等；（2）所有者可以凭借其所有者权益参与企业管理和利润分配，而债权人无此项权利，它只能按照预先约定的条件取得利息收入，如短期借款等。

（二）反映企业经营成果的会计要素

1. 收入

收入是指企业在日常活动中形成的、会导致所有者权益增加的、与所有者投入资本无关的经济利益的总流入。这里的日常活动包括销售商品、提供劳务及让渡资产使用权等。

收入具有的特征如下。

（1）收入是在企业日常活动中形成的

日常活动是企业为完成其经营目标所从事的经常性活动，以及与之相关的其他活动。如制造企业销售商品、服务性企业提供服务、商业企业销售商品等都属于企业的日常活动。因此收入属于企业主要的、经常性的业务收入。然而，有些交易或事项虽然也能为企业带来经济利益，但不属于企业的日常活动，则其流入的经济利益不能确认为收入，而应当计入利得。例如，企业出售固定资产并不是经营目标，也不属于企业的日常活动，因此属于利得，而不是收入，因为出售固定资产属于偶然发生的交易或事项。

（2）收入导致所有者权益的增加

收入导致的经济利益流入，既可能表现为企业资产的增加，如增加银行存款、形成应收账款等；也可能表现为企业负债的减少，如减少预收账款；或者两者兼而有之。因此，与收入相关的经济利益的流入最终会导致所有者权益的增加。例如，企业向银行借入款项 2 000 万元，尽管也导致了经济利益流入企业，但是该流入并没有导致所有者权益的增加，而使企业承担了一项现时义务。因此，企业对于因借入款项所导致的经济利益的增加，不应确认为收入，而应当确认为一项负债。

（3）收入是与所有者投入资本无关的经济利益的流入

收入的形成应当会导致经济利益的流入，但是，经济利益的流入有时是因所有者投入资本的增加所导致的，而所有者投入资本的增加不应当确认为收入，应当将其直接确认为所有者权益。

收入在符合定义的基础上，只有同时满足以下 3 个条件时才能加以确认。

第一，与收入相关的经济利益很可能流入企业。

第二，经济利益流入企业的结果会导致企业资产增加或者负债减少。

第三，经济利益的流入额能够可靠地计量。

按照企业从事日常活动的性质，可将收入分为销售收入、提供劳务收入、让渡资产使用权收入等。企业代第三方收取的款项，应当作为负债处理，不应当确认为收入。

按照经营活动的主次划分，收入可分为主营业务收入和其他业务收入。

【学中做 3-4】江淮公司 2015 年 10 月分别发生了出售和出租固定资产、无形资产的收入以及出售不需要的材料的收入，请问这些收入是否应确认为企业的收入？

【分析】出售固定资产、无形资产并进行非企业的日常活动，这种偶发性的收入不应确认为收入。出租固定资产、无形资产在实质上属于让渡资产使用权，出售不需要的材料的收入属于企业日常活动的收入，因此应确认为企业的收入，具体确认为其他业务收入。

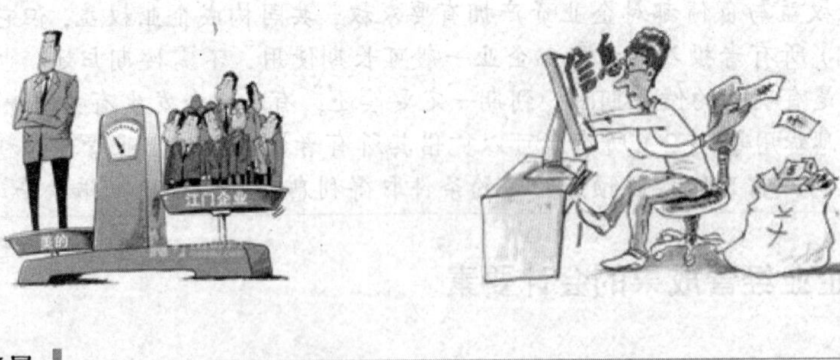

知识拓展

会计上的收入并不一定与现金有关。例如，向客户预收的货款，企业的现金虽然增加，但企业因尚未提供商品或劳务，因此不能作为收入确认，而是相应地增加了一项负债。

2. 费用

费用是指企业在日常活动中产生的、会导致所有者权益减少的、与所有者利润分配无关的经济利益的总流出。费用是与收入相对应的概念，也可以说是企业为取得收入而付出的代价。

知识拓展　成本

成本是企业对象化的费用，是企业为生产产品、提供劳务而发生的各种耗费。计入产品成本的费用分为直接费用和间接费用，不能计入产品成本的费用是期间费用。直接费用是构成产品实体的费用，如直接材料、直接人工和其他直接计入产品成本的费用；间接费用是指有助于产品的制造完成，各种产品共同发生的费用。间接费用需按一定的标准分摊计入各产品成本，直接费用和间接费用构成产品生产的制造成本。

费用具有的特征如下。

（1）费用是在企业日常活动中发生的

费用必须是企业在日常活动中发生的，如购买原材料、支付工人工资等发生的经济利益的流出，因而，费用本质上是一种企业经济利益的流出。有些交易或事项也能使企业发生经济利益的流出，但不属于企业的日常活动，则其流出的经济利益不属于费用，而应当计入损失。例如企业出售固定资产发生的净损失、因违约支付罚款、对外捐赠、自然灾害净损失等属于企业的损失，而不是费用，因为这些都属于偶然发生的交易或事项。

（2）费用会导致所有者权益的减少

费用导致的经济利益流出，既可以表现为企业资产的减少，如现金的流出，存货、固定资产和无形资产的消耗等；也可以表现为企业负债的增加，如负担长期借款利息；或者两者兼而有之，如发生某笔费用支付部分现金，同时承担部分债务等。因此，与费用有关的经济利益的流出最终会导致所有者权益的减少。

（3）费用是与向所有者分配利润无关的经济利益的总流出

费用的发生应当会导致经济利益的流出，但是企业向所有者分配利润也会导致经济利益的流出，而该经济利益的流出显然属于所有者权益的抵减项目，不应确认为费用，应当将其排除在费用的定义之外。

费用的确认除了费用的定义外，还应当同时符合以下条件。

第一，与费用相关的经济利益很可能流出企业。

第二，经济利益流出企业最终会导致企业资产减少或者负债增加。

第三，经济利益的流出额能够可靠地计量。

费用一般包括营业成本、营业税金及附加、期间费用。其中，营业成本包括主营业务成本和其他业务成本。期间费用包括销售费用、管理费用和财务费用。

3. 利润

利润是指企业在一定会计期间的经营成果。利润包括收入减去费用后的净额、直接计入当期利润的利得和损失等。直接计入当期利润的利得和损失，是指应当计入当期损益、最终会引起所有者权益发生增减变动的、与所有者投入资本或者向所有者分配利润无关的非日常活动的经济利益流入或者流出。

利润分为营业利润、利润总额和净利润。

（1）营业利润

营业利润是指营业收入减去营业成本、营业税金及附加、期间费用、资产减值损失，加上公充价值变动收益和投资收益后的金额。

（2）利润总额

利润总额是指营业利润加上营业外收入，减去营业外支出后的金额。

（3）净利润

净利润是指利润总额减去所得税费用后的余额。

由于利润反映的是收入减去费用、利得减去损失后的净额，所以利润的确认主要依赖于收入和费用以及利得和损失的确认，其金额的确认也主要取决于收入、费用、利得、损失金额的计量。如果企业实现利润，表明企业所有者权益增加，业绩得到了提升；反之，如果企业发生亏损，表明企业所有者权益减少，业绩下降。

【学中做 3-5】请指出下列项目分别属于哪个会计要素？

库存现金、银行存款、办公楼、库存商品、差旅费、借款的利息、赊购货物的款项、出售产品的收入、股东的投资、当年实现的利润等。

【分析】库存现金、银行存款、办公楼、库存商品属于资产；
赊购货物的款项属于负债；
股东的投资属于所有者权益；
出售产品的收入属于收入；
差旅费、借款的利息属于费用；
当年实现的利润属于利润。

二、会计基本等式

1. 会计恒等式原理

会计恒等式又称为会计等式、会计方程式，反映了会计基本要素之间的数量关系和企业产权的归属关系。会计恒等式的确定，是会计理论研究上的一个重要成果。

为独立进行生产经营活动，企业必须拥有能够控制的经济资源，这些经济资源一方面表现为特定的物质实体存在形式，如库存现金、材料、产品、机器设备、厂房等资产，资产可以是有形的，也可以是无形的；另一方面，反映这些经济资源的各方都有相应的要求权。从数量上看，有一定数额的资产，就意味着有一定数额的权益；反之，有一定数额的权益，也必然有一定数额的资产，两者数额必然相等。即

$$资产=权益$$

权益按其对应的资产来源不同，不外乎有两个方面：一是所有者以投资的方式投入；二是债权人提供，如银行存款。债权人提供的资产所形成的债权人权益和投资人投入的资产所形成的投资人权益，所以权益由债权人权益和所有者权益两部分组成。债权人权益在会计上称为负债，即

$$资产=负债+所有者权益$$

资产、负债、所有者权益间的会计平衡公式称为会计基本等式（Foundamental Equation of Accounting）（或会计恒等式），它反映出资产、负债、所有者权益三要素之间的内在联系和基本数量关系。这种数量关系表明了企业在某一时点上的财务状况，因此又称为静态会计等式。这一等式是设置账户、进行复式记账、编制财务报表的理论基础。

【学中做 3-6】达芬斯企业月初拥有资产总额 1 200 000 元，其中 120 000 元由银行借款提

供，380 000 元由投资人提供；材料 200 000 元从物资公司赊购；设备 500 000 元由投资人提供。

【分析】企业总资产 1 200 000 元来自于负债和所有者权益两方面，即负债总额 320 000 元（借款 120 000 元，应付材料款 200 000 元）和所有者权益总额 880 000 元（投资人提供 380 000 元，设备投入 500 000 元）此时会计等式“资产 = 负债 + 所有者权益”可以表示为

1 200 000 = 320 000 + 880 000

由于企业在经营之初，既无收入又无费用，会计要素只表现为资产、负债和所有者权益，它们之间保持着平衡的关系，即“资产 = 负债+所有者权益”。获取利润是企业经营的主要目的，利润是企业最终的经营成果。利润是企业组织生产经营活动中取得的收入与发生的费用抵减后产生的。具体来说，企业在一定时期所获取的收入若大于所发生的费用，其差额为利润；若收入小于费用，其差额为亏损，用公式表示为：

收入−费用 = 利润

这个公式表示的是会计要素在某一时期的动态平衡关系。

企业在一定时期所取得的利润是经营者运用投资人投入的资产或债权人提供的资金所获得的，利润最终都要归所有者所有，因此，从性质上看，利润应归属为所有者权益，其实质是所有者权益的重要组成部分。所以原来的会计恒等式将转化为：

资产 = 负债 +（所有者权益 + 利润）

资产 = 负债 + 所有者权益 + 收入−费用

费用 + 资产 = 负债 + 所有者权益 + 收入

以上公式表明，利润是使企业所有者权益增减的一个重要因素。到会计期间终了，企业将收入与费用配比，计算出利润，并对利润进行分配，这样在会计期间终了结账后，会计恒等式又恢复为

资产 = 负债 + 所有者权益

2. 经济业务类型对会计恒等式的影响

经济业务是客观上能够以货币计量并影响会计要素发生增减变动的经济活动。随着经济活动的不断进行和经济业务的不断发生，必然会引起有关会计要素发生增减变动。但无论企业怎样变化，都不会破坏会计恒等式的平衡关系，即企业资产总额等于负债和所有者权益总额。

（1）只影响资产、负债和所有者权益要素的经济业务

表 3-1 是达华公司的资产负债表，以元为单位。

表 3-1　　达华公司资产负债表

2015 年 1 月 1 日　　单位：元

资　产		权益（负债 + 所有者权益）	
项　目	金　额	项　目	金　额
库存现金	1 000	短期借款	250 000
银行存款	260 000	长期借款	600 000
应收账款	150 000	应付账款	260 000
存货	500 000	实收资本	601 000
固定资产	800 000		
合计	1 711 000	合计	1 711 000

通过表 3-1 可以看出，达华公司所拥有的流动资产（库存现金、银行存款、应收账款、存货）为 911 000 元，固定资产为 800 000 元，资产总额 1 711 000 元；债权人权益中负债（短期借款、长期借款、应付账款）为 1 110 000 元，所有者权益中实收资本为 601 000 元，权益总额 1 711 000 元，会计等式的平衡关系成立。

达华公司 2015 年 1 月发生以下经济业务。

【学中做 3-7】1 月 6 日，公司接受外单位投入的设备一台，价值 280 000 元。

【分析】这笔经济业务发生后，使资产方的固定资产项目增加了 280 000 元，同时使权益的实收资本项目增加了 280 000 元，这笔经济业务业务所引起的变化结果如表 3-2 所示。

表 3-2 **达华公司资产负债表**

2015 年 1 月 6 日 单位：元

资产		权益（负债＋所有者权益）	
项目	金额	项目	金额
库存现金	1 000	短期借款	250 000
银行存款	260 000	长期借款	600 000
应收账款	150 000	应付账款	260 000
存货	500 000	实收资本	881 000
固定资产	1080 000		
合计	1 991 000	合计	1 991 000

通过表 3-2 可以看出，资产和权益双方有关项目之间以相等的金额同时增加，资产与权益总额相等，会计等式的平衡关系成立。

【学中做 3-8】1 月 10 日，公司以银行存款 150 000 元偿还短期借款。

【分析】这笔经济业务发生后，使资产方的银行存款项目减少了 150 000 元，同时使权益方的短期借款减少了 150 000 元，这笔经济业务所引起的变化结果如表 3-3 所示。

表 3-3 **达华公司资产负债表**

2015 年 1 月 10 日 单位：元

资产		权益（负债＋所有者权益）	
项目	金额	项目	金额
库存现金	1 000	短期借款	100 000
银行存款	110 000	长期借款	600 000
应收账款	150 000	应付账款	260 000
存货	500 000	实收资本	881 000
固定资产	1 080 000		
合计	1 841 000	合计	1 841 000

通过表 3-3 可以看出，资产和权益双方有关项目之间以相等的金额同时减少，资产和权益总额相等，会计等式的平衡关系成立。

【学中做 3-9】1 月 15 日，公司以银行存款购入材料 20 000 元。

【分析】这笔经济业务发生后，使资产方的银行存款项目减少了 20 000 元，同时使资产方的存货增加了 20 000 元，这笔经济业务所引起的变化结果如表 3-4 所示。

表 3-4　　达华公司资产负债表

2015 年 1 月 15 日　　单位：元

资　产		权益（负债+所有者权益）	
项　目	金　额	项　目	金　额
库存现金	1 000	短期借款	100 000
银行存款	90 000	长期借款	600 000
应收账款	150 000	应付账款	260 000
存货	520 000	实收资本	881 000
固定资产	1 080 000		
合计	1 841 000	合计	1 841 000

通过表 3-4 可以看出，由于这笔经济业务所引起的增减变化是发生在资产类项目之间的此减彼增，金额又相等，资产总额不会发生变动，会计等式的平衡关系依然成立。

【学中做 3-10】1 月 22 日，公司开出商业承兑汇票一张，金额为 10 000 元，以抵前欠应付账款。

【分析】这笔经济业务发生后，使权益方的应付票据项目增加了 10 000 元，同时使权益方的应付账款项目减少了 10 000 元，这笔经济业务所引起的变化结果如表 3-5 所示。

表 3-5　　达华公司资产负债表

2015 年 1 月 22 日　　单位：元

资　产		权益（负债+所有者权益）	
项　目	金　额	项　目	金　额
库存现金	1 000	短期借款	100 000
银行存款	90 000	长期借款	600 000
应收账款	150 000	应付账款	250 000
存货	520 000	应付票据	10 000
固定资产	1 080 000	实收资本	881 000
合计	1 841 000	合计	1 841 000

通过表 3-5 可以看出，由于这笔经济业务所引起的增减变化是发生在负债类项目之间的此增彼减，金额又相等，其权益类总额不会发生变动，会计等式的平衡关系依然成立。

【学中做 3-11】1 月 28 日，经与北辰公司协商，同意将所欠北辰公司应付账款 10 000 元转作对本公司的投资。

【分析】这笔经济业务发生后，使权益方的应付账款减少了 10 000 元，同时使权益方的实收资本增加了 10 000 元，这笔经济业务所引起的变化结果如表 3-6 所示。

表 3-6　　　　达华公司资产负债表

2015 年 1 月 28 日　　　　单位：元

资　产		权益（负债+所有者权益）	
项　目	金　额	项　目	金　额
库存现金	1 000	短期借款	100 000
银行存款	90 000	长期借款	600 000
应收账款	150 000	应付账款	240 000
存货	520 000	应付票据	10 000
固定资产	1 080 000	实收资本	891 000
合计	1 841 000	合计	1 841 000

通过表 3-6 可以看出，由于这笔经济业务所引起的增减变化是发生在负债类项目与所有者权益项目之间的有增有减，增减金额相等，会计等式的平衡关系依然成立。

以上列举的说明，任何一项经济业务的发生，不论资产和权益怎样增减变动，都不会破坏会计恒等式的平衡关系。

综上所述，任何经济业务的发生，无外乎以下四种类型：

① 资产与所有者权益之间同增或同减，金额相等。（见学中做 3-7）

② 资产与负债之间同增同减，金额相等。（见学中做 3-8）

③ 资产、负债、所有者权益每个要素内部有增有减，增减金额相等，其总额不变。（见学中做 3-9、学中做 3-10）

④ 负债与所有者权益之间有增有减，增减金额相等。（见学中做 3-11）

（2）既影响收入、费用和利润要素，也影响资产、负债和所有者权益要素的经济业务。

【学中做 3-12】达华公司当月销售商品收入共计 320 000 元，货款已收到并存入银行。

【分析】这笔经济业务发生后，使资产中的银行存款项目增加了 320 000 元，同时也使收入增加了 320 000 元，收入可视为所有者权益增加。这笔经济业务所引起的变化结果如表 3-7 所示。

表 3-7

资产=负债+所有者权益+收入−费用

1 841 000=950 000+891 000

+320 000　　　　+320 000

2 161 000=950 000+891 000+320 000

由于这笔经济业务的发生引起等式两边同增 320 000 元，金额是相等的，双方总额虽然均发生变化，但等式两边始终保持平衡。

【学中做 3-13】结转已销售商品成本 160 000 元。

【分析】这笔经济业务发生后，使资产中的库存商品项目减少了 160 000 元，同时也使费用增加了 160 000 元，该费用可视为所有者权益减少。这笔经济业务所引起的变化结果如表 3-8 所示。

表 3-8

资产=负债+所有者权益+收入−费用

2 161 000=950 000+891 000+320 000

−160 000　　　　−160 000

2 001 000=950 000+891 000+320 000−160 000

由于这笔经济业务的发生引起等式两边同减 160 000 元，金额是相等的，双方总额虽然均发生变化，但等式两边始终保持平衡。

【学中做 3-14】结算当月发生的职工工资等薪酬共 30 000 元，该笔职工薪酬尚未支付。

【分析】这笔经济业务发生后，使负债中的应付职工薪酬项目增加了 30 000 元，同时也使费用增加了 30 000 元，该费用可视为所有者权益减少。这笔经济业务所引起的变化结果。如表 3-9 所示。

表 3-9

资产=负债+所有者权益+收入−费用
2 001 000=950 000+891 000+320 000−160 000
+300 000　　　　　　　　−30 000
2 001 000=980 000+891 000+320 000−190 000

由于这笔经济业务的发生引起等式右边两个项目之间以相等的金额一增一减的变动，因而不会引起等式右边总额发生变动，也不涉及资产项目。所以等式两边仍然保持平衡。

达华公司 2015 年 1 月的利润计算如下：

利润 = 收入−费用 = 320 000−190 000 = 130 000（元）

在月末，将本月利润 130 000 元转入所有者权益中的未分配利润项目。结转后对会计恒等式的影响如表 3-10 所示。

表 3-10

资产=负债+所有者权益
2 001 000=980 000+891 000+320 000−190 000
未分配利润
2 001 000=980 000+　　　1 021 000

达华公司 1 月资产负债表如表 3-11 所示。

表 3-11　　**达华公司资产负债表**

2015 年 1 月 31 日　　单位：元

资产		权益（负债＋所有者权益）	
项　目	金　额	项　目	金　额
库存现金	1 000	短期借款	100 000
银行存款	410 000	长期借款	600 000
应收账款	150 000	应付账款	240 000
存货	360 000	应付票据	10 000
固定资产	1 080 000	应付职工薪酬	30 000
		实收资本	891 000
		未分配利润	130 000
合计	2 001 000	合计	2 001 000

表 3-11 中：银行存款 = 90 000 + 320 000 = 410 000（元）

存货 = 520 000−160 000 = 360 000（元）

应付职工薪酬 = 0 + 30 000 = 30 000（元）

未分配利润 = 0 + 130 000 = 130 000（元）

任务实施

作为维修公司的会计，应该按如下情况分类。

（1）资产。

小王和小方于 2015 年 5 月 1 日共同投资的 200 000 元和向银行借款，共筹集了 300 000 元存入银行账户，这属于维修公司的货币资金；花钱购买的配件 4 000 元，属于维修公司的存货；购买的汽车 100 000 元，属于维修公司的固定资产。

（2）负债。

以店面的名义向银行借了 2 年期借款 100 000 元，属于维修公司的长期借款。

（3）所有者权益。

小王和小方共同投资的 200 000 元，这部分资金属于维修公司的实收资本。

（4）收入。

当月电脑维修全部收入 10 000 元，属于维修公司的收入。

（5）费用。

支付房租 2 000 元，支付请来帮助修理电脑同学的报酬 700 元，支付水电费 300 元，这些都属于维修公司当月的费用。

（6）利润。

维修公司的收入减去费用就是店面的经营成果。

任务二　设置账户

任务描述

摩斯公司是一家从事机械设备生产的企业，公司将经营中使用的人民币存入在银行开立的户头，主要用于转账等，公司拥有大量的机器设备、车床、铁、钢材等用于生产，车间里放着正在生产和已经完工的机械设备，同时也有支付工人及管理人员工资等活动。

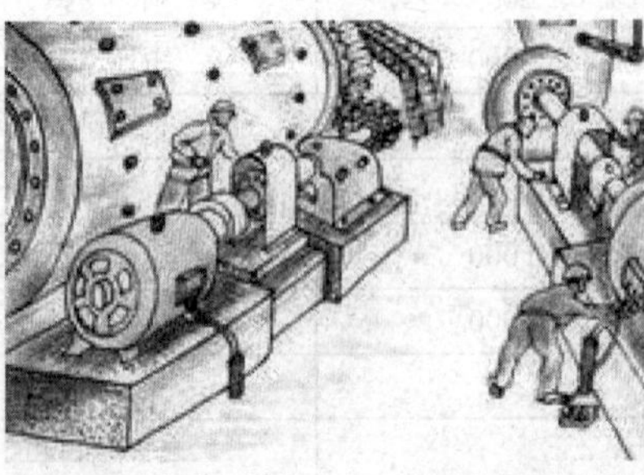

请思考：该公司会计应如何将公司的各项经济事项和活动进行合理有效的记录？

任务分析

摩斯公司会计应根据《企业会计准则》，按照会计制度的规定设置会计科目及账户，再结合公司的业务确定应该设置的账户。摩斯公司是一家从事机械设备生产的企业，有存入银行的人民币、公司大量的机器设备、车床、铁、钢材等资产。

相关知识

一、会计科目

1. 会计科目的概念

会计科目（Accounting Title）是指对会计要素的具体内容进行分类核算的项目名称。会计科目是通过会计制度预先设置的，它是设置账户、进行账务处理所必须遵守的规则和依据，是正确组织会计核算的一个重要条件。在开展会计核算工作之前，必须设置会计科目。

企业经济业务的内容有多种多样，包括筹资、投资、生产和销售等各类经济业务，它们所引起的各个会计要素的内部构成以及各会计要素之间的增减变化情况也是错综复杂的，表现为不同的形式。如果仅仅使用资产、负债、所有者权益、收入、费用和利润这6个会计要素项目来记录经济业务，则提供的会计信息就过于综合，不利于会计信息使用者了解企业的具体经营情况。因而，在会计核算中除了要按照各会计要素的不同特征进行分类外，还应根据经营管理的要求进行系统的分类。设置会计科目，就是根据会计要素的具体内容和经营管理的需要，对会计要素所进行的科学分类，从而为会计信息使用者提供科学的、详细的分类指标体系，以满足会计信息使用者的需要。设置会计科目也是设置账户、进行复式记账、建立各种会计记录和财务报告的基础，也为后续的会计核算工作做准备，是正确组织会计核算的重要条件。

2. 会计科目设置的原则

（1）合法性原则

合法性原则是指所设置的会计科目应当符合国家统一会计准则、会计制度规定，以保证会计信息的规范、统一和相互可比。在不影响会计核算质量和对外提供统一的会计报告的前提下，企业也可根据自身特点增补或合并会计科目，做到统一性与灵活性相结合。

（2）相关性原则

设置会计科目应当充分考虑会计信息使用者对会计信息的需求，既要满足对外提供统一会计信息的需要，又要满足单位内部加强经营管理的需要。会计信息使用者包括投资人、债权人、客户、政府职能部门、经营管理者、员工、潜在投资者等。设置会计科目时，应兼顾对外报告和对内经营管理的需要。

（3）实用性原则

由于企业所处行业、经营范围、业务种类、组织形式、规模大小各不相同，在会计科目设置上也有所区别。在不违背合法性、相关性的基础上，企业应结合自身生产经营的特点，设置满足会计核算需要的会计科目，做到简明、实用，统一性与灵活性相结合。

3. 会计科目的分类

（1）会计科目按反映的经济内容分类，可分为资产类科目、负债类科目、共同类科目、所有者权益类科目、成本类科目和损益类科目。

资产类科目，按资产的流动性分为反映流动资产、长期股权投资、固定资产、无形资产和长期待摊费用等的科目。其中，反映流动资产的科目又可划分为库存现金、银行存款、交易性金融资产、应收账款、预付账款、原材料、库存商品、其他应收款等。

负债类科目，按负债的流动性分为反映流动负债和非流动负债的科目。其中，反映流动负债的科目又分为短期借款、应付账款、预收账款、应付职工薪酬、应交税费、其他应付款等；反映非流动负债的科目又分为长期借款、应付债券、长期应付款等。

共同类科目主要包括清算资金往来、货币兑换、衍生工具等科目。该类科目本书暂不涉及，故不做介绍。

所有者权益类科目的形成和性质分为实收资本、资本公积、盈余公积和未分配利润等科目。

成本类科目主要反映企业在生产产品和提供劳务过程中所发生的与成本有关的内容，如生产成本、制造费用、劳务成本等科目。

损益类科目主要反映企业在生产经营过程中取得的各项收入和发生的各项费用。前者如主营业务收入、营业外收入、其他业务收入等科目；后者如主营业务成本、营业外支出、其他业务成本、管理费用、财务费用、销售费用等科目。

（2）会计科目按提供信息的详细程度及其统驭关系分类，可分为总分类科目和明细分类科目，总分类科目对其所属明细分类科目起着统驭控制作用，明细分类科目则对总分类科目起着补充说明作用。

总分类科目又称为总账科目或一级科目。它是对经济业务事项具体内容进行总括分类、提供总括信息的会计科目。如“原材料”“应收账款”等科目。

明细分类科目又称为明细科目，是对总分类科目所做的进一步分类，它提供更详细、更具体的会计信息。明细分类科目按照其分类的详细程度不同，又可分为子目和细目。子目又称二级科目，它是介于总分类科目与细目之间的科目，它所提供的核算资料比总分类科目详细，但比细目提供的资料概括；细目又称三级科目，是指对某些二级科目所做的进一步分类。

【学习知识查阅】《企业会计准则——应用指南》。

国家统一的会计科目表如表 3-12 所示。

表 3-12　　国家统一的会计科目表

序号	编号	会计科目名称	序号	编号	会计科目名称	序号	编号	会计科目名称
一、资产类			15	1201	应收代位追偿款	30	1405	库存商品*
1	1001	库存现金*	16	1211	应收分保账款	31	1406	发出商品*
2	1002	银行存款*	17	1212	应收分保合同准备金	32	1407	商品进销差价
3	1003	存放中央银行款项	18	1221	其他应收款*	33	1408	委托加工物资
4	1011	存放同业	19	1231	坏账准备	34	1411	周转材料
5	1012	其他货币资金	20	1301	贴现资产	35	1421	消耗性生物资产
6	1021	结算备付金	21	1302	拆出资金	36	1431	贵金属
7	1031	存出保证金	22	1303	贷款	37	1441	抵债资产
8	1101	交易性金融资产	23	1304	贷款损失准备	38	1451	损余物资
9	1111	买入返售金融资产	24	1311	代理兑付证券	39	1461	融资租赁资产
10	1121	应收票据*	25	1321	代理业务资产	40	1471	存货跌价准备
11	1122	应收账款*	26	1401	材料采购*	41	1501	持有至到期投资
12	1123	预付账款*	27	1402	在途物资*	42	1502	持有至到期投资减值准备
13	1131	应收股利*	28	1403	原材料*	43	1503	可供出售金融资产
14	1132	应收利息*	29	1404	材料成本差异*	44	1511	长期股权投资

续表

序号	编号	会计科目名称	序号	编号	会计科目名称	序号	编号	会计科目名称
一、资产类（续）			83	2221	应交税费*	120	5301	研发支出
45	1512	长期股权投资减值准备	84	2231	应付利息*	121	5401	工程施工
46	1521	投资性房地产	85	2232	应付股利*	122	5402	工程结算
47	1531	长期应收款	86	2241	其他应付款*	123	5403	机械作业
48	1532	未实现融资收益	87	2251	应付保单红利	六、损益类		
49	1541	存出资本保证金	88	2261	应付分保账款	124	6001	主营业务收入*
50	1601	固定资产*	89	2311	代理买卖证券款	125	6011	利息收入
51	1602	累计折旧*	90	2312	代理承销证券款	126	6021	手续费及佣金收入
52	1603	固定资产减值准备	91	2313	代理兑付证券款	127	6031	保费收入
53	1604	在建工程*	92	2314	代理业务负债	128	6041	租赁收入
54	1605	工程物资	93	2401	递延收益	129	6051	其他业务收入*
55	1606	固定资产清理	94	2501	长期借款*	130	6061	汇兑损益
56	1611	未担保余值	95	2502	应付债券	131	6101	公允价值变动损益
57	1621	生产性生物资产	96	2601	未到期责任准备金	132	6111	投资收益
58	1622	生产性生物资产累计折旧	97	2602	保险责任准备金	133	6201	摊回保险责任准备金
59	1623	公益性生物资产	98	2611	保户储金	134	6202	摊回赔付支出
60	1631	油气资产	99	2621	独立账户负债	135	6203	摊回分保费用
61	1632	累计折耗	100	2701	长期应付款	136	6301	营业外收入*
62	1701	无形资产*	101	2702	未确认融资费用	137	6401	主营业务成本*
63	1702	累计摊销*	102	2711	专项应付款	138	6402	其他业务成本*
64	1703	无形资产减值准备	103	2801	预计负债	139	6403	营业税金及附加*
65	1711	商誉	104	2901	递延所得税负债	140	6411	利息支出
66	1801	长期待摊费用	三、共同类			141	6421	手续费及佣金支出
67	1811	递延所得税资产	105	3001	清算资金往来	142	6501	提取未到期责任准备金
68	1821	独立账户资产	106	3002	货币兑换	143	6502	提取保险责任准备金
69	1901	待处理财产损溢	107	3101	衍生工具	144	6511	赔付支出
二、负债类			108	3201	套期工具	145	6521	保单红利支出
70	2001	短期借款	109	3202	被套期项目	146	6531	退保金
71	2002	存入保证金	四、所有者权益类			147	6541	分出保费
72	2003	拆入资金	110	4001	实收资本*	148	6542	分保费用
73	2004	向中央银行借款	111	4002	资本公积*	149	6601	销售费用*
74	2011	吸收存款	112	4101	盈余公积*	150	6602	管理费用*
75	2012	同业存放	113	4102	一般风险准备	151	6603	财务费用*
76	2021	贴现负债	114	4103	本年利润*	152	6604	勘探费用
77	2101	交易性金融负债	115	4104	利润分配*	153	6701	资产减值损失
78	2111	卖出回购金融资产款	116	4201	库存股	154	6711	营业外支出*
79	2201	应付票据*	五、成本类			155	6801	所得税费用*
80	2202	应付账款*	117	5001	生产成本*	156	6901	以前年度损益调整
81	2203	预收账款*	118	5101	制造费用*			
82	2211	应付职工薪酬*	119	5201	劳务成本			

二、账户

1. 账户的概念

账户是指根据会计科目设置的，具有一定结构和格式，用来分类记录会计要素增减变动情况及其结果的载体。会计科目仅仅是按照经济业务的内容和经济管理的要求，对会计要素的具体内容进行分类核算，但还不能进行具体的会计核算。所以，设置会计科目后，还必须根据规定的会计科目开设一系列反映不同经济内容的账户，用来对各项经济业务进行分类记录。如我们桌上堆放了各种各样的水果：苹果、梨、橘子、香蕉。我们要对每种水果进行统计数量，就得按水果种类来分类，之后再统计每种水果的数量是多少。每样物品都有自己的“容身之处”，会计科目的“容身之处”就是会计账户。

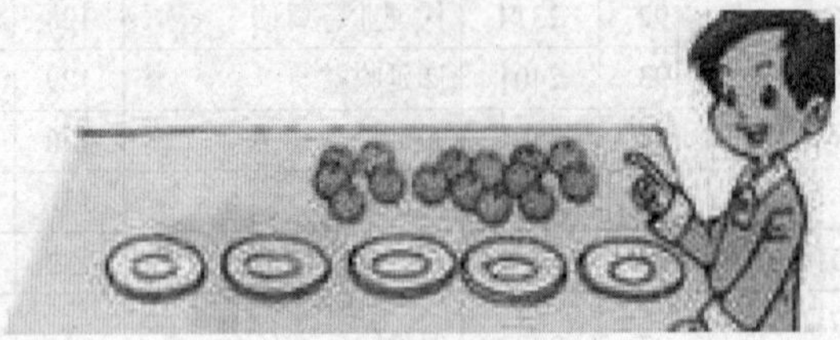

知识拓展　会计账户和会计科目的区别与联系

会计账户和会计科目是两个既有区别又有联系的概念。两者都是对会计对象的具体内容在按会计要素分类的基础上所做的进一步分类，两者的名称和反映的经济内容相同。账户虽是根据会计科目开设的，但会计科目只是账户的名称，是企业单位在进行会计核算之前，事先确定的对会计对象的具体内容进行分类核算的项目，只表明某项经济业务的内容；而账户除了名称以外，还具体表现为具有一定格式的账页，是经济业务发生后对某项经济业务的内容的增减变化及其结果进行连续、系统的记录的手段，由于账户按会计科目命名，所以在实际工作中，会计科目和会计账户常被作为同义词来使用而不加区别。

2. 账户的结构

（1）账户的基本结构

账户是根据会计科目开设的。为了全面、清晰地记录各项经济业务所引起的各个会计要素的增减变动情况及其结果，账户不但要有明确的核算内容，而且要有一定的结构。账户的基本结构是指账户设置哪几个部分，每一部分反映什么内容。企业任何经济业务的发生，都必然引起会计要素数量的变动，这种最基本的数量变动不外乎增加、减少及其增减变动结果 3 个方面。因此，每个账户的基本结构也必须相应地分为 3 个部分，一部分登记增加额，另一部分登记减少额，还有一部分登记余额，以便及时反映各账户经济内容的增减变动结果。这 3 部分构成了账户的基本结构。账户的结构也相应地分为左方、右方两个方向，至于哪一方登记增加金额，哪一方登记减少金额，其余额在哪一方，则取决于所采用的记账方法和账户本身的性质。登记本期增加的金额，称为本期增加发生额；登记本期减少的金额，称为本期减少发生额；登记增减相抵后的差额，称为余额。余额按照表示的时间不同，分为期初余额和期末余额，其基本关系为：

期初余额＋本期增加发生额−本期减少发生额＝期末余额

账户的格式具体包括账户名称（会计科目）、记录经济业务的日期、所依据记账凭证编号、经济业务摘要、增减金额、余额等。

（2）账户的分类

按照账户所反映的经济内容或者账户的经济性质不同，可将账户分为 6 大类，即资产类、负债类、共同类、所有者权益类、成本类和损益类；按照账户所提供会计核算指标的详细程度不同，可将账户分为总分类账户和明细分类账户两大类。

（3）账户的格式

账户的简化格式。反映账户基本结构最简单的形式是 T 型账户，其格式如图 3-1 所示。

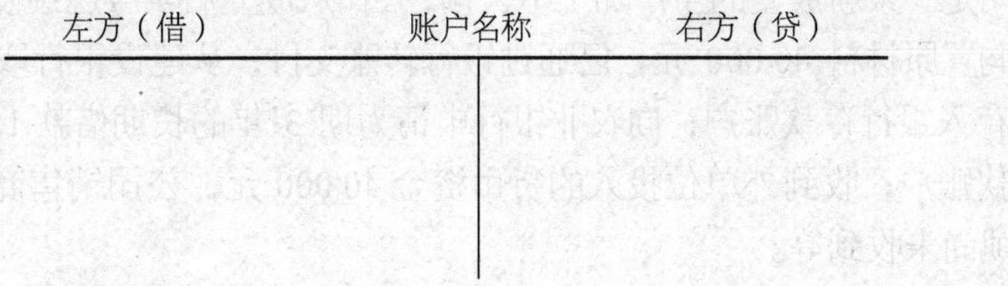

图 3-1　T 型账户

账户的标准格式。即书面格式，它是在实际工作中，各单位按照《会计法》和国家统一的会计制度的要求，必须使用的正规的会计账户，其格式如表 3-13 所示。

表 3-13　　**×××账户**

_____级科目

编号及名称_____

年		凭证编号	摘要	借方	贷方	借或贷	余额	√
月	日							

任务实施

摩斯公司会计应根据自己公司发生的经济业务设置如下账户。

（1）资产类账户

公司存入银行的人民币，应设置“银行存款”账户；公司的机器设备、车床等，应设置“固定资产”“累计折旧”账户；铁、钢材，应设置“原材料”账户；完工的机器设备，应设置“库存商品”账户。

（2）负债类账户

公司支付工人及管理人员工资，应设置“应付职工薪酬”账户；销售货物时应设置“应交税费”账户。

（3）成本类账户

公司生产机器设备，机器设备未完工前发生的成本应设置“生产成本”账户；公司计提工人工资，同样增加了公司的生产成本，应设置“生产成本”账户。

（4）损益类账户

公司销售取得收入，应设置“主营业务收入”账户，同时结转成本，设置“主营业务成本”

账户，公司计提职工薪酬时，还应设置“管理费用”“销售费用”账户。

任务三 运用借贷记账法进行核算

任务描述

麦迪逊公司是一家新成立的生产加工型公司，公司从成立后至今已经发生了很多经济业务活动，如：公司购置原材料 40 000 元，已通过银行转账支付；从建设银行取得为期 4 个月的贷款 25 000 元，已存入银行存款账户；向农业银行申请为期 3 年的长期借款 15 000 元，款项已划入公司的银行存款账户；收到外单位投入的货币资金 40 000 元；公司销售商品已经取得销售收入 35 000 元，款项尚未收到等。

请思考：该公司会计怎样对公司发生的经济业务活动进行会计处理呢？

任务分析

麦迪逊公司通过向两家银行取得借款保证了生产经营资金的需要，公司还收到外单位的资金投入；公司有了资金便可开展相关业务活动，如采购材料，通过生产加工成产品，再进行销售，获得销售收入。接下来，公司会计应对这些经济业务按照一定的规则和方法进行会计核算和记录。

相关知识

一、借贷记账法

1. 借贷记账法的概念

借贷记账法是指以“借”、“贷”二字作为记账符号，以“有借必有贷，借贷必相等”为记账规则，记录经济业务引起的会计要素增减变动的一种复式记账法。借贷记账法是世界各国普遍采用的一种记账方法，也是我国《企业会计准则》中明确规定的企业统一采用的记账方法。

2. 借贷记账法的基本内容

“资产 = 负债 + 所有者权益”的会计等式是借贷记账法的理论基础。

借贷记账法核算的对象是会计要素具体内容的增减变化及其结果。在前面讲述的会计要素中，资产、负债、所有者权益 3 个会计要素之间存在着恒等关系，即会计恒等式：

资产 = 负债 + 所有者权益

这个恒等式就是借贷记账法的理论依据。当会计要素的一个项目发生变化时，另一个或两个会计要素的项目也随之发生变化，但无论如何变化，都保持会计要素之间的平衡，即保持项目之间的恒等关系。只有保持会计要素之间的平衡关系，在相关的账户中进行等额记录，才能保证记录经济业务的完整性。

3. 借贷记账法的账户结构

在借贷记账法下，账户的基本结构是将每一个账户都分为“借方”和“贷方”，按照会计惯例，账户的左方为“借方”账户的右方为“贷方”。在账户的借方记录经济业务，通常称之为“借记某账户”，在账户的贷方记录经济业务，称之为“贷记某账户”。在借贷记账法下，账户的借贷两方必须做相反方向的记录。对于每一个账户而言，如果规定借方登记增加额，则贷方登记减少额。记录在借方的金额合计数称为借方发生额。记录在贷方的金额合计数称为贷方发生额。在每一会计期间的期末，本期借方发生额和本期贷方发生额相抵后的差额，即为本期的期末余额。用T型账户来表示借贷记账法下账户的基本结构，如图3-2所示。

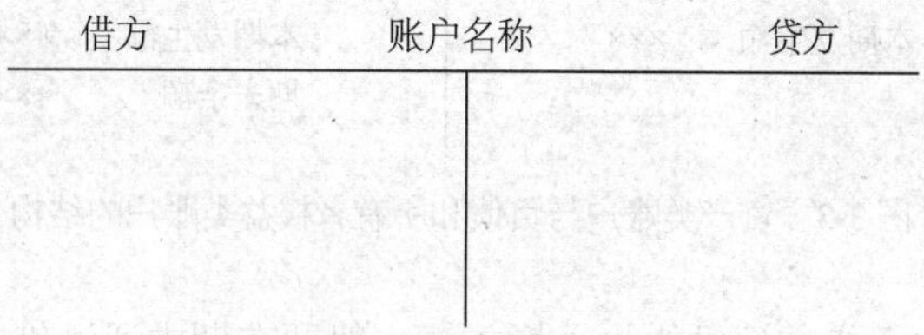

图3-2　借贷记账法下账户的基本结构

在借贷记账法下，究竟哪一方登记增加额，哪一方登记减少额，则取决于账户反映的经济内容和账户的性质。不同性质的账户，其结构是不同的，账户按会计要素可分为资产类、负债类、所有者权益类、成本类、收入类及费用类六大类账户，借贷记账法必须结合账户的结构加以运用。

（1）资产类账户与负债和所有者权益类账户的结构

资产类账户与负债和所有者权益类账户结构在借贷记账法下由“资产 = 负债 + 所有者权益”这一会计等式的基本关系所决定，若要保持会计等式的平衡关系不被破坏，那么，资产类账户的结构必须与负债和所有者权益类账户的结构相反。资产类账户的结构是借方登记资产的增加额，贷方登记资产的减少额，余额一般在借方。负债和所有者权益类账户的结构是贷方登记负债和所有者权益的增加额，借方登记负债和所有者权益的减少额，余额一般在贷方。其基本数量关系为：

资产类账户期末借方余额 = 期初借方余额 + 本期借方发生额–本期贷方发生额

负债类和所有者权益类账户期末贷方余额 = 期初贷方余额 + 本期贷方发生额–本期借方发生额

用T型账户表示借贷记账法下资产类账户、负债和所有者权益类账户的结构如图3-3所示。

（2）损益类账户的结构

损益类账户按反映的具体内容不同，又可以分为反映各项收入的账户和反映各项费用支出的账户。

对于收入类账户和费用类账户的增减记录方向，需要根据收入或费用变动对所有者权益的影响来推知。由于收入的增加最终引起所有者权益的增加，而所有者权益的增加额记录在账户的贷方，所以，收入的增加额在账户中的记录方向应与其一致，即收入类账户的贷方登记收入的增加额，借方登记收入的减少额。由于费用的增加最终引起所有者权益的减少，而所有者权益的减少额记录在账户的借方，所以，费用的增加额在账户中的记录方向应与其一致，即费用类账户的借方登记费用的增加额，贷方登记费用的减少额。

资产类账户

借方		贷方	
期初余额	×××		
本期增加额	×××	本期减少额	×××
本期发生额	×××	本期发生额	×××
期末余额	×××		

负债和所有者权益类账户

借方		贷方	
		期初余额	×××
本期减少额	×××	本期增加额	×××
本期发生额	×××	本期发生额	×××
		期末余额	×××

图 3-3　资产类账户与负债和所有者权益类账户的结构

对于收入类账户，由于贷方记录的收入增加额一般要在期末通过借方转出，从而将收入类账户结清，所以，收入类账户在期末通常没有余额。但是，在期末未被结清之前，收入类账户存在正常的贷方余额。对于费用类账户，由于借方记录的费用增加额一般也要在期末通过贷方转出，从而将费用类账户结清，所以，费用类账户在期末通常也没有余额。但是，在期末未被结清之前，费用类账户存在正常的借方余额。

用 T 型账户表示借贷记账法下资产类账户、负债和所有者权益类账户的结构如图 3-4 所示。

收入类账户

借方		贷方	
本期减少额或转出额	×××	本期增加额	×××
本期发生额	×××	本期发生额	×××

费用类账户

借方		贷方	
本期增加额	×××	本期减少额或转出额	×××
本期发生额	×××	本期发生额	×××

图 3-4　收入类账户和费用类账户的结构

（3）成本类账户的结构

企业生产的产品，是企业资产的一种存在形态，也就是说，属于资产范畴。但对企业来说，生产成本的高低，影响了企业盈利能力的大小，因此单独考核生产成本非常必要。为适应管理要求，在进行科目设置时，就单独设置了成本类会计科目。由此可知，成本类会计科目的结构与资产类会计科目的结构一致，其内部关系也相同。即成本类会计科目的借方登记成本的增加额，贷方登记成本的减少额，期末若有余额，应在借方。成本类账户的结构如图 3-5 所示。

借方	成本类账户	贷方
期初余额　××× 本期增加额　×××		本期减少额　×××
本期发生额　××× 期末余额　×××		本期发生额　×××

图 3-5　成本类账户的结构

为便于了解和运用各类账户，全部账户的结构如表 3-14 所示。

表 3-14　　　　　　　　　**全部账户的结构**

账户类别	借　方	贷　方	余额方向
资产类	+	—	借
负债类	—	+	贷
所有者权益类	—	+	贷
收入类	—	+	一般无余额
费用类	+	—	一般无余额
成本类	+	—	若有余额一般在借方

下面举例说明上述各类账户的结构和基本数量关系。

【学中做 3-15】某企业年初有库存现金结余 1 200 元。本年度，企业对外销售商品，增加库存现金 2 500 元，支付工资 3 000 元，减少库存现金 3 000 元。那么，企业在本年有库存现金结余 700 元，相关金额记入“库存现金”账户。“库存现金”账户是资产类账户，则账户中的基本数量关系如图 3-6 所示。

借方	库存现金	贷方
期初余额　1 200 本期增加额　2 500		本期减少额　3 000
本期发生额　2 500 期末余额　700		本期发生额　3 000

图 3-6　“库存现金”账户的结构和数量关系

【学中做 3-16】企业年初欠货款 3 000 元。本年度，企业对外采购商品，增加应付购货款 25 000 元；本年偿还货款，减少应付购货款 16 000 元。那么，企业在本年末还欠供货款 12 000 元，相关金额记入“应付账款”账户。“应付账款”账户是负债类账户，则账户中的基本数量关系如图 3-7 所示。

【学中做 3-17】企业成立时股东投入资本 2 000 000 元，本年度，现为扩大生产经营规模，经批准，企业注册资本扩大 1 000 000 元，即 3 000 000 元，相关金额记入“实收资本”账户。“实收资本”账户是所有者权益类账户，则账户中的基本数量关系如图 3-8 所示。

借方	应付账款	贷方
本期减少额　16 000		期初余额　3 000 本期增加额　25 000
本期发生额　16 000		本期发生额　25 000 期末余额　12 000

图 3-7 “应付账款”账户的结构和数量关系

借方	实收资本	贷方
本期减少额 0		期初余额　2 000 000 本期增加额　1 000 000
本期发生额　0		本期发生额　1 000 000 期末余额　3 000 000

图 3-8 “实收资本”账户的结构和数量关系

【学中做 3-18】企业本月累计发生的商品销售收入为 68 000 元，月末，将全部销售收入转出，相关金额记入“主营业务收入”账户。“主营业务收入”账户是收入类账户，其结构和数量关系用 T 型账户表示，如图 3-9 所示。

借方	主营业务收入	贷方
期末转出额　68 000		本期增加额　68 000
本期发生额　68 000		本期发生额　68 000 期末余额　0

图 3-9 “主营业务收入”账户的结构和数量关系

【学中做 3-19】企业本月累计发生的商品销售成本为 30 000 元，月末，将全部销售成本转出，相关金额记入“主营业务成本”账户。“主营业务成本”账户是费用类账户，其结构和数量关系用 T 型账户表示，如图 3-10 所示。

借方	主营业务成本	贷方
本期增加额　30 000		期末转出额　30 000
本期发生额　30 000 期末余额　0		本期发生额　30 000

图 3-10 “主营业务成本”账户的结构和数量关系

【学中做 3-20】企业本月累计发生的生产成本为 80 000 元，月末，将完工产品的生产成本 50 000 转出，相关金额记入“生产成本”账户。“生产成本”账户是成本类账户，其结构和数量关系用 T 型账户表示，如图 3-11 所示。

借方	生产成本	贷方
本期增加额　80 000		期末转出额　50 000
本期发生额　80 000 期末余额　30 000		本期发生额　50 000

图 3-11　“生产成本”账户的结构和数量关系

4. 借贷记账法的记账规则

记账规则是指运用记账方法记录经济业务时应当遵循的规律，是记账方法本质的体现。借贷记账法的记账规则用最为简洁的语言可以概括表述为有借必有贷，借贷必相等。该规则说明以下三点内容。

（1）任何经济业务发生至少会引起两个账户的增减。

（2）两个及以上账户之中至少有一个借方，同时也至少有一个贷方。

（3）借方发生额与贷方发生额一定相等。

下面举例说明借贷记账法的记账规则。

【学中做 3-21】企业采购原材料一批金额 15 000 元（不考虑相关税费），货款尚未支付。

【分析】这项经济业务的发生，使得资产类要素和负债类要素发生变化，两类要素同时增加。一方面，购进原材料使得资产增加 15 000 元，应当在“原材料”账户的借方做记录；另一方面，因所欠货款使得负债增加 15 000 元，应当在“应付账款”账户的贷方做记录，如图 3-12 所示。

借方	原材料	贷方
15 000		

借方	应付账款	贷方
		15 000

图 3-12　账户分析

【学中做 3-22】用银行存款 40 000 元偿还到期的短期借款。

【分析】这项经济业务的发生，使得资产类要素和负债类要素发生变化，两类要素同时减少。一方面，用银行存款还款使得资产减少 40 000 元，应当在“银行存款”账户的贷方做记录；另一方面，因归还借款使得借款负债减少 40 000 元，应当在“短期借款”账户的借方做记录，如图 3-13 所示。

借方	银行存款	贷方
		40 000

借方	短期借款	贷方
40 000		

图 3-13　账户分析

【学中做 3-23】收到顾客归还前欠购货款 8 000 元，直接存入银行。

【分析】这项经济业务的发生，使得资产类要素同时出现一增一减。一方面，银行存款因存入而增加 8 000 元，应当在“银行存款”账户的借方做记录；另一方面，因收回货款使得应收款项减少 8 000，应当在“应收账款”账户的贷方做记录，如图 3-14 所示。

借方	银行存款	贷方
8 000		

借方	应收账款	贷方
		8 000

图 3-14　账户分析

✎【学中做 3-24】向银行借入短期借款 12 000 元，直接偿还所欠某供应商的货款。

✎【分析】这项经济业务的发生，使得负债类要素同时出现一增一减。一方面，向银行借款使得借款增加 12 000 元，应当在“短期借款”账户的贷方做记录；另一方面，因偿还货款使得应付款项减少 12 000，应当在“应付账款”账户的借方做记录，如图 3-15 所示。

借方	短期借款	贷方
		12 000

借方	应付账款	贷方
12 000		

图 3-15　账户分析

✎【学中做 3-25】企业当月销售商品收入共计 45 000 元，货款已收到并存入银行。

✎【分析】这项经济业务的发生，使得资产类要素和收入类要素发生变化，两类要素同时增加。一方面，银行存款因存入而增加 45 000 元，应当在“银行存款”账户的借方做记录；另一方面，因营业收入增加 45 000 元，应当在“主营业务收入”账户的贷方做记录，如图 3-16 所示。

借方	银行存款	贷方
45 000		

借方	主营业务收入	贷方
		45 000

图 3-16　账户分析

✎【学中做 3-26】结转已销售商品成本 20 000 元。

✎【分析】这项经济业务的发生，使得资产类要素和费用类要素出现一增一减。一方面，因结转已销售商品成本使得费用增加 20 000 元，应当在“主营业务成本”账户的借方做记录；另一方面，因销售而减少库存商品使得资产减少 20 000 元，应当在“库存商品”账户的贷方做记录，如图 3-17 所示。

借方	库存商品	贷方
		20 000

借方	主营业务成本	贷方
20 000		

图 3-17　账户分析

✎【学中做 3-27】结算当月销售部门发生的职工工资等共 9 000 元，该笔职工薪酬尚未支付。

【分析】这项经济业务的发生，使得负债类要素和费用类要素出现一增一减。一方面，发生的职工薪酬使得费用增加9 000元，应当在“销售费用”账户的借方做记录；另一方面，因该笔职工薪酬尚未支付，使得负债增加9 000元，应当在“应付职工薪酬”账户的贷方做记录，如图3-18所示。

借方	应付职工薪酬	贷方
		9 000

借方	销售费用	贷方
9 000		

图3-18　账户分析

通过上述举例可以看出，在借贷记账法下，不论发生哪种类型的经济业务，在账户登记时，总是遵循“有借必有贷，借贷必相等”的记账规则。

5. 会计分录

企业日常要发生大量的经济业务，如果按照经济业务逐笔记入会计科目，不但工作量大，而且也易发生差错，进而影响到企业所提供的会计信息的正确性。因此，在实务工作中，为了保证会计科目记录的正确性和便于事后检查，在把经济业务记入会计科目之前，要采用一种专门的方法来确定各项经济业务正确的会计科目对应关系，即确定经济业务涉及的会计科目及其借贷方向和金额。这种方法就是编制会计分录。

会计分录是指对某项经济业务事项标明其应借应贷会计科目及其金额的记录，简称分录。可见会计分录是由应借应贷方向、对应会计科目名称及应记金额三大要素构成的。会计分录按所涉及账户的多少，可分为简单分录和复合分录两种。简单分录为一借一贷，复合分录为一借多贷、多借一贷以及多借多贷。

会计分录书写有以下格式要求。

（1）先借后贷，贷方记录写在借方记录的下面一行并向右移一至二格，不得等齐平行排列，借贷金额也要相应错开。

（2）每行先写借或贷，再写账户名称，最后写金额。

（3）金额后不要写计量单位。

（4）如果是复合分录，有几个“借”或几个“贷”，要求分别将借和贷的文字和金额数字对齐。

（5）若有二、三级账户应在一级账户后划杠书明。

现举例简单分录如下：

借：银行存款　　　　10 000
　　贷：应收账款　　　　10 000

复合分录格式如下：

借：原材料　　　　10 000
　　应交税费——应交增值税（进项税额）　　　　1 700
　　贷：应付账款　　　　11 700

6. 试算平衡

在借贷记账法下，对发生的每项经济业务都要按照记账规则的要求编制会计分录，根据会计分录登记入账。为了检查账户记录是否正确，到了一定时期（如一个月）的期末，在各项经济业务的会计分录全部登记入账后，应进行试算平衡，以防止账户在登记过程中发生差错。

试算平衡就是根据“资产＝负债＋所有者权益”这一会计等式的平衡关系，按照记账规则的要求，通过汇总计算和对比，来检查账户记录是否正确、完整的一种方法。

由于借贷记账法的记账规则是“有借必有贷，借贷必相等”。按照这个记账规则编制会计分录，每笔会计分录借贷两方的发生额必然相等。因此，将一定时期内各项经济业务的会计分录全部登记入账后，所有账户的本期借方发生额合计数与本期贷方发生额合计数必然相等；在期末结出各账户期末余额后，所有账户的期末借方余额合计数与所有账户的期末贷方余额合计数也必然相等。因此，在借贷记账法下，可以采用发生额试算平衡和余额试算平衡进行试算平衡。

（1）发生额试算平衡法

发生额试算平衡法是指将全部账户的本期借方发生额和全部账户的本期贷方发生额分别加总后，利用“有借必有贷，借贷必相等”的记账规则来检查、验证本期发生额账户记录是否正确的一种试算平衡方法。

其计算公式为：

全部会计账户本期借方发生额合计＝全部会计账户本期贷方发生额合计

（2）余额试算平衡法

余额试算平衡法是根据本期所有账户借方余额合计与本期所有账户贷方余额合计的恒等关系，利用“资产＝负债＋所有者权益”的平衡原理来检查、验证本期账户记录是否正确的一种试算平衡方法。根据各账户余额形成的时间不同，可分为期初余额试算平衡法与期末余额试算平衡法两种。

其计算公式为：

全部会计账户期初借方余额合计＝全部会计账户期初贷方余额合计

全部会计账户期末借方余额合计＝全部会计账户期末贷方余额合计

上述平衡关系表明，试算平衡只是通过借贷金额是否平衡来检查账户记录正确与否的一种方法。如果借贷金额不平衡，则可以肯定账户记录存在错误；如果借贷金额平衡，却不能肯定账户记录完全正确。因为，有些错误并不影响借贷金额的平衡，如漏记、重记、颠倒借贷方向，或记错有关会计科目等，这些错误的账户记录的试算依然是平衡的。

下面举例说明试算平衡表的编制。

凯瑟公司2015年10月月底部分账户余额如表3-15所示。

表3-15　　凯瑟公司2015年10月31日账户余额

账户名称	借方（贷方）余额
库存现金	10 000
银行存款	200 000
固定资产	160 000
应付账款	170 000
实收资本	200 000
合计	740 000

假设凯瑟公司在11月发生以下四笔经济业务，可以编制以下会计分录。

3日，王明投资100 000元作为实收资本存入公司账户。

借：银行存款　　100 000

　　贷：实收资本　　100 000

8 日，出纳开出现金支票从银行提取现金 12 000 元备用。

借：库存现金　　12 000

　　贷：银行存款　　12 000

12 日，用银行存款购置 10 台办公电脑，共计 35 000 元。

借：固定资产　　35 000

　　贷：银行存款　　35 000

14 日，购入设备 4 台，购置成本合计 28 000 元，款项尚未支付。

借：固定资产　　28 000

　　贷：应付账款　　28 000

根据以上编制的会计分录登记有关账户后，所编制的发生额试算平衡表如表 3-16 所示。

表 3-16　　凯瑟公司 2015 年 11 月发生额试算平衡表

账户名称	借方发生额	贷方发生额
库存现金	12 000	
银行存款	100 000	47 000
固定资产	63 000	
应付账款		28 000
实收资本		100 000
合计	175 000	175 000

根据其所发生的四笔经济业务及所有会计账户的期初余额编制试算平衡表如表 3-17 所示。

表 3-17　　凯瑟公司 2015 年 11 月试算平衡表

账户名称	期初余额		本期发生额		期末余额	
	借方	贷方	借方	贷方	借方	贷方
库存现金	10 000		12 000		22 000	
银行存款	200 000		100 000	47 000	25 300	
固定资产	160 000		63 000		223 000	
应付账款		170 000		28 000		198 000
实收资本		200 000		100 000		300 000
合计	370 000	370 000	175 000	175 000	498 000	498 000

二、会计核算

制造企业也叫工业企业，其生产经营活动由供应过程、生产过程、销售过程 3 个过程组成，其主要经济业务大部分都发生在这 3 个过程中，因而其主要经济业务的内容包括以下几方面：（1）资金筹集的业务，主要包括吸收投资者投入资金、从银行等金融机构或其他非银行金融机构取得借款等业务；（2）资金在企业经营中周转的业务，主要包括生产准备、产品生产、产品销售及财务成果形成与分配等业务；（3）资金退出企业的业务，主要包括偿还各种债务、上交各项税费、向投资者分配利润等业务。

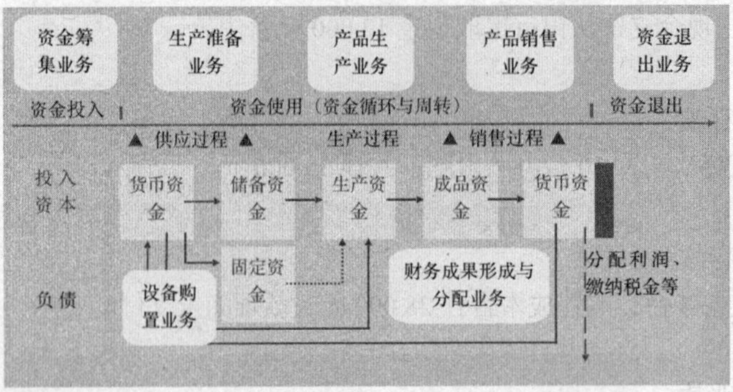

1. 企业筹集资金业务的核算

企业为了进行正常的生产经营活动，必须拥有一定数量的经营资金，作为从事生产经营活动的物质基础。企业的资金主要来源于两个方面：一是投资者投入的资金；二是从金融机构或其他非银行金融机构借入的资金。因此企业在筹资过程中发生的主要经济业务包括：接受投资者的投资、从金融机构借款及支付利息。

（1）投入资本的核算

企业接受投资者作为资本投入的资金，对于企业而言，称为实收资本；对于投资者而言，称为投入资本，因此，企业的实收资本也常称为投入资本。在数量上应等于企业在工商行政管理部门登记的注册资本总额。企业接受投资者投入的资本，按照投资主体（即由谁投资）的不同，可分为国家资本金、法人资本金、个人资本金和外商资本金；按投入资本的物质形态不同，可分为货币投资、实物投资和无形资产投资等。

知识拓展　注册资本

注册资本也叫法定资本，是公司制企业章程规定的由全体股东或发起人认缴的出资额或认购的股本总额，并在公司登记机关依法登记。我国设立企业现采用认缴登记制。

① 账户设置

“实收资本”账户，用来核算投资者投入资本的增减变动及其结果。该账户属于所有者权益类账户，其贷方登记投资者投入资本金的增加数，借方登记投资者投入资本金的减少数，期末余额在贷方，表示投资者投入资本金的实有数。该账户可以按投资者设置明细分类账户，进行明细分类核算。需要说明的是，股份有限公司要设置“股本”账户，核算投资者投入的资本。

② 投入资本的核算

【学中做 3-28】2015 年 1 月 6 日，海力有限责任公司收到三亚公司作为资本投入的 60 000 元货币资金，款项已存入银行。

【分析】该笔经济业务的发生，一方面，使企业的资本金增加了 60 000 元，应记入“实收资本”账户的贷方；另一方面，使企业的银行存款增加了 60 000 元，应记入“银行存款”账户的借方。编制会计分录如下：

借：银行存款　　60 000

　　贷：实收资本　　60 000

【**学中做 3-29**】2015 年 1 月 8 日，海力有限责任公司收到华达公司作为资本投入的设备一套，价值 20 000 元。

【**分析**】该笔经济业务的发生，一方面，企业法人对企业的投资增加了 20 000 元，应记入“实收资本”账户的贷方；另一方面，使企业的固定资产增加了 20 000 元，应记入“固定资产”账户的借方。编制会计分录如下：

借：固定资产　　20 000

　　贷：实收资本　　20 000

【**学中做 3-30**】2015 年 1 月 11 日，海力有限责任公司收到宏达公司作为资本投入的一项专利权，价值 30 000 元。

【**分析**】该笔经济业务的发生，一方面，企业法人对企业的投资增加了 30 000 元，应记入“实收资本”账户的贷方；另一方面，使企业的无形资产增加了 30 000 元，应记入“无形资产”账户的借方。编制会计分录如下：

借：无形资产　　30 000

　　贷：实收资本　　30 000

（2）借入资金的核算

企业在生产经营过程中，由于各种原因，经常需要向银行等金融机构或其他非银行金融机构借款，以补充资金的不足。企业从银行借入的款项，必须按银行借款的规定办理借款手续，支付借款利息，到期归还本金。借款按归还期限长短不同，可分为短期借款和长期借款。

① 账户设置

“短期借款”账户，用来核算企业借入期限在 1 年以内（含 1 年）的各种借款的增减变动及其结余情况的账户，属于负债类账户。该账户贷方核算短期借款的增加数，借方核算短期借款的减少数，期末余额在贷方，表示企业尚未归还短期借款本金的数额。本账户可按借款单位、种类、贷款人和币种设置明细账户，进行明细分类核算。

“长期借款”账户，用来核算企业借入期限在 1 年以上（不含 1 年）的各种借款的增减变动及其结余情况的账户，属于负债类账户，贷方登记企业借入的各种长期借款的本金和利息，借方登记归还的长期借款本金和利息，期末余额在贷方，表示企业尚未偿还的长期借款的本金及利息。本账户应按借款单位和借款种类设置明细账户，进行明细分类核算。

“财务费用”账户，用来核算企业为筹集生产经营所需资金而发生的各项费用，包括利息净支出（利息支出减利息收入）、汇兑净损失（汇兑损失减汇兑收益）及筹资过程中发生的相关手续费等，属于损益类账户，借方登记企业发生的各项财务费用，贷方登记期末转入“本年利润”账户的费用，结转后该账户期末一般无余额。

“应付利息”账户，用来核算企业按照合同约定应支付的利息，包括短期借款、分期付息到期还本的长期借款、企业债券等应支付的利息。属于负债类账户，贷方登记企业因借款或发行债券应付未付的利息，借方登记实际支付的利息，余额一般在贷方，表示企业应付未付的利息。本账户可以按债权人进行明细分类核算。

② 借入资金的核算

【**学中做 3-31**】2015 年 1 月 18 日，海力有限责任公司从建设银行取得为期 6 个月的贷款

16 000 元，已存入银行存款账户，并用银行存款支付发生的手续费用 300 元；且由于生产经营需要向农业银行申请为期 3 年的长期借款 30 000 元。款项已划入公司的银行存款账户。

【分析】从银行取得借款，一方面，使企业的银行存款总额增加了 46 000 元，应记入“银行存款”账户的借方；另一方面，使企业的短期借款增加了 16 000 元，“长期借款”增加了 30 000 元。同时，发生手续费，一方面，使企业的财务费用增加了 300 元；另一方面，使企业的银行存款减少 300 元，编制会计分录如下：

借：银行存款　16 000

　　贷：短期借款　16 000

借：财务费用　300

　　贷：银行存款　300

借：银行存款　30 000

　　贷：长期借款　30 000

任务实施

2015 年 6 月 1 日，兴旺有限公司接受恒大公司、可金公司、飞达公司 3 家投资者投入的资本金，金额分别为 2 200 000 元、1 100 000 元、800 000 元；同时从银行借入期限 6 个月，年利率为 6%的短期借款作为资本金，金额为 70 000 元，每月月末计提利息为 350 元，利息于归还本金时支付，编制会计分录如下：

① 接受投资

借：银行存款　4 100 000

　　贷：实收资本——恒大公司　2 200 000

　　　　　　　　——可金公司　1 100 000

　　　　　　　　——飞达公司　800 000

② 借入短期借款

借：银行存款　70 000

　　贷：短期借款　70 000

③ 每月末计提利息 350 元

借：财务费用　350

　　贷：应付利息　350

④ 归还短期借款

借：短期借款　70 000

　　应付利息　2 100

　　贷：银行存款　72 100

2. 企业生产准备业务的核算

企业通过一定的渠道依法筹集到所需资金后，应立即开展生产经营活动，着手进行产品的生产。在生产产品之前，必须为生产做好准备，这些准备工作包括建造厂房、建筑物，购置机器设备，购入原材料等。因此，企业生产准备业务的主要内容包括固定资产的购置业务和材料采购业务两方面。

（1）固定资产购置的核算

固定资产，一般是指使用年限较长，单位价值较高，并且在使用过程中保持原有实物形态的资产，包括房屋、建筑物、机械设备、运输工具以及其他与生产经营有关的设备、器具、工具等。固定资产应按取得时的实际成本（即原始价值）作为入账价值，取得时的实际成本包括买价、进口关税、运输费和保险费等相关费用，以及使固定资产达到预定可使用状态之前所发生的必要支出（如安装费、调试费等）。

① 账户设置

“固定资产”账户，用来核算企业固定资产增减变动及其结存情况的账户。该账户属于资产类账户，其借方登记增加的固定资产的原始价值，贷方登记减少的固定资产的原始价值，期末余额在借方，表示企业期末固定资产的账面原始价值。该账户应按固定资产的种类设置明细账，进行明细分类核算。

“在建工程”账户，用来核算企业基建、更新改造等在建工程发生的支出。该账户属于资产类账户，其借方登记在建工程的实际支出，贷方登记完工工程转出的成本；期末余额在借方，反映企业尚未达到预定可使用状态的在建工程的成本。

“应交税费——应交增值税”账户，用来核算企业按照税法等规定计算应缴纳的增值税情况，属于负债类账户。增值税是国家税务部门就企业的货物或劳务的增值部分征收的一种税，增值税的计算采用抵扣的方式，即应纳增值税额 = 当期销项税额−当期进项税额。企业购买固定资产、材料等时可抵扣的增值税称为进项税额，记入该账户的借方；企业销售商品时在专用发票上注明的增值税称为销项税额，记入该账户的贷方；期末余额如果在贷方，表示企业应交而未交的增值税；期末余额如果在借方，则表示企业本期尚未抵扣的增值税。

② 固定资产购置的核算

企业购入的固定资产，有的不需要安装即可投入生产使用，有的则需要经过安装调试后才能交付使用。如果购入的是需要安装的固定资产，则应将该固定资产在达到预定可使用状态之前所发生的除增值税进项税额外的一切支出，先全部记入“在建工程”账户借方；等安装完毕交付使用时，再将已记入“在建工程”账户借方的金额作为固定资产的原始价值从其贷方转入“固定资产”账户的借方。因此，固定资产购入的核算应区分以下两种情况：

第一种情况，购入不需要安装的固定资产。

【学中做 3-32】2014 年 12 月 14 日，永安企业购入一台不需要安装的设备，买价 300 000 元，增值税税额 51 000 元，运杂费和包装费 19 000 元，全部款项以银行存款支付。该设备已运达企业并投入使用。

【分析】该项经济业务的发生，一方面使企业的固定资产增加了 319 000 元（300 000+19 000），应记入“固定资产”账户的借方，同时产生了增值税的进项税额支出 51 000 元，应记入“应交税费——应交增值税（进项税额）”账户的借方；另一方面，使企业的银行存款减少了 370 000 元，应记入“银行存款”账户的贷方。编制会计分录如下：

借：固定资产　　319 000

　　应交税费——应交增值税（进项税额）　　51 000

　　贷：银行存款　　370 000

第二种情况，购入需要安装的固定资产。

【学中做 3-33】假定上例中的设备运回后需要安装才能使用，且用银行存款支付的安装调试费为 30 000 元，则该设备在达到预定可使用状态前的支出共计 400 000 元（370 000 + 30 000）。所以，企业在购入设备时，应编制如下会计分录：

购入时

借：在建工程　　319 000

应交税费——应交增值税（进项税额）　　51 000
　　贷：银行存款　　370 000

以银行存款支付安装调试费时

借：在建工程　　30 000
　　贷：银行存款　　30 000

安装完毕交付使用时

借：固定资产　　349 000
　　贷：在建工程　　349 000

（2）材料采购的核算

企业要保证生产经营活动的正常进行，就必须购买和储存一定品种和数量的材料物资。在材料采购过程中，企业要与供货单位办理货款结算，支付材料货款、运输费及装卸搬运费等各种采购费用，同时还要支付增值税税款。

账户设置方式如下。

“在途物资”账户，用来核算企业材料已采购但尚未到达或验收入库的材料采购成本，属于资产类账户，其借方核算购入材料、商品应计入采购成本的金额，贷方核算已验收入库材料的金额，期末为借方余额，反映尚未运达企业或已运达企业但尚未入库的在途材料的采购成本。一般账户可按供应单位和材料品种设置明细账，企业外购材料的采购成本包括买价款、相关税费、运输费、保险费以及其他可归属于存货采购成本的费用。

“原材料”账户，用来核算企业库存的各种材料的增减变动及其结余情况，属于资产类账户，其借方核算已验收入库原材料的实际成本，贷方核算发出材料的实际成本，期末余额在借方，反映企业库存材料的实际成本。一般账户可按材料的类别、品种和规格等设明细账，包括原料及主要材料、辅助材料、修理用备件（备品备件）、外购半成品（外购件）、燃料、包装材料等的计划成本或实际成本。

“应付账款”账户，用来核算企业因购买材料、商品和接受劳务等经营活动应支付给供应单位的款项，属于负债类账户，其借方核算已偿付的应付账款的减少额，贷方核算因购买材料、商品和接受劳务等应付账款的增加额，期末余额在贷方，反映企业尚未支付的应付账款余额。一般账户可按债权人设置明细账。

“预付账款”账户，用来核算企业按照购货合同规定预付给供应单位的款项，属于资产类账户，其借方核算预付给供应单位款项时预付账款的增加额，贷方核算收到供应单位发来所购物资时预付账款的减少额，期末余额在借方，反映企业预付款项实有数。一般账户可按供货单位设置明细账。

“应付票据”账户，用来核算企业为购买材料、商品或接受劳务供应等而开出并承兑的商业汇票（包括银行承兑汇票和商业承兑汇票），属于负债类账户，其借方登记到期商业汇票的减少，贷方登记企业开出、承兑商业汇票的增加，期末余额在贷方，表示尚未到期的商业汇票的期末结余额。该账户应按照供应单位设置明细账户，进行明细分类核算。

（3）材料采购的核算。

【学中做 3-34】从华美公司购入甲材料 2 000 千克，单价 100 元，买价共计 200 000 元，发生运杂费 2 000 元，发票账单已经到达，货款和运费已通过银行支付，但材料尚未到达，不考虑增值税。

【分析】对于企业已支付货款，但材料尚未到达或尚未验收入库的采购业务，一方面，应根据发票账单等结算凭证确定的材料采购成本 202 000 元，记入“在途物资”账户的借方；另一方面，支付货款和运费使银行存款减少 202 000 元，应记入“银行存款”账户的贷方。编制会计分录如下：

借：在途物资——甲材料　　202 000
　　贷：银行存款　　202 000

材料入库：

一方面，在材料验收入库后使库存材料增加，应根据收料单，将确定的材料采购成本 202 000 元，记入“原材料”账户的借方；另一方面，在途物资减少了 202 000 元，应记入“在途物资”账户的贷方。编制会计分录如下：

借：原材料——甲材料　　202 000
　　贷：在途物资——甲材料　　202 000

【学中做 3-35】向亚芳公司购入乙材料 7 000 千克，单价 50 元，支付增值税 59 500 元，代垫运杂费 2 500 元，材料已运到企业并验收入库，但货款尚未支付。

【分析】这笔经济业务的发生，一方面，使企业库存材料成本增加了 352 500 元（7 000×50+2 500），应记入“原材料”账户的借方，同时发生了增值税的进项税额 59 500 元，应记入“应交税费”账户的借方；另一方面，由于材料价款、运杂费和增值税款尚未支付，致使企业的负债增加了 412 000 元，应记入“应付账款”账户的贷方。编制会计分录如下：

借：原材料——乙材料　　352 500
　　应交税费——应交增值税（进项税额）　　59 500
　　贷：应付账款——业芳公司　　412 000

【学中做 3-36】向林林公司预付丙材料款 105 600 元，以银行存款支付。

【分析】这笔经济业务的发生，一方面，使企业的预付账款增加了 105 600 元，应记入“预付账款”账户的借方；另一方面，使银行存款减少了 105 600 元，应记入“银行存款”账户的贷方。编制会计分录如下：

借：预付账款——林林公司　　105 600
　　贷：银行存款　　105 600

【学中做 3-37】收到林林公司发来的丙材料 6 000 千克，每千克 15 元，共计 90 000 元，增值税进项税额 15 300 元，代垫运杂费 300 元，总计 105 600 元。

【分析】这笔经济业务的发生，一方面使企业的库存材料成本增加 90 300 元，应记入“原材料”账户的借方，同时，发生增值税进项税额 15 300 元，应记入“应交税费”账户的借方；另一方面，应抵减前预付的账款 105 600 元，应记入“预付账款”账户的贷方。编制会计分录如下：

借：原材料——丙材料　　90 300
　　应交税费——应交增值税（进项税额）　　15 300
　　贷：预付账款——林林公司　　105 600

【学中做 3-38】向高丝公司购入丁材料 1 500 千克，单价 20 元，买价 30 000 元，支付增值税 5 100 元，同时还向该公司购入甲材料 1 000 千克，单价 100 元，买价 100 000 元，支付增值税 17 000 元，两种材料共同承担运费 3 500 元，按重量比例分配运费，上述材料的成本和相关费用均以商业汇票支付，材料尚未运到企业。

【分析】这笔业务的发生，一方面，使企业的在途物资成本增加了 133 500 元，应记入“在途物资”账户的借方，同时发生增值税的进项税额为 22 100 元，它是准予从销项税额中抵扣的增值税，应记入“应交税费”账户的借方；另一方面，使企业“应付票据”增加了 155 600 元，应记入“应付票据”账户的贷方。但这项经济业务同前面各项相比，其不同之处在于发生的运费 3 500 元是两种材料共同承担的，材料采购费用可以按照购入材料的买价、重量、体积的比例进行分配。其分配方法如下：

① 计算采购费用的分配率。计算公式为：

采购费用分配率 = 应分配的采购费用总和÷各种材料的重量（或买价）之和

② 计算各种材料应分摊的采购费用。计算公式为：

某种材料应分摊的采购费用 = 该种材料的重量（或体积、买价）×采购费用分配率

本例按重量比例分配采购费用，则

运费分配率 = 3 500÷（1 500 + 1 000）= 1.4 元/千克

甲材料应分配的运费 = 1 000×1.4 = 1 400 元

丁材料应分配的运费 = 1 500×1.4 = 2 100 元

根据上述采购成本分配计算，编制会计分录如下：

借：在途物资——甲材料　　101 400
　　　　　　——丁材料　　32 100
　　应交税费——应交增值税（进项税额）　　22 100
　　贷：应付票据——高丝公司　　155 600

【学中做 3-39】从高丝公司购入的两种材料已验收入库，结转其实际采购成本。

【分析】该笔经济业务的发生，一方面，使库存原材料增加了 133 500 元，应记入“原材料”账户的借方；另一方面，使在途物资的成本减少了 133 500 元，应记入“在途物资”账户的贷方。编制会计分录如下：

借：原材料——甲材料　　101 400
　　　　　——丁材料　　32 100
　　贷：在途物资——甲材料　　101 400
　　　　　　　　——丁材料　　32 100

任务实施

对 2014 年 8 月敖东集团有限公司所发生业务编制会计分录。

① 8 月 4 日，采购原料的购货款共 40 000 元，增值税金额为 6 800 元，已通过银行支付了款项，材料尚未入库。编制会计分录如下：

借：在途物资　　40 000
　　应交税费——应交增值税（进项税额）　　6 800
　　贷：银行存款　　46 800

② 8 日，材料的运杂费金额为 600 元，现金支付，根据运杂费发票，编制会计分录如下：

借：在途物资　　600
　　贷：库存现金　　600

③ 12 日，采购的原料入库，根据验收入库单，编制会计分录如下：

借：原材料　　40 600

　　贷：在途物资　　40 600

④ 15 日，购入一台不需要安装的设备 80 000 元，增值税进项税额为 13 600 元，以银行存款支付，编制会计分录如下：

借：固定资产　　80 000

应交税费——应交增值税（进项税额）　　13 600

　　贷：银行存款　　93 600

3. 企业产品生产业务的核算

企业在生产过程中会发生各种各样的耗费，如耗费的材料、人工等。当这些耗费具体到一定的产品和数量时，便形成该产品的生产成本。产品生产成本包括直接材料、直接人工和制造费用。直接材料和直接人工是按成本核算对象和成本项目分别归集的直接费用，制造费用是为生产产品发生的间接费用。直接费用发生时，可以直接归集到该产品成本计算对象上去，即直接费用直接记入。间接费用是指企业为生产产品和提供劳务而发生的各项间接支出，也称为制造费用。间接费用发生后，应先按照费用类别综合归集，然后按照一定标准在各产品之间分配，即间接费用分配记入。

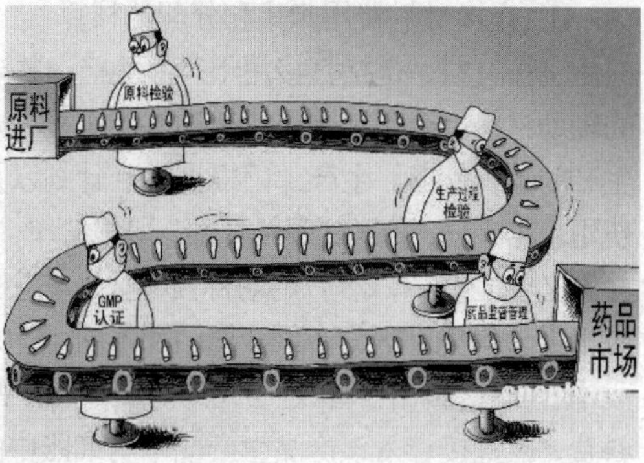

生产过程核算的主要业务包括两项：一是生产费用的发生、归集和分配；二是生产成本的计算。

（1）账户设置

“生产成本”，用来归集和分配产品生产过程中所发生的各项生产费用，确定产品的实际生产成本，属于成本类账户，其借方登记耗用的直接材料、直接人工费以及月末转入的制造费用，贷方登记月末转出的完工验收入库产品的实际成本，期末借方余额表示尚未完工的在产品成本。一般账户应按产品的种类设置明细账。

“制造费用”账户，用来归集和分配企业制造部门为生产产品和提供劳务而发生的各项间接费用，包括车间管理人员的职工薪酬，车间厂房和机器设备的折旧费，车间的办公费、水电费以及物料消耗费等，属于成本类账户，其借方登记企业在产品制造过程中发生的各项制造费用，贷方登记月度终了经分配转入“生产成本”账户的制造费用，除季节性生产企业外，“制造费用”账户期末结转后无余额。

“应付职工薪酬”账户，用来核算企业根据有关规定应付给职工的各种薪酬，包括职工工资、奖金、津贴和补贴，职工福利费，社会保险费，住房公积金，工会经费，职工教育经费和非货币性福利等，属于负债类账户，其借方登记企业实际支付的各种职工薪酬，贷方登记本期应付职工的各种薪酬，该账户期末一般无余额。若有余额则在贷方，表示期末应付未付的职工薪酬。一般按“工资”“职工福利”“社会保险费”“住房公积金”“工会经费”“职工教育经费”等设置明细账。

“累计折旧”账户，用来核算企业固定资产因磨损而减少的价值，属于资产类账户，由于管理的需要，“固定资产”账户要始终反映企业现有固定资产的原值，其因磨损而减少的金额应通过“累计折旧”账户来核算。“累计折旧”账户是“固定资产”账户的抵减账户，累计折旧的发生就是固定资产价值的减少，所以计提的折旧额应在“累计折旧”账户的贷方登记。贷方登记本期固定资产折旧的增加额，借方登记固定资产累计折旧的减少或冲销数额。期末余额在贷方，表示截至本期期末固定资产已计提

借方登记固定资产累计折旧的减少或冲销数额。期末余额在贷方，表示截至本期期末固定资产已计提的累计折旧额。“固定资产”账户所记录的原始价值减去累计折旧就是固定资产的实际价值。

“库存商品”账户，用来核算企业库存产成品的实际成本、增减变动及其结存情况，属于资产类账户，其借方登记完工入库产品的实际成本，贷方登记已经销售或已经发出产品的实际成本，期末余额在借方，表示库存产成品的实际成本。该账户应按产品的品种、规格设置明细账。

“管理费用”账户，用来核算企业为组织和管理生产经营活动所发生的各项费用，包括企业在筹建期间内发生的开办费、董事会和行政管理部门在企业的经营管理中发生的或者应由企业统一负担的公司经费、工会经费、董事会费、聘请中介机构费、咨询费、诉讼费、业务招待费、房产税、车船税、土地使用税、印花税、技术转让费、矿产资源补偿费、研究费、排污费等，都属于损益类账户，其借方登记企业发生的各项管理费用，贷方登记期末转入“本年利润”账户的费用，结转后该账户期末一般无余额。

（2）产品生产主要经济业务的核算

① 直接材料费用归集和分配的核算

直接材料，是指直接用于产品生产，构成产品实体的原料、主要材料，以及有助于产品形成的辅助材料。产品制造企业通过供应过程采购的各种原材料，经过验收入库之后，就形成了产品生产的物资储备，生产部门根据生产计划以及实际的投料情况，从仓库领用材料，就形成了材料费用。领料时，要填制领料凭证，即领料单。仓库凭生产部门填制的符合要求的领料单发放材料，并做必要的登记，然后定期将领料凭证交会计部门。会计部门在对领料凭证进行复核和计价后，应根据领料凭证区分车间、部门和不同用途，按照确定的结果将发出材料的成本分别记入“生产成本”“制造费用”“管理费用”等账户和产品生产成本明细账。对于直接用于某种产品生产的材料费，应直接计入该产品生产成本明细账中的直接材料费项目。对于几种产品共同耗用、应由这些产品共同负担的材料费，应选择适当的标准在各种产品之间进行分配之后，计入各有关成本计算对象。对于为创造生产条件等需要而间接消耗的各种材料费，应先在“制造费用”账户中进行归集，然后再同其他间接费用一起分配计入有关产品成本中。

【学中做 3-40】30 日，华财公司财务部门进行材料费用核算。本月发出材料如表 3-18 所示。

表 3-18 发出材料汇总表

2015 年 6 月

用途	高级丝面料		尼龙面料		腈纶面料		金额合计（元）
	数量（米）	金额（元）	数量（米）	金额（元）	数量（米）	金额（元）	
西服	10 000	80 000	20 000	50 000			13 000
裙子	6 000	48 000	4 000	1 000			49 000
车间一般耗用					200	400	400
行政部门耗用					400	800	800
合 计	16 000	128 000	24 000	51 000	600	1200	180 200

【分析】这笔经济业务的发生，一方面，使企业的原材料减少了 180 200 元；另一方面，使企业的费用增加了 180 200 元。生产费用的增加，记入“生产成本”账户的借方；车间发生的一般消耗性材料，属于间接费用，应记入“制造费用”账户的借方；行政管理部门消耗的材料，

编制会计分录如下：

借：生产成本——西服　130 000
　　　　　　——裙子　49 000
　　制造费用　400
　　管理费用　800
　　贷：原材料——高级丝面料　128 000
　　　　　　　——尼龙面料　51 000
　　　　　　　——腈纶面料　1 200

② 直接人工费用归集和分配的核算

直接人工，是指直接参加产品生产的工人工资以及其他职工薪酬。企业每月应进行工资核算。首先，计算每个职工的工资，编制“工资结算单”；其次，计算各部门的工资，编制“工资结算汇总表”；再次，编制“工资分配表”并按部门分配本月的工资费用；最后，还要根据工资总额计提本月应当由企业承担的职工福利费、社会保险费、住房公积金等职工薪酬。

一般来说，车间生产工人的工资费用，应直接记入“生产成本”账户；车间管理人员的工资费用，应先通过“制造费用”账户进行归集，待月末分配后再记入“生产成本”账户，企业行政管理人员的工资费用属于期间费用，应记入“管理费用”账户。

【学中做 3-41】华财公司分配 6 月应付职工工资 24 000 元，其中，生产西服工人工资 10 000 元，生产裙子工人工资 8 000 元，制造车间管理人员工资 2 000 元，企业行政管理人员工资 4 000 元。

【分析】这笔经济业务的发生，一方面，企业的人工费用增加了 24 000 元，其中产品生产工人的工资属于直接人工费，应记入“生产成本”账户的借方，车间管理人员的工资应记入“制造费用”账户的借方，企业行政管理人员的工资属于期间费用，应记入“管理费用”账户的借方；另一方面，企业的应付职工工资增加了 24 000 元，应记入“应付职工薪酬”账户的贷方。编制会计分录如下：

借：生产成本——西服　10 000
　　　　　　——裙子　8 000
　　制造费用　2 000
　　管理费用　4 000
　　贷：应付职工薪酬——工资　24 000

【学中做 3-42】华财公司开出现金支票，从银行提取现金 24 000 元，准备发放工资。

【分析】该笔业务的发生，一方面，使企业的库存现金增加了 24 000 元，应记入“库存现金”账户的借方；另一方面，使企业的银行存款减少了 24 000 元，应记入“银行存款”账户的贷方。编制会计分录如下：

借：库存现金　　24 000
　　贷：银行存款　　24 000

【学中做 3-43】华财公司以现金 24 000 元，发放工资。

【分析】该笔业务的发生，一方面，使企业的库存现金减少了 24 000 元，应记入“库存现金”账户的贷方；另一方面，使企业的应付职工薪酬减少了 24 000 元，应记入“应付职工薪酬”账户的借方。编制会计分录如下：

借：应付职工薪酬——工资　　24 000
　　贷：库存现金　　24 000

③ 制造费用的归集与分配的核算

制造费用在发生时一般无法直接判定其应归属的成本核算对象，因而不能直接计入所生产的产品成本中，必须将上述各种费用按照发生的不同空间范围在“制造费用”账户中予以归集汇总，然后选用一定的标准，在各种产品之间进行合理的分配，以便准确地确定各种产品应负担的制造费用。也就是说，制造费用是间接计入产品生产成本的。

a. 制造费用的归集

企业应设置“制造费用”账户进行总分类核算。该账户应按不同的生产单位设立明细账，账内按照费用项目设立专栏或专户，分别反映生产单位各项制造费用的发生情况，应根据有关凭证借记“制造费用”账户，贷记“累计折旧”“原材料”“银行存款”“应付职工薪酬”等账户。

【学中做 3-44】华财公司月末计提固定资产折旧费 8 000 元，其中行政管理部门应计提折旧费 3 000 元，生产车间应计提折旧费 5 000 元。

【分析】这笔经济业务的发生，一方面，使企业原有的固定资产价值减少 8 000 元，为了适应固定资产的特点和管理要求，企业在计提固定资产折旧费时，不能直接减少“固定资产”的账面余额，而是将固定资产损耗价值记入“累计折旧”账户的贷方，以保证“固定资产”账户为原始价值；另一方面，使企业的费用增加了 8 000 元，应按其费用发生地来归集，属于生产部门发生的固定资产折旧费，是一种间接费用，应记入“制造费用”账户的借方，属于管理部门发生的固定资产折旧费应记入“管理费用”账户的借方。编制会计分录如下：

借：制造费用　　5 000
　　管理费用　　3 000
　　贷：累计折旧　　8 000

【学中做 3-45】华财公司以银行存款支付生产车间水电费 4 200 元。

【分析】这笔经济业务的发生，一方面，使企业生产车间的生产费用增加了 4 200 元，应记入“制造费用”账户的借方；另一方面，使企业的银行存款减少了 4 200 元，应记入“银行存款”账户的贷方。编制会计分录如下：

借：制造费用　　4 200
　　贷：银行存款　　4 200

【学中做 3-46】华财公司以银行存款支付本月办公费 7 900 元，其中生产车间 6 800 元，行政管理部门 1 100 元。

【分析】该笔经济业务的发生，一方面，使企业的费用增加了 7 900 元，生产车间发生的办公费，应记入“制造费用”账户的借方，行政管理部门发生的办公费，应记入“管理费用”账户的借方；另一方面，使企业的银行存款减少了 7 900 元，应记入“银行存款”账户的贷方。编制会计分录如下：

借：制造费用　　6 800
　　管理费用　　1 100
　　贷：银行存款　　7 900

b. 制造费用的分配

生产过程所发生的各项制造费用在平时发生时归集到“制造费用”账户，月末时则要将“制造费用”账户借方归集的制造费用总额按照产品品种进行分配，且按一定的方法进行分配，记入产品的成本。即借记“生产成本”账户，贷记“制造费用”账户。一般采用生产工时、生产产量、生产工人工资等标准按比例分配。以生产工时为例，具体分配公式为：

制造费用分配率＝制造费用÷各种产品生产工时总和

某产品应分配的制造费用额＝该产品的生产工时×分配率

【学中做 3-47】华财公司本月生产车间共发生制造费用 18 400 元，按生产工时比例分配。西服生产工时为 2 500 小时，裙子生产工时为 2 100 小时。

制造费用分配率＝18 400÷（2 500＋2 100）＝4 元/小时

西服应分摊的制造费用＝2 500×4＝10 000（元）

裙子应分摊的制造费用＝2 100×4＝8 400（元）

根据上述计算过程可编制“制造费用分配表”如表 3-19 所示。

表 3-19　　制造费用分配表

2015 年 6 月 30 日

产 品 名 称	分配标准（生产工时）	分 配 率	分 配 金 额
西服	2 500	4	10 000
裙子	2 100	4	8 400
合计	4 600		18 400

【分析】该笔经济业务的发生，一方面，增加了两种产品的生产成本，记入“生产成本”账户的借方；另一方面，减少了制造费用，记入“制造费用”账户的贷方。编制会计分录如下：

借：生产成本——西服　　10 000
　　　　　　——裙子　　8 400
　　贷：制造费用　　18 400

④ 完工产品制造成本的确定与结转

a. 完工产品制造成本的确定

企业经过对上述各项经济业务的核算，已将产品生产过程中发生的生产费用记入了某一产品生产成本明细账。期末，企业生产的某一产品可能会全部完工，也可能只是部分完工，还有可能是全部未完工，因此，这就要求对归集到某一产品的生产成本在本月完工产品和月末在产品之间进行分配，以便确定并结转完工产品制造成本。

如果在月末不存在未完工产品的情况下，各种产品成本明细账上所归集的费用总额就构成了各种产品的总成本，总成本除以各种产品的当月产量，就计算出各种产品的单位成本。

如果在月末存在未完工产品的情况下，各产品成本明细账上所归集的费用总额需要在未完工产品和在产品之间进行分配，然后根据完工产品的总成本计算出单位产品成本。

【学中做 3-48】根据【学中做 3-40】～【学中做 3-47】的资料，华财公司 2015 年 6 月发生的生产费用已全部登记到生产成本明细账，本月投产的西服全部完工，裙子尚未完工，则完工产品成本的确定如表 3-20 所示，月末在产品成本的确定如表 3-21 所示。

表 3-20　生产成本明细账

产品名称：西服

2015 年		凭证号数	摘要	借方				贷方	借或贷	余额
月	日			直接材料	直接人工	制造费用	合计			
6	30	略	领用材料	130 000			130 000		借	130 000
	30		生产工人工资		10 000		10 000		借	10 000
	30		分配制造费用			10 000	10 000		借	10 000
	30		结转完工产品成本					150 000	平	0
	30		本月生产费用合计	130 000	10 000	10 000	150 000	150 000	平	0

表 3-21　生产成本明细账

产品名称：裙子

2015 年		凭证号数	摘要	借方				贷方	借或贷	余额
月	日			直接材料	直接人工	制造费用	合计			
6	30	略	领用材料	49 000			49 000		借	49 000
	30		生产工人工资		8 000		8 000		借	8 000
	30		分配制造费用			8 400	8 400		借	8 400
	30		本月生产费用合计	49 000	8 000	8 400	65 400		借	65 400

b. 完工产品制造成本的结转

经过对完工产品成本的计算，应编制“产品成本计算单”，并从“生产成本”账户的贷方转入“库存商品”账户的借方。

【学中做 3-49】华财公司本月生产的西服产品完工 400 件，并验收入库。编制产品成本计算单如表 3-22 所示。

表 3-22　产品成本计算单

产品名称：西服　　　　产品产量：400 件

项目	本月生产费用合计	完工产品总成本	单位成本
直接材料	130 000	130 000	325
直接人工	10 000	10 000	25
制造费用	10 000	10 000	25
合　计	150 000	150 000	375

【分析】该笔为结转完工产品成本的业务。依据“产品成本计算单”和“产品入库单”，一方面，应增加企业的库存商品，记入“库存商品”账户的借方；另一方面，应将完工产品成本从“生产成本”账户转出，记入“生产成本”账户的贷方。编制会计分录如下：

借：库存商品——西服 150 000
　　贷：生产成本——西服 150 000

任务实施

① 8 月 6 日，从银行提现备发工资 5 500 元，编制会计分录如下：

借：库存现金 5 500
　　贷：银行存款 5 500

② 8 月 12 日，根据公司本月 5 500 元工资发放汇总表，编制以库存现金支付本月职工工资的会计分录如下：

借：应付职工薪酬 5 500
　　贷：库存现金 5 500

③ 8 月 31 日，根据当月编制的材料耗用汇总表，生产小电子产品所耗用的成本共为 4 500 元，生产大电子产品所耗用的成本共为 8 600 元，结转本月产品生产所耗材料费用，小电子产品共耗用 5 000 元，大电子产品共耗用 8 100 元。编制会计分录如下：

借：生产成本——小电子产品 4 500
　　　　　　——大电子产品 8 600
　　贷：原材料——小电子产品材料 5 000
　　　　　　——大电子产品材料 8 100

④ 8 月 31 日，根据当月编制的职工薪酬分配表得出生产部门生产小电子产品的工人工资 1 600 元，生产大电子产品的工人工资 2 500 元，管理部门人员工资 800 元，车间管理人员工资 600 元，车间结转本月产品生产应分配的职工薪酬。编制会计分录如下：

借：生产成本——小电子产品 1 600
　　　　　　——大电子产品 2 500
　　管理费用 800
　　制造费用 600
　　贷：应付职工薪酬 5 500

⑤ 8 月 31 日，根据当月固定资产折旧计算表得出管理部门提取 660 元折旧，生产车间固定资产提取 860 元折旧。编制会计分录如下：

借：制造费用 860
　　管理费用 660
　　贷：累计折旧 1 520

⑥ 8 月 31 日，根据当月制造费用分配表得出生产小电子产品相应承担的制造费用为 600 元，生产大电子产品相应承担的制造费用为 860 元。编制会计分录如下：

借：生产成本——小电子产品 600
　　　　　　——大电子产品 860
　　贷：制造费用 1 460

4. 企业产品销售业务的核算

企业从生产过程制造完成的产品验收入库开始，到销售给购货方为止的过程称为销售过程。销售过程是产品价值的实现过程，也是企业生产经营活动的最后阶段。在这一过程中，一方面企业要将库存商品及时销售给购货单位；另一方面要按照销售价格向购货单位收取货款。销售过程的核算主要包括企业销售产品所取得的销货款项；结转已销产品的生产成本；销售过程中为销售产品而发生的费用，如广告费、包装费、运输费、保险费、展览费等；企业在销售产品时，按国家税法规定的税率计算交纳各种销售税金（包括消费税、营业税、城市维护建设税、资源税等）和教育费附加。

因此，企业销售过程经济业务核算主要包括确认和记录实现的收入，计算和结转销售成本，支付销售费用，计算营业税金及附加。

（1）账户设置

“主营业务收入”账户，用来核算企业销售产品实现的销售收入，属于损益类账户，其贷方登记销售产品实现的销售收入，借方登记本期发生的销售退回应冲减的销售收入以及期末结转到“本年利润”账户的余额。该账户期末结转后无余额，一般按商品种类设置明细分类账户。

“应收账款”账户，用来核算企业因销售产品、提供劳务等经营活动应收取的款项，属于资产类账户，其借方登记企业销售产品、提供劳务应收的金额，以及代购货单位垫付的运杂费和包装费等，贷方登记收回的应收账款；期末余额在借方，反映企业尚未收回的应收账款。一般按债务单位或个人设置明细账户。

“应收票据”账户，用来核算企业因销售商品、提供劳务等而收到的商业汇票（包括银行承兑汇票和商业承兑汇票），属于资产类账户，其借方登记企业收到商业汇票的面值，贷方登记企业因商业汇票到期时收回票款或背书转让等情况而减少的商业汇票的面值，期末余额在借方，反映企业持有的尚未到期的商业汇票的面值。企业应设置“应收票据备查簿”，逐笔登记每一应收票据的种类、号码、出票日期、票面金额、交易合同号和付款人、承兑人等详细资料，应收票据到期结清票款后，应在备查簿内逐笔注销。

“预收账款”账户，用来核算企业按照合同规定预收的款项，属于负债类账户，其贷方登记预收购货单位的货款和购货单位补付的货款，借方登记向购货单位发出产品销售实现的货款和退回补付的货款，该账户月末余额一般在贷方，表示预收购货单位的货款。一般按照预收单位设置明细账户。

“主营业务成本”账户，用来核算企业确认产品销售收入时应结转的成本，属于损益类账户，其借方登记从“库存商品”账户转入的已销产品的生产成本，贷方登记期末转入“本年利润”账户的销售成本，期末结转后本账户无余额。一般按商品种类设置明细分类账户。

“营业税金及附加”账户，用来核算企业经营活动发生的营业税、消费税、城市维护建设税、资源税和教育费附加等相关税费，该账户属于损益类账户，其借方登记企业按规定应缴的销售税金及附加额，贷方登记期末转入“本年利润”账户的销售税金及附加额，期末结转后本账户无余额。一般按销售产品的类别或品种设置明细账户。

“销售费用”账户，用来核算企业在销售产品的过程中发生的各种费用。销售费用一般包括包装费、保险费、展览费、广告费、商品维修费、运输费、装卸费以及专设销售机构的职工薪酬、业务费、折旧费等经营费用。设置“销售费用”账户，属于损益类账户，其借方登记本期发生的各项销售费用额，贷方登记期末转入“本年利润”账户借方的销售费用额，该账户期末结转后无余额。一般按费用项目设置明细账户。

“其他业务收入”账户，用来核算企业除主营业务收入以外的其他销售或其他业务的收入，如材料销售、包装物出租等，属于损益类账户，其贷方登记实现的其他业务收入，借方登记期末转入“本年利润”账户的收入，期末结转后该账户无余额。

“其他业务成本”账户，用来核算企业除主营业务成本以外的其他销售或其他业务所发生的支出，包括销售材料而发生的相关成本、费用等。属于损益类账户，其借方登记发生的其他业务成本，贷方登记期末转入“本年利润”账户的支出，期末结转后该账户无余额。

（2）产品销售主要经济业务的核算

【学中做 3-50】纳爱斯公司销售给大华公司 B 产品 60 件，每件售价 220 元，货款共 13 200 元，增值税专用发票上注明的增值税款为 2 244 元。货已发出，货款及增值税款尚未收到。

【分析】该笔经济业务的发生，一方面，由于销售产品的价税款尚未收到，应记入“应收账款”账户的借方；另一方面，应增加企业销售 B 产品实现的收入，应记入“主营业务收入”账户的贷方，增值税应记入“应交税费——应交增值税”账户的贷方。编制会计分录如下：

借：应收账款——大华公司　　15 444
　　贷：主营业务收入——B 产品　　13 200
　　　　应交税费——应交增值税（销项税额）　　2 244

【学中做 3-51】纳爱斯公司对外销售 A 产品 150 件，每件售价 200 元，开出增值税专用发票货款 30 000 元，增值税款 5 100 元。货款及增值税款已收到并存入银行。

【分析】该笔经济业务的发生，一方面，应增加存入银行的销货款，应记入“银行存款”账户的借方；另一方面，应增加企业销售 A 产品的收入，应记入“主营业务收入”账户的贷方，增值税应记入“应交税费——应交增值税”账户的贷方。编制会计分录如下：

借：银行存款　　35 100
　　贷：主营业务收入——A 产品　　30 000
　　　　应交税费——应交增值税（销项税额）　　5 100

【学中做 3-52】纳爱斯公司收到卡莱公司预付 A 产品货款 16 000 元，存入银行。

【分析】该笔经济业务的发生，一方面，增加了企业的银行存款，应记入“银行存款”账户的借方；另一方面，增加了企业的预收账款，预收账款属于企业的负债，应记入“预收账款”账户的贷方。编制会计分录如下：

借：银行存款　　16 000
　　贷：预收账款——卡莱公司　　16 000

【学中做 3-53】纳爱斯公司向卡莱公司发出 A 产品 100 件，价款 20 000 元，增值税 3 400 元。卡莱公司已预付 16 000 元，差额款 7 400 元已经收到，并存入银行。

【分析】该笔经济业务的发生，一方面，企业产品发出后，应抵减原预收账款，记入“预收账款”账户的借方；另一方面，企业已发出产品，则企业的销售收入已实现，应记入“主营业务收入”账户的贷方，增值税应记入“应交税费——应交增值税”账户的贷方。另外，差额款 7 400 元已存入银行，应记入“银行存款”账户的借方。编制会计分录如下：

借：预收账款——卡莱公司　　23 400
　　贷：主营业务收入——A 产品　　20 000
　　　　应交税费——应交增值税（销项税额）　　3 400
借：银行存款　　7 400
　　贷：预收账款——卡莱公司　　7 400

【学中做 3-54】纳爱斯公司 7 月 31 日，结转销售 A、B 两种产品的实际生产成本，A 销售数量 250 件，单位成本 90 元，共计 22 500 元；B 产品销售数量 60 件，单位成本 100 元，共计 6 000 元。

【分析】该笔经济业务的发生，一方面，使主营业务成本增加，应记入“主营业务成本”

账户的借方；另一方面，使库存商品减少，应记入“库存商品”账户的贷方。编制会计分录如下：

借：主营业务成本——A 产品　　22 500
　　　　　　　　——B 产品　　6 000
　贷：库存商品——A 产品　　22 500
　　　　　　　——B 产品　　6 000

【学中做 3-55】纳爱斯公司对外销售一批材料，增值税专用发票上注明价款 15 600 元，增值税款 2 652 元，对方以商业汇票支付货款及增值税款。

【分析】该笔经济业务的发生，一方面，使企业应收票据增加，应记入“应收票据”账户的借方；另一方面，因销售材料获得收入，实现了其他业务收入，应记入“其他业务收入”账户的贷方，应收取的增值税，应记入“应交税费——应交增值税”账户的贷方。编制会计分录如下：

借：应收票据　　18 252
　贷：其他业务收入　　15 600
　　　应交税费——应交增值税（销项税额）　　2 652

【学中做 3-56】所售材料的成本为 9 600 元，结转材料的销售成本。

【分析】该笔经济业务的发生，一方面，使企业增加了其他业务成本，应记入“其他业务成本”账户的借方；另一方面，减少了的企业材料，应记入“原材料”账户的贷方。编制会计分录如下：

借：其他业务成本　　9 600
　贷：原材料　　9 600

【学中做 3-57】纳爱斯公司本月销售的 A 产品属于消费税的征收范围，按规定应交消费税 15 000 元，应交城建税 938 元，应交教育费附加 402 元。

【分析】该笔经济业务的发生，一方面，企业因销售产品而缴纳的消费税、城建税及教育费附加，应记入“营业税金及附加”账户的借方；另一方面，由于税金和教育费附加计算出来后尚未交纳，则构成负债，应记入“应交税费”账户贷方。编制会计分录如下：

借：营业税金及附加　　16 340
　贷：应交税费——应交消费税　　15 000
　　　　　　　——应交城建税　　938
　　　　　　　——应交教育费附加　　402

【学中做 3-58】纳爱斯公司以银行存款支付销售机构水电费 5 800 元。

【分析】该笔经济业务的发生，一方面，使企业的银行存款减少了 5 800 元，应记入“银行存款”账户的贷方；另一方面，使企业的销售费用增加了 5 800 元，应记入“销售费用”账户的借方。编制会计分录如下：

借：销售费用　　5 800
　贷：银行存款　　5 800

【学中做 3-59】纳爱斯公司以银行存款支付广告费 6 000 元。

【分析】该笔经济业务的发生，一方面，使企业的银行存款减少了 6 000 元，应记入“银行存款”账户的贷方；另一方面，企业的销售费用增加了 6 000 元，应记入“销售费用”账户的借方。编制会计分录如下：

借：销售费用　　6 000
　贷：银行存款　　6 000

任务实施

① 2015 年 8 月 16 日，销售 B 材料价款 24 000 元，增值税 4 080 元，款项已收，并存入银行。编制会计分录如下：

借：银行存款　28 080

　贷：其他业务收入——B 材料　24 000

　　应交税费——应交增值税（销项税额）　4 080

② 8 月 17 日，销售 A 产品 9 件给洁欣公司，售价每件 2 000 元，增值税金额为 3 060 元，款项尚未收到。编制会计分录如下：

借：应收账款——洁欣公司　21 060

　贷：主营业务收入——A 产品　18 000

　　应交税费——应交增值税（销项税额）　3 060

③ 8 月 26 日，收到银行转来的洁欣公司的转账支票，金额为 21 060 元，编制会计分录如下：

借：银行存款　21 060

　贷：应收账款——洁欣公司　21 060

④ 8 月 27 日，以现金支付 B 产品的广告费 700 元，编制会计分录如下：

借：销售费用　700

　贷：库存现金　700

⑤ 8 月 31 日，根据已销 9 件 A 产品的销售成本计算单所列金额 1 080 元，编制会计分录如下：

借：主营业务成本——A 产品　1 080

　贷：库存商品——A 产品　1 080

同时，根据已销 B 材料的销售成本计算单所列金额 12 000 元，编制会计分录如下：

借：其他业务成本　12 000

　贷：原材料——B 材料　12 000

⑥ 8 月 31 日，假定城市维护建设税为 499.8 元，应交教育费附加金为 214.2 元，根据营业税金及附加计算单编制会计分录如下：

借：营业税金及附加——城市维护建设税　499.8

　　　　　　　——教育费附加　214.2

　贷：应交税费——应交城市维护建设税　499.8

　　　　　　——应交教育费附加　214.2

5. 财务成果形成与分配业务的核算

财务成果是企业在一定期间的经营活动的最终成果，即产生利润或亏损。财务成果是企业经济活动效率与效益的综合表现，是衡量企业经营成果和经济效益的综合尺度。因而，对于利润的确认与计量，是以企业生产经营活动过程中所实现的收入和所发生的费用相配为基础，同时，还要考虑企业发生的一些与生产经营活动没有直接关系的营业外收支等。按照我国企业会计准则和小企业会计准则规定，工业企业的利润一般包括营业利润、利润总额和净利润。

（1）利润的构成

利润是指企业在一定会计期间的经营成果。作为独立的经济实体，企业应当以自己的经营收入抵补其支出，并且实现利润，为投资者提供一定的投资收益。企业的利润总额一般是由营业利润和营业外收支构成的。营业利润是指企业日常经营活动所产生的利润，是企业利润总额和净利润的主要来源。其计算公式为：

营业利润 = 营业收入−营业成本−营业税金及附加−销售费用−管理费用−财务费用−资产减值损失 + 公允价值变动收益−公允价值变动损失 + 投资收益−投资损失

其中：

营业收入 = 主营业务收入 + 其他业务收入

营业成本 = 主营业务成本 + 其他业务成本

利润总额是指企业通过日常的经营活动实现的营业利润，再加减营业外收支，即为企业的利润总额或亏损总额。其计算公式为：

利润总额 = 营业利润 + 营业外收入−营业外支出

净利润是指由于企业各类经营活动实现的利润总额，必须按照税法的规定缴纳所得税。所以，企业利润总额减去应从当期利润总额中扣除的所得税费用后的余额即为净利润，也称为税后净利润。其计算公式为：

净利润 = 利润总额−所得税费用

（2）利润形成的核算

为了核算和监督企业利润的形成情况，计算确定企业一定会计期间的经营成果，应设置“主营业务收入”“主营业务成本”“其他业务收入”“其他业务成本”“投资收益”“营业外收入”“营业外支出”“所得税费用”和“本年利润”等账户。其中，“主营业务收入”“主营业务成本”“其他业务收入”“其他业务成本”等账户的核算内容已在前面介绍过，此处不再赘述。

① 账户设置

“营业外收入”账户，用来核算企业发生的与生产经营无直接关系的各项收入和利得，包括处置固定资产净收益、出售无形资产净收益、罚款净收入、教育费附加返还款等，该账户属于损益类账户，其贷方登记企业发生的各项营业外收入额，借方登记期末转入“本年利润”账户的营业外收入额，期末结转后该账户没有余额。一般按收入项目设置明细账户。

“营业外支出”账户，用来核算企业发生的与生产经营无直接关系的各项支出和损失，包括固定资产盘亏、处置固定资产净损失、出售无形资产净损失、罚款支出、捐赠、非常损失等，该账户属于损益类账户，其借方登记企业发生的各项营业外支出额，贷方登记期末转入“本年利润”账户的营业外支出额，期末结转后该账户没有余额。一般按项目设置明细账户。

“投资收益”账户，用来核算企业对外投资取得的收入或发生的损失，该账户属于损益类账户，其借方登记投资损失额或期末转入“本年利润”的净收益数额，贷方登记对外投资所取得的收益，期末结转后该账户无余额。一般按其投资收益的性质设置明细账户。

"所得税费用"账户，用来核算企业确认的应从当期利润总额中扣除的所得税费用，该账户属于损益类账户，其借方登记本期应计入损益的应交所得税，贷方登记期末应转入"本年利润"账户的所得税费用，期末结转后该账户无余额。

"本年利润"账户，用来核算企业当期实现的净利润或发生的净亏损，该账户属于所有者权益类账户，其贷方登记期末由各收入类账户转入的当期实现或取得的收入、收益以及年末结转的本年度发生的净亏损；借方登记期末由各成本费用类账户转入的各种费用开支，以及年末结转的本年度实现的净利润。年度终了结转后，本账户无余额。

② 利润形成业务的核算

【学中做 3-60】江淮公司 2014 年 12 月 6 日向曙光公司销售 A 产品 100 件，每件售价 900 元，增值税 15 300 元，款项全部收到存入银行。

【分析】该项业务的发生，一方面使江淮公司的银行存款增加，应记入"银行存款"账户的借方；另一方面使江淮公司的营业收入和应交税费也增加，应分别记入"主营业务收入"和"应交税费"账户的贷方。应编制会计分录如下：

借：银行存款　　105 300
　　贷：主营业务收入——A 产品　　90 000
　　　　应交税费——应交增值税（销项税额）　　15 300

【学中做 3-61】江淮公司 2014 年 12 月 10 日向亨达公司销售 A 产品 30 件，每件售价 900 元，增值税 4 590 元，产品已发出，款项尚未收到。

【分析】该项业务的发生，一方面使江淮公司的应收款项增加，应记入"应收账款"账户的借方；另一方面使江淮公司的营业收入和应交税费也增加，应分别记入"主营业务收入"和"应交税费"账户的贷方。应编制会计分录如下：

借：应收账款——亨达公司　　31 590
　　贷：主营业务收入——A 产品　　27 000
　　　　应交税费——应交增值税（销项税额）　　4 590

【学中做 3-62】江淮公司 2014 年 12 月 16 日以银行存款支付产品展览费 1 000 元。

【分析】该项业务的发生，一方面使江淮公司的销售费用增加，应记入"销售费用"账户的借方；另一方面使江淮公司的银行存款减少，应记入"银行存款"账户的贷方。应编制会计分录如下：

借：销售费用　　1 000
　　贷：银行存款　　1 000

【学中做 3-63】江淮公司 2014 年 12 月 18 日销售一批多余的甲材料 40 千克，单价 120 元，价款共计 4 800 元，增值税 816 元，款项收到存入银行。

【分析】该笔经济业务的发生，一方面使江淮公司的银行存款增加，应记入"银行存款"账户的借方；另一方面，销售材料属于其他业务活动，其他业务收入和增值税销项税额也增加，应分别记入"其他业务收入"和"应交税费"账户的贷方。应编制会计分录如下：

借：银行存款　　5 616
　　贷：其他业务收入——甲材料　　4 800
　　　　应交税费——应交增值税（销项税额）　　816

【学中做 3-64】江淮公司 2014 年 12 月 19 日接到银行通知，从被投资单位分来的利润

12 000 元已收妥入账。

【分析】该笔经济业务的发生，一方面使江淮公司的银行存款的增加，应记入“银行存款”账户的借方；另一方面，从被投资单位分来的利润属于江淮公司对外投资所取得的收益，应增加本企业的投资收益，记入“投资收益”账户的贷方。编制会计分录如下：

借：银行存款　　12 000

　贷：投资收益　　12 000

【学中做 3-65】江淮公司 2014 年 12 月 20 日收到罚款收入 1 000 元存入银行。

【分析】该项业务的发生，一方面使江淮公司的银行存款增加，应记入“银行存款”账户的借方；另一方面，收到罚款收入不属于江淮公司的正常生产经营活动，应作为营业外收入的增加，记入“营业外收入”账户的贷方。编制会计分录如下：

借：银行存款　　1 000

　贷：营业外收入　　1 000

【学中做 3-66】江淮公司 2014 年 12 月 21 日以银行存款向希望工程捐款 2 000 元。

【分析】该笔经济业务的发生，一方面使江淮公司的银行存款减少，应记入“银行存款”账户的贷方；另一方面，捐赠支出不属于江淮公司正常的生产经营活动，应作为营业外支出的增加，记入“营业外支出”账户的借方。编制会计分录如下：

借：营业外支出　　2 000

　贷：银行存款　　2 000

【学中做 3-67】江淮公司 2014 年 12 月 31 日结转本月已销售 A 产品 130 件的实际成本（单位生产成本 680 元）88 400 元。

【分析】该项业务的发生，一方面使江淮公司的产品销售成本增加，应记入“主营业务成本”账户的借方；另一方面使江淮公司的库存商品减少，应记入“库存商品”账户的贷方。应编制会计分录如下：

借：主营业务成本——A 产品　　88 400

　贷：库存商品——A 产品　　88 400

【学中做 3-68】根据【学中做 3-60】、【学中做 3-61】，江淮公司 2014 年 12 月 31 日按主营业务收入的 10%计算交纳 A 产品消费税 11 700 元。

【分析】该项业务的发生，一方面使江淮公司的营业税金及附加增加，应记入“营业税金及附加”账户的借方；另一方面由于税费计算出来后尚未交纳，形成负债增加，应记入“应交税费”账户的贷方。应编制会计分录如下：

借：营业税金及附加　　11 700

　贷：应交税费——应交消费税　　11 700

【学中做 3-69】江淮公司 2014 年 12 月 31 日结转本月 18 日售出甲材料实际成本 4 000 元。

【分析】该笔经济业务的发生，一方面使材料销售成本增加，应记入“其他业务成本”账户的借方；另一方面使库存甲材料减少，应记入“原材料”账户的贷方。编制会计分录如下：

借：其他业务成本　　4 000

　贷：原材料——甲材料　　4 000

【学中做 3-70】江淮公司 2014 年 12 月 31 日将本月发生的各项收入、收益结转入“本年利润”账户。

【分析】该项业务的发生，一方面使江淮公司所记录的各项收入、收益减少，应记入有关收入、收益账户的借方；另一方面使江淮公司的所有者权益增加，应记入“本年利润”账户的贷方。编制会计分录如下：

借：主营业务收入	117 000
其他业务收入	4 800
投资收益	12 000
营业外收入	1 000
贷：本年利润	134 800

【学中做 3-71】江淮公司 2014 年 12 月 31 日将本月发生的各项成本费用结转入“本年利润”账户。

【分析】该项业务的发生，一方面使江淮公司所记录的各项成本费用减少，应记入有关成本费用账户的贷方；另一方面使江淮公司所有者权益减少，应记入“本年利润”账户的借方。编制会计分录如下：

借：本年利润	112 625
贷：主营业务成本	88 400
营业税金及附加	11 700
其他业务成本	4 000
管理费用	5 225
财务费用	300
销售费用	1 000
营业外支出	2 000

【学中做 3-72】江淮公司 2014 年 12 月 31 日按 25%的所得税税率计算出应交所得税费用为 5 543.75 元。

【分析】该项业务的发生，一方面使江淮公司的所得税费用增加，应记入“所得税费用”账户的借方；另一方面使应交税费也增加，形成一项负债，应记入“应交税费”账户的贷方。编制会计分录如下：

借：所得税费用	5 543.75
贷：应交税费——应交所得税	5 543.75

【学中做 3-73】江淮公司 2014 年 12 月 31 日将“所得税费用”账户发生额结转入“本年利润”账户。

【分析】该项业务的发生，一方面使江淮公司的所得税费用减少，应记入“所得税费用”账户的贷方；另一方面使利润减少，应记入“本年利润”账户的借方。编制会计分录如下：

借：本年利润	5 543.75
贷：所得税费用	5 543.75

根据上述【学中做 3-70】、【学中做 3-71】、【学中做 3-73】可以计算出该企业 2014 年 12 月净利润，即：

本月净利润 = 134 800−112 625−5 543.75 = 16 631.25（元）

（3）利润分配的核算

在正常情况下，企业实现的净利润首先必须按照国家有关法规及公司章程的规定进行分配，包括提取盈余公积、向投资者分配利润；利润分配一般在年度终了进行，企业当期实现的净利润，加上年初未分配利润（或减去年初未弥补亏损）余额，为可供分配的利润。

① 利润分配的程序

根据我国公司法等有关法规的规定，可供分配的利润，一般应当按照如下顺序进行分配。

a. 提取法定盈余公积。盈余公积是指企业按照规定从净利润中提取的各种积累资金。企业的盈余公积包括法定盈余公积和任意盈余公积。法定盈余公积是企业按照国家规定的比例从净利润中提取的盈余公积，法定盈余公积按照税后净利润的10%提取。

根据公司法规定，法定盈余公积已达注册资本的50%时可不再提取。提取的法定盈余公积用于弥补以前年度亏损或转增资本。但转增资本后留存的法定盈余公积不得低于注册资本的25%。

b. 提取任意盈余公积。企业从净利润中提取法定盈余公积后，经股东会或者股东大会决议，还可以从净利润中提取任意盈余公积。其提取比例由企业视情况而定。

c. 向投资者分配利润或股利。企业弥补亏损和提取盈余公积后，可按照股东或股东持有的股份比例向投资者分配利润或股利。

✎**【学习知识查阅】**《中华人民共和国公司法》《企业会计准则》

② 账户设置

"利润分配"账户，用来核算企业一定时期内净利润的分配或亏损的弥补以及历年结存的未分配利润（或未弥补亏损）情况，该账户属于所有者权益账户，其借方登记企业实际分配的利润额或从"本年利润"账户转入的全年亏损额，贷方登记从"本年利润"账户转入的全年实现的净利润额或已弥补的亏损额。年终结转后，若为贷方余额，表示历年积存的未分配利润；若为借方余额，表示历年积存的未弥补亏损。并按利润的分配去向分别设置相应的明细账户进行明细核算。

"盈余公积"账户，用来核算企业从净利润中提取的盈余公积，该账户属于所有者权益类账户，其贷方登记按规定从本年实现的净利润中提取的盈余公积，其借方登记经股东大会或类似机构决议，用盈余公积转增资本以及弥补亏损等数额。期末余额在贷方，表示盈余公积的实际结存数。一般按"法定盈余公积"、"任意盈余公积"设置明细账户。

"应付股利"账户，用来核算企业分配的现金股利或利润，该账户属于负债类账户，其借方登记实际支付的现金股利或利润数，贷方登记企业应支付的现金股利或利润数，期末余额在贷方，反映企业尚未支付的现金股利或利润数。

③ 利润分配业务的核算

✎**【学中做3-74】**假定该公司全年实现净利润为800 000元。根据公司分配方案，按净利润的10%提取法定盈余公积，按5%提取任意盈余公积，按50%分配给投资者。

✎**【分析】**该项经济业务的发生，一方面使企业的盈余公积金和应付的股利增加，应分别记入"盈余公积"账户和"应付股利"的贷方；另一方面使企业的利润分配金额减少，应记入"利润分配”账户的借方，计算和编制会计分录如下：

提取法定盈余公积 = 800 000×10% = 80 000（元）

提取任意盈余公积 = 800 000×5% = 40 000（元）

分配股利 = 800 000×50% = 400 000（元）

借：利润分配——提取法定盈余公积　　80 000
　　　　　　——提取任意盈余公积　　40 000
　贷：盈余公积——法定盈余公积　　80 000
　　　　　　　——任意盈余公积　　40 000

借：利润分配——应付现金股利　　400 000
　贷：应付股利　　400 000

④ 年终结转全年利润和利润分配的核算。

年度终了，企业首先将当年实现的净利润或亏损，转入“利润分配——未分配利润”账户。结转净利润时，按实际的净利润额，借记“本年利润”账户，贷记“利润分配——未分配利润”账户；结转亏损时，则按实际产生的亏损额，借记“利润分配——未分配利润”账户，贷记“本年利润”账户。其次，将“利润分配”账户的其他明细账户的余额转入“利润分配——未分配利润”账户。结转时，借记“利润分配——未分配利润”账户，贷记“利润分配——提取盈余公积、应付股利”等账户。

【学中做 3-75】纳爱斯公司年终将本年度实现的净利润 800 000 元转入“利润分配——未分配利润”账户。

【分析】该笔经济业务结转后，“本年利润”账户无余额。编制会计分录如下：

借：本年利润　　800 000
　贷：利润分配——未分配利润　　800 000

【学中做 3-76】纳爱斯公司年终将“利润分配”账户的其他明细账户的余额转入“利润分配——未分配利润”账户。依据【学中做 3-74】所列。

编制会计分录如下：

借：利润分配——未分配利润　　520 000
　贷：利润分配——提取法定盈余公积　　80 000
　　　　　　　——提取任意盈余公积　　40 000
　　　　　　　——应付现金股利　　400 000

通过以上结转未分配利润后，“利润分配——未分配利润”账户的贷方余额为 280 000（800 000～520 000）元。

任务实施

2014 年 12 月 31 日，广连达有限公司各损益类账户本年发生额如表 3-23 所示。

表 3-23　　损益类账户发生额

账户名称	借方金额	贷方金额
主营业务收入		685 000
主营业务成本	346 000	
营业税金及附加	18 000	
销售费用	30 000	

续表

账户名称	借方金额	贷方金额
管理费用	20 000	
财务费用	1 600	
营业外收入		5 000
营业外支出	3 400	

① 结转各项费用、损失

借：本年利润　419 000

　贷：主营业务成本　346 000

　　营业税金及附加　18 000

　　销售费用　30 000

　　管理费用　20 000

　　财务费用　1 600

　　营业外支出　3 400

② 结转各项收入、利得

借：主营业务收入　685 000

　营业外收入　5 000

　贷：本年利润　690 000

③ 结转所得税费用（假定所得税税率为 25%）

利润总额 = 690 000−419 000 = 271 000（元）

应缴所得税费用 = 271 000×25% = 67 750（元）

借：所得税费用　67 750

　贷：应交税费——应交所得税　67 750

④ 将所得税费用转入本年利润

借：本年利润　67 750

　贷：所得税费用　67 750

⑤ 将“本年利润”账户余额转入“利润分配——未分配利润”账户

本年利润账户余额 = 271 000−67 750 = 203 250（元）

借：本年利润　203 250

　贷：利润分配——未分配利润　203 250

⑥ 按实现净利润的 10%、5%分别提取法定盈余公积、任意盈余公积

提取的法定盈余公积 = 203 250×10% = 20 325（元）

提取的任意盈余公积 = 203 250×5% = 10 162.5（元）

借：利润分配——提取法定盈余公积　20 325

　　——提取任意盈余公积　10 162.5

　贷：盈余公积——法定盈余公积　20 325

　　——任意盈余公积　10 162.5

⑦ 按 30%的比例向投资者分配利润

分配给投资者的利润 = 203 250×30% = 60 975（元）

借：利润分配——应付股利　　60 975
　　贷：应付股利　　60 975

⑧ 2014 年 12 月 31 日"利润分配——未分配利润"账户余额

未分配利润 = 203 250−20 325−10 162.5−60 975 = 111 787.5（元）

借：利润分配——未分配利润　　91 462.5
　　贷：利润分配——提取法定盈余公积　　20 325
　　　　　　　　——提取任意盈余公积　　10 162.5
　　　　　　　　——应付现金股利　　60 975

6. 资金退出业务的核算

工业企业从资金筹集开始，依次经过生产准备过程、产品生产过程、产品销售过程、财务成果形成和分配后，经过一定的资金循环和周转，还会发生资金退出企业的业务。其内容主要包括偿还各种债务、上交各项税费、向投资者分配利润等业务。

（1）偿还银行借款的核算

在借款到期偿还时，根据借款合同的规定，企业需要用货币资金偿还借款的本金和一定期限内的利息。这种业务的发生，一般会使企业资产减少，同时也使企业的债务减少。核算时涉及的账户口主要有"短期借款""长期借款""应付利息""财务费用""银行存款""库存现金"等。

【学中做 3-77】2014 年 12 月 27 日，永安企业开出转账支票一张，用以支付 4 个月前所借的现已到期的银行借款本金 40 000 元和全部已计提的利息 800 元。

【分析】这项经济业务的发生，一方面使企业的银行存款减少了 40 800 元，应记入"银行存款"账户的贷方；另一方面又使企业借款减少了 40 000 元，应记入"短期贷款"账户的借方，同时也使企业所欠银行的借款利息减少了 800 元，应记入"应付利息"账户的借方。编制会计分录如下：

借：短期借款　　40 000
　　应付利息　　800
　　贷：银行存款　　40 800

【学中做 3-78】2014 年 12 月 30 日，接银行通知，永安企业向银行借入的长期借款已到期，本金和利息共计 95 200 元，已直接从银行存款中划转。

【分析】这项经济业务的发生，一方面使企业的银行存款减少了 95 200 元，应记入"银行存款"账户的贷方；另一方面使企业所欠银行的长期借款的本金和利息共减少了 95 200 元，应记入"长期借款"账户的借方。编制会计分录如下：

借：长期借款　　95 200
　　贷：银行存款　　95 200

（2）上交税费的核算

企业在生产经营过程中，根据国家税收法规的规定，应依法向国家缴纳各种税费，以保证国家的财政收入。企业一般先根据税法的规定计算出应纳税额，然后按确定的税额将货币资金支付给税务部门。由于纳税的义务贯穿企业的整个生产经营期间，而且是强制性的，因此企业也有可能在确定应纳税额之前先向税务部门预缴税费。但不管怎样，企业在依法纳税时都会引起资产的减少，进行核算涉及的账户主要有"应交税费""银行存款"等。

【学中做 3-79】2014 年 12 月 31 日，永安企业用银行存款缴纳本期的所得税 6 042.5 元。

【分析】这项经济业务的发生，一方面使企业因纳税而减少债务 6 042.5 元，应记入“应交税费——应交所得税”账户的借方；另一方面使企业的银行存款减少了 6 042.5 元，应记入“银行存款”账户的贷方。编制会计分录如下：

借：应交税费——应交所得税　　6 042.5

　　贷：银行存款　　6 042.5

（3）向投资者分配利润的核算

前已述及，企业的资金主要来源于两个方面：一是投资者投入的资金；二是从金融机构或其他非银行金融机构借入的资金。也就是说，投资者和债权人是企业资产的提供者，他们对企业都有不同的要求（即权益），其中投资者的权益主要表现为分享企业的利润。因此，企业在生产经营中取得利润之后，根据协议的规定应该向投资者分配利润，即满足投资者的要求权，这也是企业的一种责任和义务。这样一来，就会使资金从企业退出，从而减少企业的资金，但需要注意的是，这种资金减少的原因并不是企业向投资者归还其投入的本金，而是企业向投资者分配其投入的货币资金在生产经营过程中所产生的增值。这类业务在进行核算时涉及的账户主要是“应付股利”“银行存款”。

【学中做 3-80】2014 年 12 月 31 日，永安企业以银行存款向投资者支付本年应付利润 180 000 元。

【分析】这项经济业务的发生，一方面，使企业因向投资者支付利润而减少债务 180 000 元，应记入“应付股利”账户的借方；另一方面，也使企业的银行存款减少了 180 000 元，应记入“银行存款”账户的贷方。编制会计分录如下：

借：应付股利　　180 000

　　贷：银行存款　　180 000

任务四　填制和审核会计凭证

任务描述

ABC 公司是一家生产纸巾公司，近年来由于纸巾市场竞争激烈，ABC 公司原有的市场份额已经略有下降，为了增加业务层面与寻找新的利润，ABC 公司董事会经过反复调研后，决定从大发公司购入上等木材以便生产出更具有市场竞争力的纸巾，2014 年 12 月 1 日，从大发公司购入甲木材 2 000 吨，大发公司开出的增值税专用发票上注明金额为 400 000 元，税额为 68 000 元，ABC 公司开出支票付款，材料已入 ABC 公司库。

请思考：发生上述经济业务，ABC 公司会计应该如何填制记账凭证？

任务分析

ABC 公司从大发公司购入甲材料，收到增值税专用发票，且材料已验收入库。这项经济业务的发生，一方面使企业的原材料增加，应记入“原材料”账户的借方，同时购进原材料，有进项税额抵扣，应记入“应交税费——应交增值税（进项税额）”的借方；另一方面支票付款使企业的银行存款减少，应记入“银行存款”账户的贷方。

相关知识

一、记账凭证的种类

记账凭证是会计人员根据审核无误的原始凭证或汇总原始凭证，用来确定经济业务应借、应贷的会计科目和金额而填制的，作为登记账簿直接依据的会计凭证。按记账凭证适用的经济业务，记账凭证可以分为专用记账凭证和通用记账凭证。

专用记账凭证又可以分为收款凭证、付款凭证和转账凭证。

通用记账凭证是指以一种格式记录全部经济业务的凭证。一般适用于中小型、经济业务较少的企业。

原始凭证与记账凭证之间存在着密切的联系。原始凭证是记账凭证的基础，记账凭证是根据原始凭证填制的。在实际工作中，原始凭证附在记账凭证后面，作为记账凭证的附加；记账凭证是对原始凭证内容的系统化和规范化。原始凭证和记账凭证是登记日记账和明细账的依据。

1. 收款凭证

收款凭证是用来记录现金和银行存款收入业务的记账凭证，分为现金收款凭证和银行存款收款凭证，其格式如图 3-19 所示。

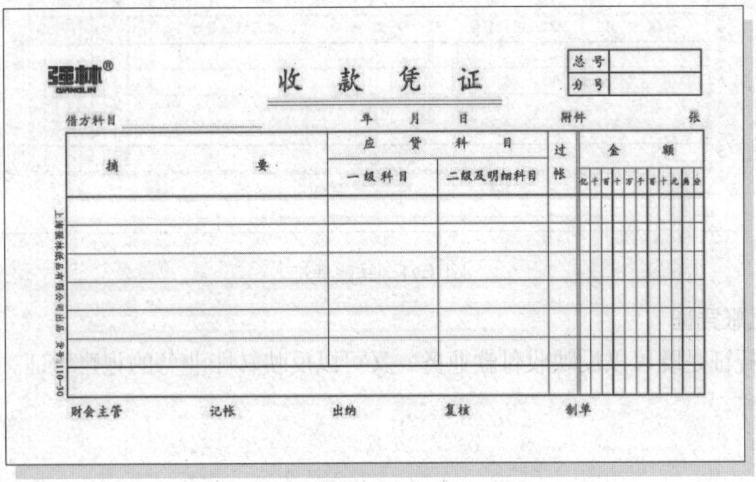
强林®

收　款　凭　证

总号
分号

借方科目　　年　月　日　　附件　张

摘　要	应贷科目		过帐	金额
	一级科目	二级及明细科目		亿千百十万千百十元角分

财会主管　记帐　出纳　复核　制单

图 3-19　收款凭证

2. 付款凭证

付款凭证是用来记录现金和银行存款付出业务的记账凭证，分为现金付款凭证和银行存款付款凭证，其格式如图 3-20 所示。

收款凭证和付款凭证既是登记现金日记账、银行存款日记账、总分类账和明细分类账的依据，也是出纳人员收、付款项的依据。对于现金和银行存款之间的划转业务，为了避免重复记账，通常只编制付款凭证。如企业从银行提取现金，只编制银行存款付款凭证；反过来，企业将现金存入银行，只编制现金付款凭证。

3. 转账凭证

转账凭证是用来记录不涉及现金和银行存款收付业务的其他经济业务的记账凭证，即用来记录转账业务的记账凭证，格式如图 3-21 所示。

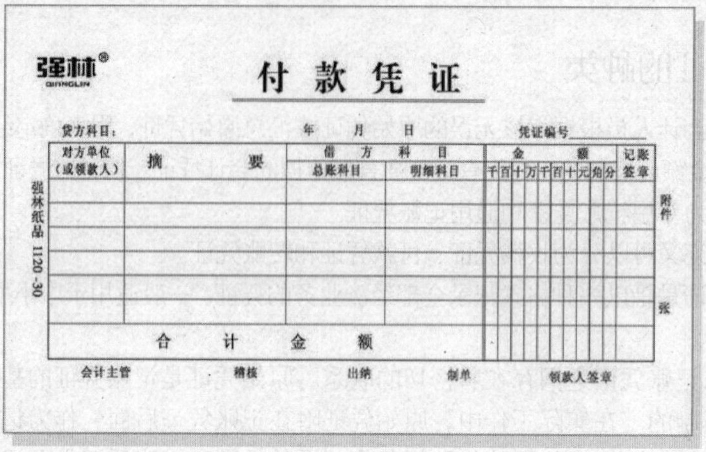

强林®
QIANGLIN
付款凭证
贷方科目：　　年　月　日　　凭证编号____

对方单位（或领款人）	摘要	借方科目		金额	记账签章
		总账科目	明细科目	千百十万千百十元角分	
合计金额					

会计主管　稽核　出纳　制单　领款人签章
附件　张
强林纸品 1120-30

图 3-20　付款凭证

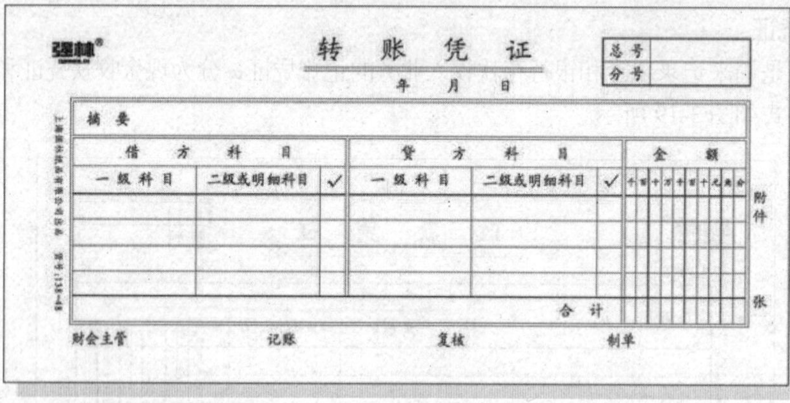

强林®
转账凭证
总号
分号
年　月　日

摘要						
借方科目			贷方科目			金额
一级科目	二级或明细科目	✓	一级科目	二级或明细科目	✓	千百十万千百十元角分
				合计		

财会主管　记账　复核　制单
附件　张

图 3-21　转账凭证

4. 通用记账凭证

通用记账凭证是既可以反映收付款业务，又可以反映转账业务的记账凭证。格式如图 3-22 所示。

辽财会帐证 44—2 号
辽宁省财政厅监印 (03)
通用记账凭证
出纳编号____
年　月　日
凭证编号____

摘要	结算方式	票号	会计科目		借方金额	记帐符号	贷方金额	记帐符号
			总帐科目	明细科目	亿千百十万千百十元角分		亿千百十万千百十元角分	
附单据　张		合计						

会计主管人员　记帐　稽核　制单　出纳　交领款人

图 3-22　通用记账凭证

二、记账凭证的基本内容

记账凭证作为登记账簿的依据，因其所反映经济业务的内容不同、各单位规模大小及其对会计核算繁简程度的要求不同，其格式也有所不同。但为了满足记账的基本要求，记账凭证应具备以下基本内容或要素。

第一，记账凭证的名称。记账凭证的名称通常分为收款凭证、付款凭证、转账凭证和通用记账凭证。

第二，记账凭证的日期。记账凭证是在哪一天编制的，就写上哪一天。记账凭证的填制日期与原始凭证的填制日期可能相同，也可能不同。记账凭证应及时填制，但一般稍后于原始凭证的填制。

第三，记账凭证的编号。记账凭证要根据经济业务发生的先后顺序按月连续编号，按编号顺序记账。企业既可以按收款、付款、转账 3 类业务分收、付、转 3 类编号，也可细分为现收、现付、银收、银付、转账五类编号。例如，本月有现金收款凭证 20 张，编号即从“现收字第 1 号”编至“现收字第 20 号”止，其余类推。这种编号，也是出纳登记现金和银行存款日记账的依据。如一张凭证涉及两张记账凭证的，可以分数表示其分号，如“1/2”“2/2”等。凭证编了号，便于装订保管和登记账簿，也便于日后检查。

第四，经济业务事项的内容摘要。摘要应能清晰地揭示经济业务的内容，同时要简明扼要。

第五，经济业务事项所涉及的会计科目及其记账方向。

第六，经济业务事项的金额。

第七，记账标记。

第八，所附原始凭证的张数。原始凭证是编制记账凭证的根据，缺少它就无从审核凭证正确与否。

第九，会计主管、记账、审核、出纳、制单等有关人员签章，收款凭证和付款凭证还应由出纳人员签名或盖章。

三、记账凭证的填制方法

1. 记账凭证的填制要求

填制记账凭证是一项重要的会计工作，为了便于登记账簿，保证账簿记录的正确性，填制记账凭证应符合以下要求。

（1）依据真实。除结账和更正错误外，记账凭证应根据审核无误的原始凭证及有关资料填制，记账凭证必须附有原始凭证并如实填写所附原始凭证的张数。记账凭证所附原始凭证张数的计算一般应以原始凭证的自然张数为准。一张原始凭证如果涉及几张记账凭证的，可以将原始凭证附在一张主要的记账凭证后面，在该主要记账凭证摘要栏注明“本凭证附件包括×号记账凭证业务”字样，并在其他记账凭证上注明该主要记账凭证的编号或者附上该原始凭证的复印件，以便复核查阅。

（2）内容完整。记账凭证应具备的内容都要齐全，要按照记账凭证上所列项目逐一填写清楚，有关人员的签名或者盖章要齐全不可缺漏。如有以自制的原始凭证或者原始凭证汇总表代替记账凭证使用的，也必须具备记账凭证应有的内容。金额栏数字的填写必须规范、准确，与所附原始凭证的金额相符。金额登记方向、数字必须正确，角分位不留空格。

（3）分类正确。填制记账凭证，要根据经济业务的内容，区别不同类型的原始凭证，正确应用会计科目和记账凭证。

（4）日期正确。记账凭证的填制日期一般应填制记账凭证当天的日期。

（5）连续编号。为了分清会计事项处理的先后顺序，以便记账凭证与会计账簿之间的核对，确保记账凭证完整无缺，填制记账凭证时，应当对记账凭证连续编号。记账凭证编号的方法有多种：一种是将全部记账凭证作为一类统一编号；另一种是分别按现金和银行存款收入业务、现金和银行付出业务、转账业务 3 类进行编号，这样记账凭证的编号应分为收字第 × 号、付字第 × 号、转字第 × 号；还有一种是分别按现金收入、现金支出、银行存款收入、银行存款支出和转账业务五类进行编号，这种情况下，记账凭证的编号应分为现收字第 × 号、现付字第 × 号、银收字第 × 号、银付字第 × 号和转字第 × 号，或者将转账业务按照具体内容再分成几类编号。

无论采用哪一种编号方法，都应该按月顺序编号，即每月都从一号编起，按自然数 1、2、3、4、5、…顺序编至月末，不得跳号、重号。

（6）简明扼要。记账凭证的摘要栏是填写经济业务简要说明的，摘要应与原始凭证内容一致，能正确反映经济业务的主要内容。

（7）分录正确。会计分录是记账凭证中重要的组成部分，在记账凭证中，要正确编制会计分录并保持借贷平衡，就必须根据国家统一会计制度的规定和经济业务的内容，正确使用会计科目，不得任意简化或改动。会计科目的对应关系要填写清楚，应先借后贷，填入金额数字后，要在记账凭证的合计行计算填写合计金额。记账凭证中借、贷方的金额必须相等，合计数必须计算正确。

（8）空行注销。填制记账凭证时，应按行次逐行填写，不得跳行或留有空行。记账凭证填完经济业务后，如有空行，应当在金额栏自最后一笔金额数字下的空行至合计数上的空行处划斜线注销。

记账凭证中，文字、数字和货币符号的书写要求，与原始凭证相同。实行会计电算化的单位，其机制记账凭证应当符合对记账凭证的基本要求，打印出来的机制凭证上，要加盖制单人员、审核人员、记账人员和会计主管人员印章或者签字，以明确责任。

2. 记账凭证的填制方法

收款凭证的填制方法

收款凭证由出纳人员根据审核无误的有关现金和银行存款的收款原始凭证填制。凭证的填制日期应按货币资金收到的日期填写，凭证的编号可采用“字号编号法”，即按凭证类别顺序编号。例如：现收字第 × 号、银收字第 × 号。收款凭证左上方的科目是借方科目，借方科目应是“现金”或“银行存款”，收款凭证内反映的是与“现金”或“银行存款”科目相对应的贷方科目。凭证摘要栏内填写业务的简要说明，凭证右侧填写所附原始凭证张数。

【学中做 3-81】甲公司 2015 年 2 月 10 日，收到上月乙公司所欠销货款 60 000 元，存入银行。应填制银行收款凭证如图 3-23 所示。

【学中做 3-82】2015 年 2 月 12 日，李经理报销差旅费支付现金 5 000 元。应填制一张现金付款凭证如图 3-24 所示。

【学中做 3-83】2015 年 2 月 15 日，将当日多余的现金 30 000 元存入银行。此时，应填制一张现金的付款凭证如图 3-25 所示。

【学中做 3-84】2015 年 2 月 28 日，计提本月固定资产折旧费用 360 000 元。其中，生产部门 200 000 元，管理部门 160 000 元。填制转账凭证如图 3-26 所示。

【学中做 3-85】2015 年 2 月 28 日，用银行存款支付广告费 8 000 元。填制通用记账凭证如图 3-27 所示。

收 款 凭 证

借方科目 银行存款　　2015年 2月10日　　银收字 第1号

摘　要	贷方科目	明细科目	√	贷方金额 千	百	十	万	千	百	十	元	角	分
收到乙公司欠款	应收账款	乙公司					6	0	0	0	0	0	0
合　计						¥	6	0	0	0	0	0	0

财务主管 王光　记账　出纳 赵咏梅　审核　制单 宋敏

图 3-23

付 款 凭 证

贷方科目 库存现金　　2015年 2月 12日　　现付字 第1号

摘　要	借方科目	明细科目	√	借方金额 千	百	十	万	千	百	十	元	角	分
李经理报销差旅费	管理费用	差旅费						5	0	0	0	0	0
合　计							¥	5	0	0	0	0	0

财务主管 王光　记账　出纳 赵咏梅　审核　制单 宋敏

图 3-24

付 款 凭 证

贷方科目 库存现金　　2015年 2月 15日　　现付字 第2号

摘　要	借方科目	明细科目	√	借方金额 千	百	十	万	千	百	十	元	角	分
将余款存入银行	银行存款							3	0	0	0	0	0
合　计							¥	3	0	0	0	0	0

财务主管 王光　记账　出纳 赵咏梅　审核　制单 宋敏

图 3-25

转 账 凭 证

2015 年 2 月 28 日　　　　转字第 1 号

摘要	总账科目	明细科目	√	借方金额									√	贷方金额								
				百	十	万	千	百	十	元	角	分		百	十	万	千	百	十	元	角	分
累计折旧	制造费用	折旧费			2	0	0	0	0	0	0	0										
	管理费用	折旧费			1	6	0	0	0	0	0	0										
	累计折旧														3	6	0	0	0	0	0	0
	合计			¥	3	6	0	0	0	0	0	0		¥	3	6	0	0	0	0	0	0

财务主管 杜大民　　记账　　出纳　　审核　　制单高峰

图 3-26

通 用 记 账 凭 证

2015 年 2 月 28 日　　　　第 1 号

摘要	总账科目	明细科目	√	借方金额									√	贷方金额								
				百	十	万	千	百	十	元	角	分		百	十	万	千	百	十	元	角	分
支付广告费	销售费用	广告费					8	0	0	0	0	0										
	银行存款																8	0	0	0	0	0
	合计					¥	8	0	0	0	0	0				¥	8	0	0	0	0	0

财务主管 杜大民　　记账　　出纳　　审核　　制单高峰

图 3-27

四、记账凭证的审核

记账凭证编制以后，必须由专人进行审核，借以监督经济业务的真实性、合法性和合理性，并检查记账凭证的编制是否符合要求。特别要审核最初证明经济业务实际发生、完成的原始凭证。因此，对记账凭证的审核是一项严肃细致、政策性很强的工作。只有做好这项工作才能正确地发挥会计反映和监督的作用。记账凭证审核的基本内容包括以下几项。

1. 内容是否真实

审核记账凭证是否有原始凭证为依据，所附原始凭证的内容是否与记账凭证的内容一致，记账凭证汇总表的内容与其所依据的记账凭证的内容是否一致等。

2. 项目是否齐全

审核记账凭证各项目的填写是否齐全，如日期、凭证编号、摘要、金额、所附原始凭证张数及有关人员签章等。

3. 科目是否准确

审核记账凭证的应借、应贷科目是否正确，是否有明确的账户对应关系，所使用的会计科目是否符合国家统一的会计制度的规定等。

4. 金额是否正确

审核记账凭证所记录的金额与原始凭证的有关金额是否一致、计算是否正确，记账凭证汇总表的金额与记账凭证的金额合计是否相符等。

5. 书写是否规范

审核记账凭证中的记录是否文字工整、数字清晰，是否按规定进行更正等。

在审核过程中，如果发现不符合要求的地方，应要求有关人员采取正确的方法进行更正。只有经过审核无误的记账凭证，才能作为登记账簿的依据。

五、会计凭证的传递

会计凭证的传递，是指从会计凭证取得或填制起至归档保管时止，在单位内部有关部门和人员之间按照规定的时间、程序进行处理的过程。各种会计凭证，他们所记载的经济业务不同，涉及的部门和人员不同，办理的业务手续也不同，因此，应当为各种会计凭证规定一个合理的传递程序，即一张会计凭证填制后应交到哪个部门，哪个岗位，由谁办理业务手续等，直到归档保管为止。

1. 会计凭证传递的意义

（1）正确组织会计凭证的传递，有利于提高工作效率。

（2）正确组织会计凭证的传递，能够及时、真实反映和监督各项经济业务的发生和完成情况，为经济管理提供可靠的经济信息。

（3）正确组织会计凭证的传递，能更好地发挥会计监督作用。

（4）正确组织会计凭证的传递，便于有关部门和个人分工协作，相互牵制，加强岗位责任制，更好地发挥会计监督作用。

2. 会计凭证传递的基本要求

各单位由单位领导会同会计部门及有关部门共同设计制订出一套会计凭证的传递程序，使各个部门保证有序、及时地按规定的程序处理凭证传递。基本要求有以下两点。

（1）根据经济业务的特点、机构设置和人员分工情况，明确会计凭证的传递程序。

在会计凭证的传递过程中，要根据具体情况，确定每一种凭证的传递程序和方法。合理制订会计凭证所经过的环节，规定每个环节负责传递的相关责任人员，规定会计凭证的联数以及每一联凭证的用途。做到既可使各有关部门和人员了解经济活动情况、及时办理手续，又可避免凭证经过不必要的环节，以提高工作效率。

（2）规定会计凭证经过每个环节所需要的时间，以保证凭证传递的及时性。

会计凭证的传递时间，应考虑各有关人员的工作内容和工作量在正常情况下完成的时间，明确规定各种凭证在各个环节上停留的最长时间，不能拖延和积压会计凭证。

六、会计凭证的保管

会计凭证的保管是指会计凭证记账后的整理、装订、归档和存查工作。会计凭证是记录经济业务、明确经济责任、具有法律效力的证明文件，是登记账簿的依据，是重要的经济档案和历史资料。任何企业在完成经济业务手续和记账之后，必须按规定立卷归档，形成会计档案资料，妥善保管，以便日后随时查阅。会计凭证整理保管的要求有：

1. 各种记账凭证，连同所附原始凭证和原始凭证汇总表，要分类按顺序编号，定期（一天、五天、十天或一个月）装订成册，并加具封面、封底，注明单位名称、凭证种类、所属年月和起讫日期、起止号码、凭证张数等。为防止任意拆装，应在装订处贴上封签，并由经办人员在封签处加盖骑缝章。

2. 对一些性质相同、数量很多或各种随时需要查阅的原始凭证，可以单独装订保管，在封面上写明记账凭证的时间、编号、种类，同时在记账凭证上注明"附件另订"。

3. 各种经济合同和重要的涉外文件等凭证，应另编目录，单独登记保管，并在有关原始凭证和记账凭证上注明。

4. 其他单位因有特殊原因需要使用原始凭证时，经本单位领导批准，可以复制，但应在专门的登记簿上进行登记，并由提供人员和收取人员共同签章。

5. 会计凭证装订成册后，应有专人负责分类保管，年终应登记归档。会计凭证的保管期限和销毁手续，应严格按照《会计档案管理办法》进行管理。

6. 会计凭证在归档后，应按年月日顺序排列，以便查阅，如图 3-24 所示。对已归档凭证的查阅、调用和复制，都应得到批准，并办理相关的手续。会计凭证在保管中应防止霉烂破损和鼠咬虫蛀，以确保其安全和完整。

表 3-24　　企业和其他组织会计档案保管期限表

序号	会计档案名称	保管期限	备注
一、	会计凭证类		
1	原始凭证	15 年	
2	记账凭证	15 年	
3	汇总凭证	15 年	
二、	会计账簿类		
4	总账	15 年	包括日记总账
5	明细账	15 年	
6	日记账	15 年	现金和银行存款日记账保管 25 年
7	固定资产卡片		固定资产报废清理后保管 5 年
8	辅助账簿	15 年	
三、	财务报告类		包括各级主管部门的汇总财务报告
9	月、季财务报告	3 年	包括文字分析
10	年度财务报告	永久	包括文字分析
四、	其他类		
11	会计移交清册	15 年	
12	会计档案保管清册	永久	
13	会计档案销毁清册	永久	
14	银行存款余额调节表	5 年	
15	银行对账单	5 年	

任务实施

付 款 凭 证

贷方科目 银行存款　　　　2014 年　12 月　20 日　　　　银付字 第 1 号

摘　　要	借方科目	明细科目	√	借方金额									
				千	百	十	万	千	百	十	元	角	分
购买大发公司甲材料	原材料	甲材料				4	0	0	0	0	0	0	0
	应交税费	应交增值税（进项税额）					6	8	0	0	0	0	0
合 计					¥	4	6	8	0	0	0	0	0

财务主管 王光　　记账　　出纳 赵咏梅　　审核　　制单李明

图 3-28

模块综述

会计科目是对会计要素的具体内容进行分类核算和监督的项目名称。设置会计科目应遵循简明性、实用性、相关性、统一性与灵活性相结合、稳定性的原则。会计科目按其反映经济内容的不同分为资产类、负债类、共同类、所有者权益类、成本类和损益类科目；按其性质提供信息详细程度及其统驭关系不同分为总分类科目和明细分类科目。账户是根据会计科目设置的，账户的基本结构通常由增加数、减少数、结余数、日期、凭证号数以及摘要等部分构成。账户与会计科目之间既有联系又有区别。记账方法有单式记账和复式记账法两种。借贷记账法是国际通用的复式记账法，其特点主要包括记账符号、记账规则、账户的对应关系、会计分录以及试算平衡等，其中，试算平衡又分为发生额试算平衡和余额试算平衡两种。

制造企业经营过程的核算主要包括资金筹集、供应过程、生产过程、销售讨程、利润形成和分配以及资金退出等内容。企业资金筹集的渠道主要有投资者投入的资本和从企业债权人筹集的资金。企业的资金周转依次经过供应过程、生产过程和销售过程 3 个阶段。不同阶段上发生的主要经济业务，企业要通过不同的科目分别进行核算和监督。企业用取得的收入，通过配比形成利润。企业的利润有营业利润、利润总额和净利润 3 种。营业利润等于营业收入减去营业成本、营业税金及附加、销售费用、管理费用、财务费用、资产减值损失，加上公允价值变动净损益和投资净收益。利润总额等于营业利润加上营业外收入，减去营业外支出。企业形成的利润总额要交纳所得税。利润总额扣除所得税费用后的余额，即为净利润。企业实现的净利润，要提取法定盈余公积，并向投资者分配利润。经过一定的资金循环和周转，企业还会发生资金退出企业的业务。

阅读篇目

- 财政部发布的《企业会计准则——基本准则》
- 财政部发布的《企业会计准则——应用指南》

实施效果检测

一、单项选择题

1. 以银行存款缴纳税金，所引起的变动为（　　）。

A. 一项资产减少，另一项负债增加　B. 一项资产减少，另一项所有者权益增加

C. 一项资产减少，另一项负债减少　D. 一项资产增加，另一项负债减少

2. 下列项目中属于流动资产的是（　　）。

A. 预付账款　B. 应付账款　C. 无形资产　D. 短期借款

3. 资产和权益在数量上（　　）。

A. 必然相等　B. 不一定相等　C. 只有期末相等　D. 有时相等

4. 某企业接受外单位投资 200 000 元，所引起的变动为（　　）。

A. 一项资产减少，另一项资产增加　B. 一项资产减少，另一项负债增加

C. 一项资产增加，另一项所有者权益增加　D. 一项资产减少，另一项负债减少

5. 对每个账户而言，期末余额只能在（　　）。

A. 借方　B. 贷方　C. 借方和贷方　D. 账户的一方

6. 下列项目中，引起负债有增有减的经济业务是（　　）。

A. 以银行存款偿还短期借款　B. 开出应付票据抵付应付账款

C. 以银行存款上交税金　D. 收到外商投入的设备

7. 将现金 1 600 元交存银行，企业的资产总额为（　　）。

A. 增加 1 600 元　B. 减少 1 600 元　C. 不变　D. 减少 860 元

8. 在借贷记账法下，负债类账户的结构特点是（　　）。

A. 借方记增加，贷方记减少，余额在借方　B. 贷方记增加，借方记减少，余额在贷方

C. 借方记增加，贷方记减少，一般无余额　D. 贷方记增加，借方记减少，一般无余额

9. 下列属于成本类科目是（　　）。

A. 资本公积　B. 财务费用　C. 销售费用　D. 制造费用

10. 下列项目中属于流动资产的是（　　）。

A. 应付账款　B. 预付账款　C. 预收账款　D. 短期借款

11. 会计要素之间的等量关系式是（　　）。

A. 资产＝所有者权益　B. 资产＝负债＋所有者权益＋（收入−费用）

C. 资产＋收入＝负债＋所有者权益＋费用　D. 资产＝收入−费用

12. 下列属于损益类科目的是（　　）。

A. 主营业务收入　B. 应付账款　C. 银行存款　D. 盈余公积

13. 下列经济业务引起资产与负债同时减少的是（　　）。

A. 收到投资者投入的设备一台，价值 8 万元　B. 购入材料一批，价值 5 万元，货款未付

C. 以银行存款归还以前欠货款 6 万元　D. 生产甲产品领用材料费 5 400 元

14. 某企业 2015 年 3 月资产增加 400 万元，负债减少 250 万元，若不考虑其他因素，则该企业的所有者权益为（　　）万元。

A. 增加 150　B. 增加 650　C. 增加 400　D. 增加 250

15. 下列会引起收入增加的业务是（　　）。

A. 购入设备一台，价值 50 000 元　　B. 支付广告费 20 000 元

C. 预收甲单位货款 100 000 元　　D. 销售产品一批，价款 30 000 元未收

16. 某企业期初权益总额为 800 万元，本期发生以下业务：①向银行借入资金 150 万元，存入企业存款账户；②购买材料 65 万元，以银行存款支付；③购买材料 85 万元，货款未付。期末，该企业资产总额为（　　）万元。

A. 1 100　　B. 1 035　　C. 1 015　　D. 950

17. 某企业资产总额 650 万元，负债为 170 万元，在以银行存款 140 万元购进原材料，并以银行存款 180 万元发放工资后，资产总额为（　　）万元。

A. 330　　B. 160　　C. 340　　D. 470

18. 下列经济业务中，只能引起同一会计要素内部增减变动的业务是（　　）。

A. 取得借款存入银行　　B. 用银行存款归还前欠货款

C. 用银行存款购买材料　　D. 赊购原材料

19. 下列各项中，应当确认为负债的是（　　）。

A. 因购买生产设备而已支付的设备款　　B. 因违规而已支付的税款滞纳金

C. 因出售商品而应交纳的增值税　　D. 因向 A 公司投资而已支付的款项

20. 某公司期初资产总额为 25 万元，所有者权益总额为 20 万元，本月以银行存款 2 万元购买设备（不考虑增值税），以银行存款 4 万元支付现金股利，则上述业务入账后该公司的负债总额为（　　）万元。

A. 23　　B. 1　　C. 13　　D. 2

二、多项选择题

1. 所有者权益包括的内容有（　　）。

A. 投入资本　　B. 资本公积　　C. 盈余公积　　D. 未分配利润

2. 会计平衡式是（　　）。

A. 设置账户的理论依据　　B. 成本计算的理论依据

C. 编制会计报表的理论依据　　D. 复式记账的理论依据

3. 以下选项中，属于资产基本特征的是（　　）。

A. 是由过去交易或事项形成的　　B. 是有形的

C. 是企业拥有或控制　　D. 未来能够给企业带来经济利益

4. 下列会计要素中，反映企业一定时点的财务状况的静态会计要素是（　　）。

A. 资产　　B. 负债　　C. 所有者权益

D. 收入　　E. 费用　　F. 利润

5. 下列项目属于流动负债的有（　　）。

A. 原材料　　B. 其他应付款　　C. 预付账款　　D. 应交税费

6. 一个会计分录应包含的内容有（　　）。

A. 记账方法　　B. 记账方向　　C. 账户名称　　D. 记账金额

7. 下列属于流动资产账户的有（　　）。

A. 库存现金　　B. 预收账款　　C. 实收资本　　D. 应收账款

8. 记账凭证的基本内容有（　　）。

A. 凭证的名称　B. 经济业务摘要　C. 经济业务金额　D. 所附原始凭证张数

9. 企业以银行存款支付前欠 A 公司货款 700 000 元，此项经济业务会引起（　　）。

A. 资产的减少　B. 资产的增加　C. 负债的增加　D. 负债的减少

10. 会计核算的内容是指特定主体的资金活动，包括（　　）等阶段。

A. 资金的投入　B. 资金的循环与周转　C. 资金的存储　D. 资金的退出

11. 下列项目中，属于费用要素特点的有（　　）。

A. 与向所有者分配利润无关　B. 企业在日常活动中发生的经济利益的总流入

C. 经济利益的流出额能够可靠计量　D. 会导致所有者权益减少

12. 属于所有者权益要素的有（　　）。

A. 盈余公积　B. 未分配利润　C. 所得税费用　D. 资本公积

13. 下列各项中，影响利润的因素有（　　）。

A. 资产　B. 负债　C. 收入　D. 费用

14. 下列选项中，不会使“资产=负债+所有者权益”会计恒等式两边总额发生变动的有(　　)。

A. 资产内部项目有增有减　B. 资产和负债项目同增同减

C. 负债和所有者权益项目有增有减　D. 资产和所有者权益项目同增同减

15. 下列表述中，正确的是（　　）。

A. 收入最终会导致所有者权益的增加

B. 费用最终会导致所有者权益的减少

C. 企业处置非流动资产发生的净损失不能确认为企业的费用

D. 企业向投资者分配利润发生的现金流出不能确认为企业的费用

三、判断题

1. 负债是指由于过去、现在、未来的事项和交易形成并由企业拥有或控制的经济资源，该资源预期会给企业带来经济利益。(　　)

2. 所有经济业务的发生，都会引起会计等式左右两边发生变化。(　　)

3. 会计科目是对会计要素的具体内容进行分类核算的项目。(　　)

4. “预收账款”是资产类账户。(　　)

5. 借贷记账法中，借方表示增加，贷方表示减少。(　　)

6. “期末余额 = 期初余额+本期增加发生额−本期减少发生额”这一公式适用于任何性质的账户计算。(　　)

7. 通过编制试算平衡表，可以检查记账中的所有错误。(　　)

8. 所有者权益是指企业投资人对企业资产的所有权。(　　)

9. 会计恒等式就是指“有借必有贷，借贷必相等”。(　　)

10. 企业于本年 5 月 15 日与 A 公司签订了一份商品购销合同，计划于 6 月 20 日销售一批商品给 A 公司，合同约定 A 公司于 6 月 25 日支付商品款给企业，则企业可以于 5 月 15 日确定资产的增加。(　　)

11. 向银行取得一笔短期借款并存入银行，会引起资产和负债同时增加。(　　)

12. 会计恒等式就是指“有借必有贷，借贷必相等”。(　　)

13. 所有者权益是指企业全部资产扣除全部流动负债后的余额。(　　)

14. 收入要素包括主营业务收入、其他业务收入和营业外收入。(　　)

15. 负债是企业过去交易或事项形成的，预期会导致企业经济利益流出企业的现实义务，而不是未来义务。(　　)

四、技能操作实训

练　习　一

（一）实训目的：练习会计科目、T型账。

（二）实训资料：某企业2015年4月有关经济业务如下：

（1）购入材料20 000元，验收入库，未付款；（暂不考虑有关税费）

（2）收到金山公司交来的银行存款60 000元，作为对本公司的投资；

（3）将现金800元存入银行；

（4）以银行存款70 000元偿还到期的长期借款；

（5）经向银行申请，银行同意将短期借款20 000元转作长期借款；

（6）图远工厂同意将本公司前欠货款23 000元，转作投资；

（7）按法定程序报经批准，以银行存款9 000元，退还个人投资款；

（8）按照规定计算出应付给投资者利润15 000元；

（9）按规定将盈余公积30 000元转增投资者资本。

（三）实训要求：上述经济业务用什么科目进行核算？其增加、减少金额应记入T型账户的左方还是右方？

练　习　二

（一）实训目的：掌握经济业务对会计恒等式的影响。

（二）实训资料：丽华公司投资开办南海服务部，2015年4月1日资产、负债、所有者权益各项目期初余额为丽华公司投资15 000元，现金176元，银行存款8 800元，应收甲商店欠款2 000元，库存物品4 500元，向银行借入的短期借款5 000元，应付乙单位货款900元，各种家具用具共计5 424元。4月发生下列业务：

（1）取得主营业务收入8 500元，存入银行；

（2）用银行存款偿还应付乙单位货款900元；

（3）用现金购入办公用品140元；

（4）收到甲商店前欠账款1 500元存入银行。

（三）实训要求：列出期初会计等式；列示经济业务发生对会计等式的影响，并加计金额，列出期末会计等式。

练　习　三

（一）实训目的：练习会计业务的账务处理。

（二）实训资料：华伟电缆有限公司2015年8月发生下列经济业务：

（1）收到华伟投资100 000元，存入银行存款户；

（2）赊购生产设备18 000元；

（3）向银行借入半年期借款10 000元，存入银行；

（4）偿还前欠货款20 000元；

（5）从银行提取现金4 320元，准备发放职工工资；

（6）发放职工工资4 320元；

（7）收到慈善机构捐赠设备一台，价值 100 000 元；

（8）本月销售电缆收入共计 28 560 元，均已收到，并存入银行；

（9）用银行存款支付水电费 2 500 元。

（三）实训要求：根据上述资料编制会计分录。

练　习　四

（一）实训目的：练习借贷记账法下会计分录的编制。

（二）实训资料：本田公司 2015 年 6 月发生以下经济业务：

（1）购入材料一批，价值 4 600 元，其中 3 000 元以银行存款支付，余款暂欠；

（2）投资者投入流动资金 20 000 元，存入银行；

（3）以银行存款 3 800 元偿还前欠货款；

（4）以银行存款 22 000 元购置全新设备一台；

（5）向银行借入短期借款 5 000 元，存入银行存款户；

（6）以现金 600 元存入银行；

（7）以银行存款 12 000 元归还短期借款；

（8）收到应收账款 2 600 元存入银行。

（三）实训要求：根据上述经济业务编制会计分录。

练　习　五

（一）实训目的：掌握产品销售过程业务的核算。

（二）实训资料：绿风公司 2015 年 1 月的经济业务如下：

（1）1 月 8 日企业销售 A 产品 30 件，每件售价 220 元，按规定计算应交增值税 1 122 元，价税合计 7 722 元，已收到存入银行。

（2）1 月 12 日企业销售 B 产品 26 件，每件售价 180 元，按规定计算应交增值税 795.6 元，商品已发出，款项已收到存入银行。

（3）1 月 28 日企业又销售 A 产品 10 件，每件售价 220 元，按规定计算应交增值税 374 元，商品已经发出，款项 2 574 元已收存银行。

（4）企业以银行存款支付销售产品的广告费 600 元。

（5）月末计算并结转已售商品的销售成本（假设该企业按全月一次加权平均法计算 AB 两种产品的平均单位成本），A、B 产品的销售成本为：

A 产品销售成本 = 40×90 = 3 600（元）

B 产品销售成本 = 26×85 = 2 210（元）

（6）企业售出甲材料 5 吨，价款 30 000 元，增值税 5 100 元，价税合计 35 100 元存入银行。

（7）结转出售甲材料的成本 15 000 元。

（三）实训要求：根据以上业务编制会计分录。

模块四

汇总经济业务，掌握登记账簿的方法

【知识目标】

1. 了解会计账簿的作用和种类。
2. 掌握账簿的设置、格式和登记规则。
3. 掌握对账的内容和要求。
4. 掌握错账更正的方法和适用范围。
5. 掌握结账的要求和方法。
6. 了解账簿保管的要求和方法。

【技能目标】

1. 能正确设置各种账簿，并熟练地进行期初建账。
2. 能正确登记现金日记账和银行存款日记账。
3. 能正确登记总账和各种明细账。
4. 能进行对账和结账。
5. 能选择适当的方法更正错账。
6. 能编制银行存款余额调节表。
7. 能正确更换新账。

模块导航

在会计核算中，对每一项经济业务都必须取得和填制会计凭证。会计凭证数量很多，又很分散，而且每张凭证只能记载个别经济业务的内容，所提供的资料是零星的，不能全面、连续、系统地反映和监督一个经济单位在一定时期内某一类和全部经济业务活动情况，且不便于日后查阅。因此，为了给经济管理提供系统的会计核算资料，各单位都必须在凭证的基础上设置和运用登记账簿的方法，把分散在会计凭证上的大量核算资料加以集中和归类整理，生成有用的会计信息，从而为编制会计报表、进行会计分析以及审计提供主要依据。

本模块主要讲述会计账簿的作用和种类，会计账簿的设置、登记，错账更正，对账，结账以及账簿的更换和保管。

学习时，要仔细体会企业既然已经对发生的每一项经济业务都取得和填制了会计凭证，为什么还要设置和登记账簿；登记各种账簿要遵循哪些规则；总账和明细账之间关系如何；错账更正的方法如何正确使用。在此基础上，全面掌握账簿登记的方法，为编制会计报表提供准确的资料。

任务一 认识会计账簿

任务描述

王西根据公司所发生的经济业务填制了相应的记账凭证，接下来的工作是根据记账凭证登记账簿。摆在她面前的有现金日记账、银行存款日记账和总分类账 3 本订本式的账簿，还有几种不同格式的活页账。王西很疑惑，通过编制记账凭证已经将经济业务进行了记录，为什么还需要登记账簿呢？账簿到底有几种？记账凭证要记在哪些账簿上呢？

任务分析

要想弄明白这些问题，首先要让王西知道会计账簿的作用和种类，然后要了解各种账簿的特点和其适用的账户。

相关知识

一、账簿的作用和种类

同学们从小到大用过很多本子，有练习本、作文本、英语本和各种各样的笔记本，大家用本子来做作业、记笔记、做摘抄等。同样，会计也有自己专属的本子，用来记录会计语言、登记企业的经济活动情况，这就是我们要学习的会计账簿。

会计账簿（Accounting Books）是指由具有一定格式和互有联系的账页组成，以会计凭证为依据，用来序时和分类地记录全部经济业务的簿籍。

1. 账簿的作用

设置和登记账簿是编制会计报表的基础，是连接会计凭证与会计报表的中间环节，在会计核算程序中，具有重要意义。通过账簿的设置和登记，形成一定时期内集中、全面、系统的会计核算资料，全面反映一定时期发生的各项经济活动，及时储存各项会计信息；并将分散在会计凭证上大量的核算资料，按其不同性质加以归类、整理和汇总，以便全面、系统、连续和分类地提供各方面所需要的总括会计信息，为管理决策提供信息。

2. 账簿的种类

账簿按其用途、账页格式和外形特征等不同标准来进行分类，如图 4-1 所示。

（1）按用途不同分为序时账簿、分类账簿和备查账簿

① 序时账簿又称日记账，是按照经济业务发生或完成时间的先后顺序逐日逐笔进行登记的账簿。在我国，多数单位只设现金日记账和银行存款日记账。序时账有两种形式，一种是把全部经济业务按照时间顺序记录在账簿中，称为普通日记账。另一种是把性质相同的经济业务分别登记下来，称为特种日记账。我国要求企业必须设置的特种日记账是现金日记账和银行存款日记账。

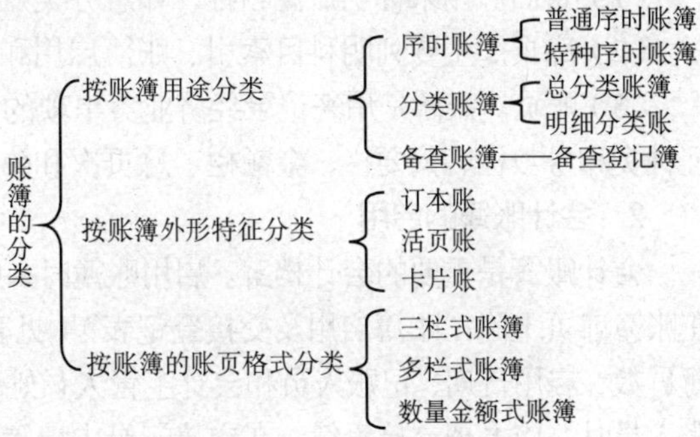

图 4-1　账簿的分类

② 分类账簿是对全部经济业务按照会计要素的具体类别而设置的分类账户进行登记的账簿。按照分类的概括程度不同，又分为总分类账和明细分类账两种。总分类账簿简称总账，明细分类账简称明细账。明细账是对总账的补充和具体化，并受总账的控制和统驭。总账和明细账是编制会计报表的主要依据。

③ 备查账簿，简称备查簿，是对某些在序时账簿和分类账簿中都不予登记或登记不够详细的经济业务事项进行补充登记时使用的账簿。它可以为某项经济业务的内容提供必要的参考资料，加强对财产物资的管理和监督，如租入固定资产登记簿、代销商品登记簿、受托加工材料登记簿等。备查账簿可由各单位根据需要进行设置。

【学习知识查阅】租入固定资产登记簿、代销商品登记簿、受托加工材料登记簿

（2）按外形特征不同分为订本账、活页账和卡片账

① 订本账是在启用之前就已经将账页装订在一起，并已对账页进行了连续编号的账簿，避免了账页散失和防止抽换账页，可以保证账簿记录资料的安全性。其缺点是不能准确为各账户预留账页。此账簿一般适用于总账、现金日记账和银行存款日记账。

② 活页账是在账簿登记完毕之前并不固定装订在一起，而是装在活页夹中，通常在年末（一个会计年度结束）账簿登记完毕后才将账页予以装订，加具封面，并给各账页连续编号。这类账簿可以根据记账需要加入空白或抽去不需用的账页，便于分工记账；但如果管理不善，可能会造成账页散失或被故意抽换账页。

③ 卡片账是将账户所需格式印刷在硬卡片上，并装在卡片箱中。在我国，企业一般只对固定资产的核算采用卡片账形式。

（3）按账页格式不同分为三栏式、多栏式和数量金额式

① 三栏式设有借方、贷方及余额三个栏目。适用于只进行金额核算的账户，如各种日记账、总账及资本、债权、债务等明细账。

② 多栏式明细账是将属于同一类总账科目的各个明细科目合并在一张账页上进行登记，即

在这种各式账页的借方或贷方金额栏内按照明细项目设若干专栏。此账簿适用于成本费用类科目的明细核算。

③ 数量金额式明细账的借方、贷方和余额部分都分别设有数量、单价和金额三个专栏。它适用于需要进行金额和数量核算的存货账户，如库存商品明细账。

二、会计账簿的基本内容及启用规则

1. 账簿的基本要素

（1）封面。用来标明账簿名称，如总分类账、各明细分类账等。

（2）扉页。主要列明科目索引、账簿启用和经管人员一览表。

（3）账页。账簿是用来记录经济业务事项的载体，包括账户的名称、登记账户的日期栏、凭证种类和号数栏、摘要栏、金额栏、总页次和分户页次等基本内容。

2. 会计账簿的启用

会计账簿是重要的会计档案。启用账簿时，应当在账簿封面上写明单位名称和账簿名称，并在账簿扉页上附“账簿启用及交接登记表”（见表 4-1），表内详细载明单位名称、账簿名称、账簿页数、启用日期、记账人员和会计主管人员姓名，并加盖有关人员的签章和单位公章。更换记账人员时，应办理交接手续，在交接记录内填写交接日期和交接人员姓名并签章。

表 4-1 账簿启用及交接登记表

<table>
<tr><td>单位名称</td><td colspan="3"></td><td rowspan="5">粘贴印花</td></tr>
<tr><td>账簿名称</td><td colspan="3"></td></tr>
<tr><td>册次及起讫页数</td><td colspan="3">自　页起至　页止共　页</td></tr>
<tr><td>启用日期</td><td colspan="3"></td></tr>
<tr><td>停用日期</td><td colspan="3"></td></tr>
<tr><td>经管人姓名</td><td>接管日期</td><td>交出日期</td><td>经管人盖章</td><td>会计主管盖章</td></tr>
<tr><td></td><td>年　月　日</td><td>年　月　日</td><td></td><td></td></tr>
<tr><td></td><td>年　月　日</td><td>年　月　日</td><td></td><td></td></tr>
<tr><td></td><td>年　月　日</td><td>年　月　日</td><td></td><td></td></tr>
<tr><td rowspan="2">备　注</td><td colspan="3" rowspan="2"></td><td>单位公章</td></tr>
<tr><td></td></tr>
</table>

启用订本式账簿，应当从第一页到最后一页顺序编定页数，不得跳页、缺号。启用活页式账页应当按账户顺序编号，并须定期装订成册。装订后再按实际使用的账页顺序编定页码，另加目录，记录每个账户的名称和页次。

三、账簿的登记规则

（1）会计人员必须根据审核无误的会计凭证，及时完成登账工作，不得拖延、迟办。

（2）登记账簿时，必须将记账凭证的填写日期、种类和编号、经济业务内容摘要、金额和其他有关资料逐项填写入账。同时，每当一笔经济业务登账完毕，要在相应的记账凭证上签名或者盖章，并注明账簿的页数或用“√”符号表示已登记入账，以此防止重记、漏记，并便于查阅、核对。

（3）登记账簿必须使用蓝黑或者碳素墨水书写，不得使用铅笔或圆珠笔（银行的复写账簿除外）。红色墨水必须按照规定使用，如划线、改错，或用红色墨水填写红字记账凭证以冲销错误记录；在不设借贷等栏的多栏式账页中，登记减少数；在三栏式账户中，如未印明余额方向的，在余额栏内登记负数余额；根据国家统一会计制度的规定可以用红字登记的其他会计记录。

（4）账簿上记录的文字必须清晰、端正，摘要内容清楚、简洁明了；数字书写要规范化，并排列整齐，大小一致，上下位置对齐。文字、数字书写时，不占满格，紧靠本行底线，一般为行宽的 1/2 或 2/3，且字体要自右上方向左下方倾斜 60°，如图 4-2 所示。

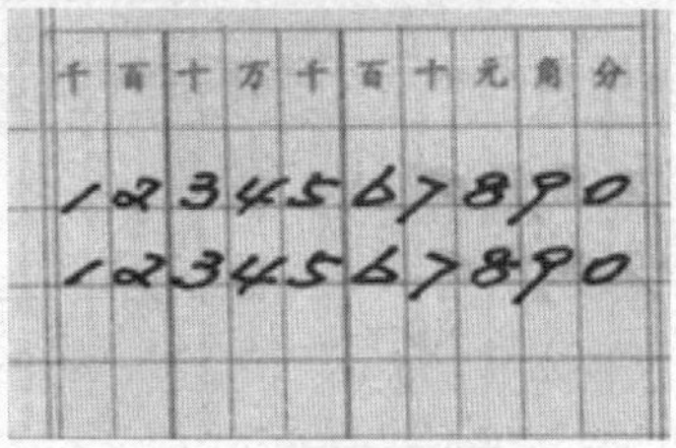

图 4-2 阿拉伯数字规范书写

（5）各种账簿必须按照编定的页次连续记录，不得隔页、跳行。如不慎发生隔页、跳行时，应将空页或空行划线注销，或者注明“此行空白”“此页空白”字样，并由记账人员在空白处签名或盖章。

（6）凡需结出余额的账户，结出余额后，应当在“借或贷”等栏内写明“借”或“贷”等字样。没有余额的账户，应当在“借或贷”等栏内写“平”字，并在余额栏内的“元”位上用“0”表示。

（7）每一张账页记录结束、转入下一页登记时，在本账页最末一行和下一张账页的第一行办理转页手续。即在本账页最末一行加计本页借方、贷方发生额合计并结出余额，在“摘要”栏内注明“过次页”，同时将计算出的借、贷方发生额合计和余额记入下一页的第一行内的“借方”“贷方”“余额”栏内，并在“摘要”栏注明“承前页”。办完转页手续后，再开始登记经济业务，以此保证账簿记录连续进行，相互衔接。

（8）账簿记录如果发现错误，不得随意涂改，更不能刮擦、挖补或用褪色药水更改或消除字迹。发现错误后，应及时查找原因，根据错账的具体内容，按照规定的手续和更正错账的方法予以更正。

四、账务处理程序

填制了记账凭证后，就要登记账簿。根据什么来登记账簿，是账务处理程序所要解决的问题。账务处理程序也称会计核算组织程序，是指对会计数据的记录、归类、汇总、呈报的步骤和方法。即从原始凭证的整理、汇总，记账凭证的填制、汇总，日记账、明细分类账的登记，到会计报表的编制的步骤和方法。

会计账务处理程序有多种形式，各单位应采用何种账务处理程序，由各单位自主选用或设计。目前，我国各经济单位通常采用的主要账务处理程序有 4 种，即记账凭证账务处理程序、汇总记账凭证账务处理程序、科目汇总表账务处理程序和多栏式日记账账务处理程序。现介绍其中最常见的两种。

1. 记账凭证账务处理程序

记账凭证账务处理程序是指对发生的经济业务事项，都根据原始凭证或汇总原始凭证编制记账凭证，然后直接根据记账凭证逐笔登记总分类账的一种账务处理程序。它是基本的账务处理程序，其操作流程有以下几点，如图 4-3 所示。

（1）根据原始凭证编制汇总原始凭证；

（2）根据原始凭证或汇总原始凭证编制记账凭证；

（3）根据收款凭证、付款凭证逐笔登记现金日记账和银行存款日记账；

（4）根据原始凭证、汇总原始凭证和记账凭证登记各种明细分类账；

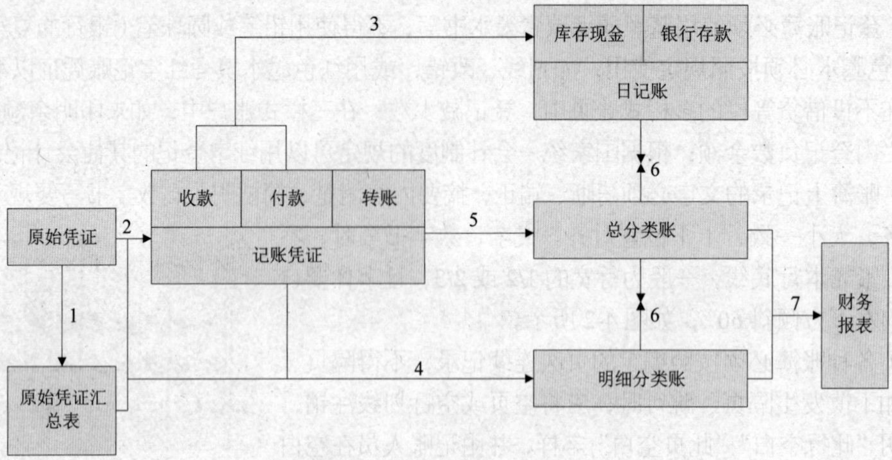

图 4-3　记账凭证账务处理程序

（5）根据记账凭证逐笔登记总分类账；

（6）期末，现金日记账、银行存款日记账和明细分类账的余额同有关总分类账的余额核对相符；

（7）期末，根据总分类账和明细分类账的记录编制财务报表。

记账凭证账务处理程序简单明了，易于理解，总分类账可以较详细地反映经济业务的发生情况。其缺点是工作量较大。该账务处理程序适用于规模较小、经济业务量较少的单位。

2. 科目汇总表账务处理程序

科目汇总表账务处理程序是根据记账凭证定期编制科目汇总表，再根据科目汇总表登记总分类账的一种账务处理程序。其操作流程有以下几点，如图 4-4 所示。

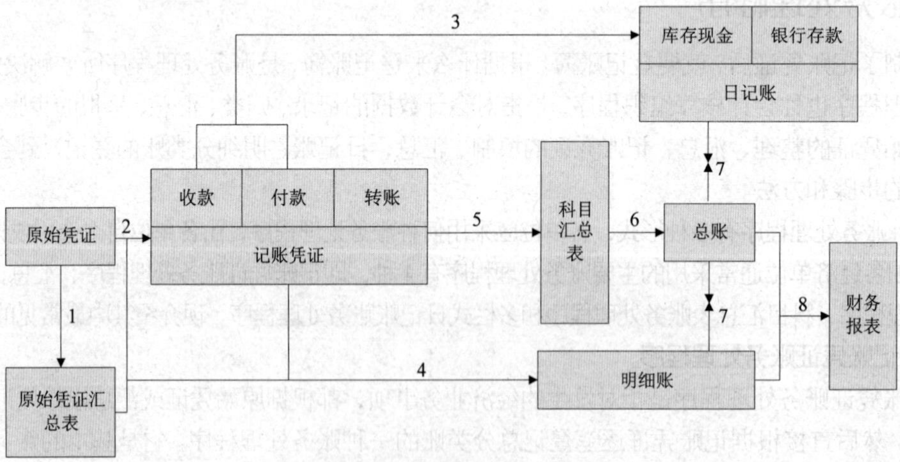

图 4-4　科目汇总表账务处理程序

（1）根据原始凭证编制汇总原始凭证；

（2）根据原始凭证或汇总原始凭证编制记账凭证；

（3）根据收款凭证、付款凭证逐笔登记现金日记账和银行存款日记账；

（4）根据原始凭证、汇总原始凭证和记账凭证登记各种明细分类账；

（5）根据各种记账凭证编制科目汇总表；

（6）根据科目汇总表登记总分类账；

（7）期末，现金日记账、银行存款日记账和明细分类账的余额同有关总分类账的余额核对相符；

（8）期末，根据总分类账和明细分类账的记录编制财务报表。

科目汇总表的填制方法如下。

科目汇总表也称记账凭证汇总表，它是将一定时期的全部记账凭证按会计科目进行汇总编制的汇总记账凭证，集中反映了一定时期经济业务的发生情况，便于进行分析和集中登记总账。规模较大、经济业务较多的单位采用科目汇总表方式，其格式如表 4-2 所示。

表 4-2　　科目汇总表

年　月　日至　月　日　　凭证号：第　号至　号共　张

会计科目	借方金额	贷方金额	会计科目	借方金额	贷方金额
合　计			合　计		
余　额			余　额		

财会主管：　　记账：　　复核：　　制表：

编制科目汇总表，就是将一定时期内所有的会计科目"合并同类项"，即对相同的会计科目进行金额汇总。如编制 2015 年 3 月 1～10 日的科目汇总表，就应该将这 10 天内涉及的会计科目填入汇总表中，然后分别将每个科目的借方和贷方金额加总，填入科目汇总表中的借方金额和贷方金额，再将所有会计科目本期借方发生额与贷方发生额进行合计，形成一张 2015 年 3 月 1～10 日的所有会计科目汇总的平衡表。经审核无误后，可用于登记总账。在实际工作中，可以通过编制 T 型账户对本期各个会计科目的发生额进行汇总，也可以直接对每个会计科目进行加总计算填列。

科目汇总表账务处理程序减轻了登记总分类账的工作量，并可做到试算平衡，简明易懂，方便易学。其缺点是不能反映账户对应关系，不便于查对账目。它适用于经济业务较多的单位。

两种账务处理程序的区别关键在于登记总账的依据和方法不同。记账凭证账务处理程序是依据记账凭证逐笔登记总分类账，科目汇总表账务处理程序是依据科目汇总表汇总登记总账。

知识链接

企业启用账簿时，按照我国税法的规定，必须缴纳印花税。印花税是对经济活动和经济交往中书立、使用、领受具有法律效力的凭证的单位和个人征收的一种税。根据《印花税税目税率表》的规定：记载资金的账簿，按实收资本与资本公积的合计金额万分之五贴花；其他账簿按件贴花，每件 5 元。根据《国家税务总局关于资金账簿印花税问题的通知》规定：记载资金的账簿按实收资本和资本公积的合计金额的万分之五贴花。其“实收资本”和“资本公积”两项的合计金额大于原已贴花资金的，就增加的部分补贴印花。

任务实施

王西向老会计请教，解决了她最初关于账簿所存在的疑问。她明白账簿的作用是通过账簿的设置和登记，记载、储存会计信息。将会计凭证所记录的经济业务一一记入有关账簿，就可以完全反映公司在一定时期内所发生的各项资金运动，储存所需要的各项会计信息。账簿从外表特征进行分类，一般可分为订本账、活页账、卡片账。银行日记账、现金日记账、总账应当选择订本式，明细分类账一般选择活页式。因此，她准备用订本式账簿登记总账、银行日记账、现金日记账，用活页式账簿登记明细分类账。

任务二　账簿设置与登记

任务描述

康美公司是一家玩具加工企业，企业为一般纳税人，注册资本为 300 万元，公司有管理人员 8 人，合同制生产人员 50 人。基本情况如下。

（1）企业生产摇铃和婴儿健身架两种产品，企业对两种产品进行单独成本核算。

（2）企业的购销活动经常有往来账项。

（3）原材料、库存商品分品种按照实际成本进行核算。

周萌作为会计，觉得该公司应设置哪些账簿？各种账簿将怎样进行登记？

任务分析

账簿的设置包括确定账簿的种类、数量，设计账簿的内容和格式。设置账簿既要有科学的严密性和完整性，又要有合理的适用性和可操作性。因此，账簿设置既要避免重复繁琐，又要防止过于简化。应当按照国家统一的会计制度的规定和会计业务的需要设置会计账簿。

相关知识

一、日记账的设置与登记

现金日记账和银行存款日记账是专门用于记录货币资金收支情况的特种日记账，必须采用订本式账簿，其账页格式一般采用三栏式。

登账时，应将会计凭证的日期、种类和编号、业务的内容摘要、金额等逐项记入账内，同时要在会计凭证上注明账簿的页数，或画“√”符号，表示已经登记入账，防止漏记、重记和错记情况发生。出纳人员对认为有问题的会计凭证，应提交会计主管人员进一步审核，在审核结果未出来前，出纳人员可以拒绝入账。现以现金日记账为例进行说明，如表 4-3 所示。

表 4-3

填写收、付款凭证日期

简要说明经济业务内容

现金日记账

计算后填写

年		凭证号数		摘　要	借　方	贷　方	余　额
月	日	种类	号数				
1	1			上年结转			8 200
	3	银付	1	提取备用金	6 000		14 200
	6	现付	1	支付劳务费		840	13 360
	9	现付	2	行政科报销		1 000	12 360
	9	现收	1	退回差旅费	80		12 440

记账凭证种类编号

每日终了，应分别计算现金收入和付出的合计数，结出余额，同时将余额与实有库存现金核对，即通常说的“日清”。如账款不符，应查明原因，并记录备案。月末，同样要计算现金收付和结存合计数，并与实有库存现金核对相符，通常称为“月结”。

✎【学习知识查阅】多栏式现金收入日记账和多栏式现金支出日记账。

二、分类账的设置与登记

1. 总分类账

总分类账是按照总分类账户分类归集和登记全部经济业务的账簿。总分类账通常采用借方、贷方、余额三栏式的订本账簿。在总分类账中，通常应按会计科目的编号顺序分设账户，并为每一个账户预留若干账页，如表 4-4 所示。

2. 明细分类账

根据实际需要，各种明细分类账分别按照二级科目或明细科目开设账户，用来分类、连续地记录有关资产、负债、所有者权益、收入、费用、利润等详细资料。

（1）三栏式明细分类账

三栏式明细分类账页的格式与三栏式总分类账相同，即账页只设借方、贷方和余额 3 个金额栏，不设数量栏。这种格式适用于那些只需要进行金额核算，而不需要进行数量核算的债权、债务结算科目，如表 4-5 所示。

（2）数量金额式明细分类账

数量金额式明细分类账的账页，在借方（收入）、贷方（发出）和结存（余额）栏内，分别设数量、单价和金额 3 个栏次。这种账页格式适用于既要进行金额核算，又要进行实物数量核算的各种财产物资科目，如表 4-6 所示。

表 4-4

记账凭证的日期

简要说明经济业务

根据记账凭证同方向同金额填写

计算后填列

原材料总账

年		记账凭证		摘要	借方									贷方									√	借或贷	余额								
月	日	种类	号数		百	十	万	千	百	十	元	角	分	百	十	万	千	百	十	元	角	分			百	十	万	千	百	十	元	角	分
8	1			上月结转																				借			1	1	8	0	0	0	0
	3	银付	1	购料				3	0	0	0	0	0											借			1	4	8	0	0	0	0
	5	转	1	领料													1	6	0	0	0	0		借			1	3	2	0	0	0	0

注明余额的方向

表 4-5

记账凭证的日期

简要说明经济业务

根据记账凭证同方向同金额填写

计算后填列

应付财款明细账

年		记账凭证		摘要	借方									贷方									借或贷	余额								
月	日	种类	号数		百	十	万	千	百	十	元	角	分	百	十	万	千	百	十	元	角	分		百	十	万	千	百	十	元	角	分
1	1			上年结转																			贷			5	0	0	0	0	0	0
	3	银付	1	偿还欠款			5	0	0	0	0	0	0										平							0		
	8	转	2	欠货款												1	2	0	0	0	0	0	贷			1	2	0	0	0	0	0
	9	银付	2	偿还欠款				3	0	0	0	0	0										贷				9	0	0	0	0	0

注明余额的方向

表 4-6

原材料明细账

货号________品名

计数单位________备注______

记账凭证的时间

根据明细分类账户的具体信息填写

2015 年		记账凭证		摘　要	借　方			贷　方			结　存		
月	日	字	号		数量	单价	金额	数量	单价	金额	数量	单价	金额
3	1			月初余额							200	12	2 400
	3	银付	1	购入	300	12	3 600				500	12	6 000
	8	转	1	领用				400	12	4 800	100	12	1 200

简要说明经济业务

根据记账凭证同方向、同金额填列

计算后填写

（3）多栏式明细分类账

多栏式明细分类账不是按明细科目分设账页，而是根据经济业务的特点和经营管理的需要，在一张账页内记录某一科目所属的各明细科目的内容，按总账科目的明细项目设专栏记录。这种账页格式适用于只记金额，不记数量，而且在管理上需要了解其构成内容的费用、收入、利润科目，如表 4-7 所示。

表 4-7

记账凭证的时间

根据记账凭证同方向同金额填列

管理费用明细账

2015 年		凭证	摘　要	借方金额	贷方金额	余额	（借）方分析					
月	日						职工新酬	办公费	差旅费	水电费	折旧费用	…
3	1	转 3	李达报差旅费	1 200		1 200			1 200			
	3	现付 1	购买办公用品	80		1 280		80				
	6	转 4	冲销 2010 年 2 月错账		200	1 080			200			
	…	…	…	…	…	…	…	…	…	…	…	…

简要说明经济业务

三、总分类账与所属明细分类账的平行登记

1. 总账与明细账之间的关系

总分类账与其所属的明细分类账（General Ledger and Subsidiary）都是为满足经济管理对会计信息详略的不同要求所提供的会计信息。总分类账对其所属的明细分类账起着统驭和控制的作用，明细分类账对其所属的总分类账起着补充和说明的作用。它们所提供的资料相互补充，既总

括又详细地反映相同的经济业务。

2. 总账与明细账平行登记的原则

（1）依据相同。对发生的经济业务，要以相关的会计凭证为依据，既登记有关的总分类账户，又登记其所属的明细分类账户。

（2）方向相同。将经济业务记入总分类账和明细分类账时，记账方向必须相同。

（3）期间相同。每项经济业务记入总账和明细账过程中，可以有先有后，但必须在同一会计期间全部登记入账。

（4）金额相等。记入总账的金额应与记入明细账的金额之和相等。

3. 平行登记的数量关系

（1）总分类账有关账户期初余额与其所属各明细分类账户期初余额之和必然相等。其计算公式为：

总分类账期初余额 = 所属明细分类账期初余额之和

（2）总分类账有关账户的本期发生额与其所属各明细分类账户的本期发生额的合计数之和必然相等。其计算公式为：

总分类账本期发生额 = 所属明细分类账本期发生额之和

即：

总分类账本期借方发生额 = 所属明细分类账本期借方发生额之和

总分类账本期贷方发生额 = 所属明细分类账本期贷方发生额之和

（3）总分类账有关账户期末余额与其所属各明细分类账户的期末余额之和必然相等。其计算公式为：

总分类账期末余额 = 所属明细分类账期末余额之和

任务实施

康美公司账务可以进行如下设置：

（1）总分类账、银行存款日记账、现金日记账，均采用三栏式账页格式的订本式账簿。

（2）根据明细科目设置明细分类账，如根据业务单位名称设置应收、应付账款明细账。债权债务明细账采用三栏式账页，成本费用明细账采用多栏式账页，财产物资明细账采用数量金额式账页。明细账可采用活页式账簿。

（3）固定资产设置卡片账。

任务三　对账

任务描述

迅捷公司 2015 年 6 月 30 日银行存款日记账余额为 80 000 元，银行对账单上的余额为 82 425 元，经过逐笔核对发现有下列未达账项。

（1）企业于 6 月 30 日存入从其他单位收到的转账支票一张记 8 000 元，银行尚未入账。

（2）企业于 6 月 30 日开出的转账支票 6 000 元，现金支票 500 元，持票人尚未到银行办理转账和取款手续，银行尚未入账。

（3）委托银行代收的外埠存款 4 000 元，银行已经收到入账，但收款通知尚未到达企业。

（4）银行受运输机构委托代收运费，已经从企业存款中付出 150 元，但企业尚未接到转账付款通知。

（5）银行计算企业的存款利息 75 元，已经记入企业存款户，但企业尚未入账。

请问企业银行存款日记账余额与银行对账单余额不一致，是否说明账实不符，记账出现错误呢？根据上述资料编制"银行存款余额调节表"。

任务分析

账簿记录是否正确、真实，并不完全取决于账簿本身，其实受多方面的影响，因此，对账目进行核对非常有必要，账簿与凭证之间、各种账簿之间以及账簿与实际情况之间都需要进行核对。如发现问题要及时查找原因，及时处理。迅捷公司在月底出现未达账项而导致日记账与对账单余额不一致是正常情况，要根据未达账项编制"银行存款余额调节表"，看调整后的余额是否相等，才能判断是否出现记账错误等问题。

相关知识

一、对账的方法

对账（Reconciliation）是指对账簿记录所进行的核对工作。在会计工作中，由于种种原因，可能会造成账簿记录出现差错或账实不符的情况。例如，填制记账凭证出现差错，记账过程中出现差错，财产物资因管理不善或因其自身性质发生溢余或短缺等。这些情况均会造成账证不符、账账不符或账实不符，只有通过对账才能发现这些问题。所以，为了保证账簿记录提供的会计资料真实、正确、可靠，记完账后必须定期进行对账工作，做到账证相符、账账相符、账实相符。

1. 账证核对

账证核对是指将各种账簿记录与会计凭证进行核对。这种核对主要在日常编制凭证和记账过程中进行。必要时，也可采用抽查核对和目标核对的方法进行。核对的重点是凭证所记载的业务内容、金额和分录是否与账簿中的记录一致。若发现差错，应重新核对账簿记录和复核会计凭证，直到查出错误的原因为止，以保证账证相符。

2. 账账核对

账账核对是指将各种账簿之间的有关数字进行核对。这种核对至少每月末进行一次，核对内容主要包括以下几项。

（1）总账借方期末余额与贷方期末余额合计数核对相符。

（2）明细账借方期末余额与贷方期末余额合计数核对相符。

（3）日记账的余额与总账各账户的余额核对相符。

（4）会计部门的各种财产物资明细账的期末余额与保管或使用部门的财产物资明细账的期末余额核对相符。

（5）本单位会计部门有关账簿的发生额和余额应与外单位相应账簿的发生额和余额核对相符。

3. 账实核对

账实核对是指各种财产物资、债权债务等账面余额与其实有数额相核对。这项工作一般是通过财产清查进行的，核对的具体内容包括以下几项。

（1）现金日记账账面余额与库存现金实有数额相核对。

（2）银行存款日记账账面发生额和期末余额定期与银行对账单相核对。

（3）各种财产物资明细分类账账面余额与财产物资实存数额相核对。

（4）各种债权、债务明细分类账账面余额与有关债务、债权单位的账面记录相核对。

对账后，如果发现存在登账错误的，必须使用专门的方法更正。账簿是重要的经济档案，应保持整洁。记账要力求清楚正确，万一发生记录错误，不准随意涂改、挖补、刮擦或者用药水消除字迹，不准重新抄写，必须按照划线更正法、红字更正法和补充登记法进行更正。

知识拓展

在对账过程中，可能发生各种各样的差错。产生差错的原因可能是重记、漏记、数字颠倒、数字错位、数字记错、科目记错、借贷方向记反，从而影响会计信息的正确性。如发现差错，会计人员应及时查找并予以更正。常见的差错查找方法有差数法、尾数法、除2法、除9法几种。如果用上述方法检查均未发现错误，而对账结果又确实不符，还可以采用顺查、逆查、抽查等方法检查是否有漏记和重记等现象。顺查是指按账务处理的顺序，从凭证开始到账簿记录止从头到尾进行普遍核对。逆查法是指与账务处理顺序相反，从尾到头的检查方法。抽查法是指抽取账簿记录中某些局部进行检查的方法。

二、财产清查

财产清查（Property Checking）是对各项财产、物资进行实地盘点和核对，查明财产物资、货币资金和结算款项的实有数额，确定其账面结存数额和实际结存数额是否一致，以保证账实相符的一种会计专门方法。

在会计核算工作中，企业发生的所有经济业务都要采用专门的方法记录到有关的账簿（账户）中。特别是企业发生的货币资金、材料和设备等实物资产以及债权债务等重要的会计事项，更应当采用严密的会计处理方法，以确保账簿记录的真实与完整。从理论上讲，账簿上的结存数与实际结存数应当一致。但在实际工作中，由于人为的和自然的因素，其账面结存数与实际结存数往往会发生不一致的情况。造成账实不符的原因主要有以下几点：

（1）在收发各项财产物资时，由于计量不准确，致使其数量或质量出现差错；

（2）在财产物资的保管过程中发生自然损耗；

（3）在管理和核算方面，由于手续不健全或制度不严密，发生计算或登记错误；

（4）由于管理不善或工作人员失职而造成了财产物资的毁损和短缺；

（5）由于发生贪污盗窃等行为导致财产物资的损失；

（6）在结算过程中，由于未达账项等原因而造成的企业之间的账目不符。

为了查明上述账实不符的问题，确保会计账簿记录的真实、完整、准确，企业在编制会计报表之前，必须对各项财产物资进行清查，以做到账实相符。

几种重要物资财产清查的内容与方法如下。

1. 现金的清查方法

现金的清查是通过实地盘点的方法确定库存现金的实存数，再与现金日记账的账面余额核对，以查明盈亏情况。

清查前，出纳人员应将现金业务全部登记入账。进行现金清查时，为明确经济责任，出纳员必须在场，如果发现长款、短款，必须会同出纳人员当场核实。除查明账实是否相符外，还要注意有无违反《现金管理条例》的情况，例如，有无“白条抵库”和挪用现金现象，有无坐支现金的问题，现金的库存数额是否超过规定限额等。

现金盘点完毕后，应填制“现金盘点报告表”，并由盘点人员和出纳人员签章。“现金盘点报告表”既是反映现金实存额，用以调整账簿记录的原始凭证，也是分析账实差异原因、明确经济责任的重要依据。其一般格式如表 4-8 所示。

表 4-8　　库存现金盘点报告表

单位名称：　　　　年　月　日

实存金额	账存金额	对比结果		备注
		长款	短款	

会计主管：　　盘点人员：　　出纳：　　制单：

2. 银行存款的清查方法

银行存款的清查采用与开户银行核对账目的方法进行，即将本单位的银行存款日记账与开户银行转来的对账单逐笔进行核对，以确定账实是否相符。

在实际工作中，企业银行存款日记账的余额和开户银行对账单的金额往往不相符。造成不相符的原因主要有两点：一是企业和银行一方或双方记账可能有错误；二是未达账项所致。所谓未达账项，是指由于企业和银行双方记账时间不一致而发生的一方已经入账、另一方因尚未接到有关凭证而尚未记账的账项。未达账项主要有以下四种情况：

（1）银行已收款入账，而企业尚未收款入账。例如，企业委托银行向外地客户收取销货款，银行已经收到汇款单，并登记企业存款的增加，而企业由于尚未接到银行转来的汇款凭证没有登记银行存款日记账，如果此时对账，则形成开户银行已记存款的增加，而企业尚未记账的账项。

（2）银行已付款入账，而企业尚未付款入账。例如，银行代企业缴纳水电费，付款后银行登记企业存款的减少，而企业由于尚未接到银行的付款通知单没有登记银行存款日记账，如果此时对账，则形成开户银行已记存款的减少，而企业尚未记账的账项。

（3）企业已收款入账，而银行尚未收款入账。例如，企业销售商品收到现金支票，送存银行后可根据银行盖章并退回的“进账单”回单联登记银行存款的增加，而银行则需在款项收妥后才可入账，如果此时对账，则形成企业已记存款的增加，而开户银行尚未记账的账项。

（4）企业已付款入账，而银行尚未付款入账。例如，企业购买原材料开出转账支票，企业根据支票存根、发票及收料单等凭证登记银行存款日记账，记存款的减少，而银行由于尚未接到付款凭证尚未登记企业存款的减少，如果此时对账，则形成企业已记存款减少，而开户银行尚未记账的账项。

以上任何一种情况存在，都会导致企业银行存款日记账余额与银行对账单余额不一致。为了查明银行存款的实有数，检查双方记账有无差错，应根据上述资料编制“银行存款余额调节表”，消除未达账项的影响。如果双方记账正确，企业银行存款日记账余额与银行对账单余额应该相等。

根据任务描述的案例资料，出纳人员应编制银行存款余额调节表，如表 4-9 所示。

表 4-9　银行存款余额调节表

年　月　日

项　目	金　额	项　目	金　额
企业银行存款日记账余额	80 000	银行对账单余额：	82 425
加：银行已收，企业未收	4 000	加：企业已收，银行未收	8 000
	75		
减：银行已付，企业未付	150	减：企业已付，银行未付	500
			6 000
调整后企业银行存款余额	83 925	调整后银行对账单余额	83 925

主管会计：　　　　制表人：

表 4-9 所示双方余额调节后是相等的，这表明双方账簿记录没有差错，账实不符完全是由于未达账项所致。调节后的存款余额是企业月末银行存款的真正实有数额，也就是企业实际可以动用的存款数额。

应注意的是：对于因未达账项而导致双方余额出现的差异，银行存款余额调节表仅起到对账的作用，不能作为记账凭证，也无需进行账面调整，待结算凭证到达后才能进行账务处理，登记入账。

3. 往来款项的清查方法

往来款项主要包括企业的应收款、应付款、暂存款等款项。各种结算往来款项一般采取“询证核对法”进行清查，即采取同对方单位核对账目的方法。首先，应对本单位往来款项核对清楚，确认准确无误后，再向对方填发“函证信”（见表 4-10）。对账单应按明细账逐笔抄列一式两联，其中一联作为回单，对方单位如核对相符，应在回单上盖章后退回；如果发现数字不符，则应将不符情况在回单上注明或另抄对账单退回，作为进一步核对的依据。

表 4-10

函　证　信

________（单位名称）：

本公司与贵单位的业务往来款项有下列各项目，为了清兑账目，特函请查证，是否相符，请在回执联中注明后盖章寄回。

年　月　日

单位：	地址：		编号：
会计科目名称	截止日期	经济事项摘要	账面余额

清查人员签章：　　　　经管人员签章：

清查完毕后，应根据各个往来单位寄回的回单，汇总填制往来账项清查报告表（见表 4-11），列示清查的具体情况及结果。

表 4-11　　　　往来款项清查报告表

会计科目：

明细账户名	账面应收金额	清查情况		发生日期	对方不同意付款原因		备注
		对方同意付款金额	对方不同意付款金额		按合同规定拒付金额	争执中的款项	

清查人员签章：　　　　　　　　　经管人员签章：

对债权债务的清查，除查对账实是否相符外，还应注意债权债务的账龄，掌握逾期债权债务情况，以便重点管理，减少呆账、坏账。

4. 实物财产的清查方法

由于各项实物资产的形态、体积、存储状态等不同，因而对不同的清查对象应选择不同的清查方法。

（1）实地盘点法。即通过点数、过磅、量尺等方法来确定财产物资实有数额的方法。大多数实物财产的清查都可以采用这种方法。

（2）技术推算盘点法。又称技术匡算盘点法，即按一定标准或数学方法推算出实物财产的实存数量的方法。常适用于价值较小、数量较多又难以一一清点的实物资产，如煤炭、矿石等。

在财产清查过程中，实物财产的保管人员必须在场，并参加盘点工作。对各项实物资产的盘点结果，应如实登记“盘存单”（见表 4-12）。“盘存单”是实物盘点结果的书面证明，也是反映财产物资实有数额的原始凭证。为了进一步查明盘点的实存数与账面的实存数是否一致，要根据“盘存单”和有关账簿记录编制“实存账存对比表”（见表 4-13），它是调整账簿记录的原始凭证，也是分析差异原因，查明经济责任的依据。

表 4-12　　　　盘存单

单位名称：　　　财产类别：　　　年　　月　　日　　　存放地点：　　　编号：

编号	名称	计量单位	数量	单价	金额	备注

盘点人：　　　　　　　　　　　保管人：

表 4-13　　　　实存账存对比表

单位名称：　　　　　　　　　　　　　年　　月　　日

编号	名称	规格	单位	单价	实存		账存		差异				备注
									盘盈		盘亏		
					数量	金额	数量	金额	数量	金额	数量	金额	

公司负责人：　　　　　　财务负责人：　　　　　　　　　制表人：

5. 账实核对结果的账务处理

（1）发生盘盈、盘亏时的账务处理。为反映和监督在财产清查中查明的各种财产物资盘盈、盘亏和毁损及其处理情况，应设置“待处理财产损溢”账户。应将已查明的财产盘盈数，根据有关原始凭证编制有关记账凭证，并据以登记有关账簿，以保证账实相符。

企业如有盘盈的固定资产，按照《企业会计准则》的规定，应作为前期差错处理，不通过“待处理财产损溢”账户核算。

① 盘盈。

借：资产类科目

　　贷：待处理财产损溢

② 盘亏。

借：待处理财产损溢

　　贷：资产类科目

（2）审批之后的处理。按盘盈、盘亏发生的原因和报经批准的结果，根据有关审批意见及书面文件编制记账凭证，并据以登记入账，做最后的会计处理。

① 盘盈。

借：待处理财产损溢

　　贷：营业外收入、管理费用等科目

② 盘亏。

借：营业外支出、其他应收款等科目

　　贷：待处理财产损溢

任务实施

恒通公司 7 月 31 日在财产清查中发现如下情况：

（1）原材料圆钢盘盈 500 千克，价值 800 元。

（2）原材料螺纹钢盘亏 1 000 千克，价值 2 400 元（不考虑增值税转出的问题）。

首先，根据财产清查结果，编制会计分录。

① 借：原材料——圆钢　800

　　贷：待处理财产损溢　800

② 借：待处理财产损溢　2 400

　　贷：原材料——螺纹钢　2 400

盘点盈亏原因查明后，经负责人李明辉审批处理意见为盘盈原材料圆钢冲减管理费用，原材料螺纹钢属于自然损耗的为 500 元，过失人仓库保管员李小青赔偿为 800 元，其余属于意外损失。财务人员进行了如下账务处理：

① 借：待处理财产损溢　800

　　贷：管理费用　800

② 借：管理费用　500

　　其他应收款——李小青　800

　　营业外支出　1 100

　　贷：待处理财产损溢　2 400

任务四　错账更正

任务描述

中原公司会计周晶根据记账凭证登记账簿时发现如下的情况：

1. 结算本月应付职工工资，其中，生产工人工资为 14 000 元，厂部管理人员工资为 3 400 元，原记账凭证的会计分录为：

借：生产成本　14 000
　　管理费用　3 400
　　贷：应付职工薪酬　17 400

在登记账簿时，将应付职工薪酬 17 400 元登记为 14 700 元。

2. 厂部管理部门领用甲材料 300 元做一般耗用，编制如下记账凭证（用会计分录表示）并登记入账：

借：生产成本　300
　　贷：原材料　300

3. 结转本月实际完工产品的生产成本 49 000 元，编制如下记账凭证（用会计分录表示）并登记入账：

借：库存商品　94 000
　　贷：生产成本　94 000

4. 以银行存款支付物资公司购料款 9 800 元，假设不考虑增值税，材料已入库，编制如下记账凭证（用会计分录表示）并登记入账：

借：原材料　8 900
　　贷：银行存款　8 900

任务分析

同学们在做作业的时候经常会发生错误，对于错误，大家会用橡皮、涂改液、涂改带等进行改错。会计登账工作也难免会发生错误，发现错账之后要根据规范的错账更正方法来进行更正，不能擅自进行涂改、刮补等。上述 4 种错误分别是：记账凭证正确，但登记账簿时不小心把金额登记错误；记账凭证编制时科目用错，并已登记入账；记账凭证编制时科目正确，金额却多计了，已经登记入账；记账凭证编制时科目正确，金额却少计了，也已经登记入账。请大家跟周晶一起来学习错账更正的方法吧。

相关知识

错账更正的方法

在登账过程中如果粗心大意，可能会发生重记、漏记、数字颠倒、数字错位、数字记错、科目记错、借贷方向记反等错误而造成错账，继而影响会计信息的准确性。在对账过程中一旦发现错账，不准涂改、挖补、刮擦或者用药水消除字迹，不准重新抄写，应及时选用正确的更正方法予以更正。错账更正的方法主要有划线更正法、红字冲销法、补充登记法 3 种。

1. 划线更正法

划线更正法又称红线更正法。如果发现账簿记录有错误，而其所依据的记账凭证没有错误，即纯属记账时文字或数字的笔误，则应采用划线更正的方法进行更正。划线更正法适用情况如图 4-5 所示。更正方法如下。

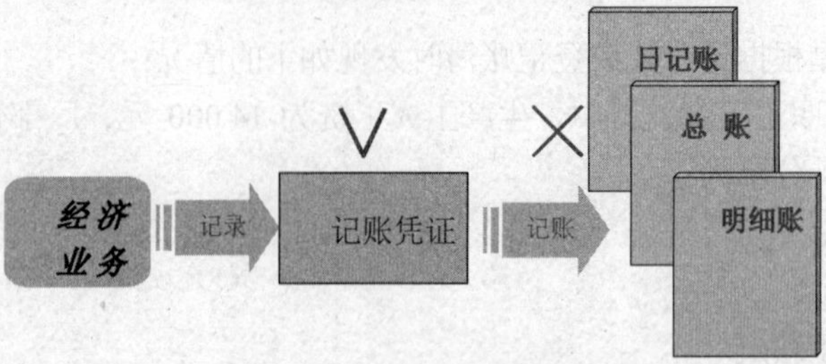

图 4-5 划线更正法适用情况

（1）将错误的文字或数字划一条红色横线注销，但必须使原有字迹仍可辨认，以备查找；对于错误的数字，应当全部划红线更正，不得只更正其中的错误数字。对于文字错误，可只划去错误的部分。

（2）在划线的上方用蓝字或黑字将正确的文字或数字填写在同一行的上方位置，并由更正人员在更正处盖章，以明确责任。

【做中学 4-1】辰光公司会计人员王冰冰发现收到的货款 25 000 元所编制的记账凭证无误，但在登记应收账款明细账的时候误将 25 000 元写成 35 000 元。此错账应该采用划线更正法，更正过程如表 4-14 所示。

表 4-14 应收账款明细账

2010年 月	2010年 日	记账凭证 种类	记账凭证 号数	摘要	借方 百	借方 十	借方 万	借方 千	借方 百	借方 十	借方 元	借方 角	借方 分	贷方 百	贷方 十	贷方 万	贷方 千	贷方 百	贷方 十	贷方 元	贷方 角	贷方 分	借或贷	余额 百	余额 十	余额 万	余额 千	余额 百	余额 十	余额 元	余额 角	余额 分
																	略															
1	3	转	2	略			2 ~~3~~	5 ~~5~~	0 ~~0~~ 王冰冰	0 ~~0~~	0 ~~0~~	0 ~~0~~	0 ~~0~~										借			2 ~~3~~	5 ~~5~~	0 ~~0~~ 王冰冰	0 ~~0~~	0 ~~0~~	0 ~~0~~	0 ~~0~~

2. 红字更正法

红字更正法又称红字冲销法。在会计上，以红字记录表明对原记录的冲减。红字更正法适用于以下两种情况，如图 4-6 所示。

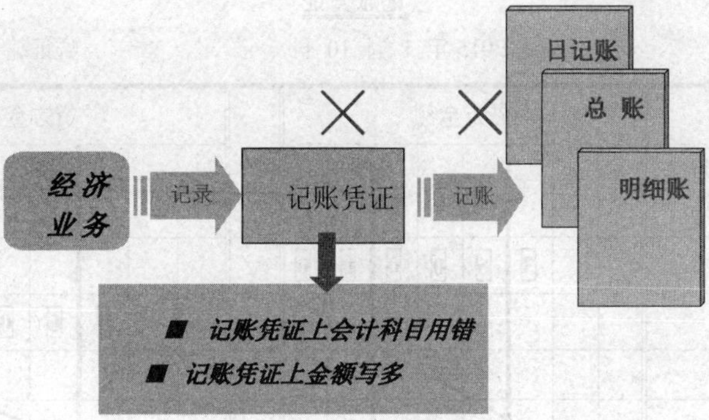

图 4-6　红字更正法适用情况

（1）根据记账凭证所记录的内容记账以后，发现记账凭证中的应借、应贷会计科目或记账方向有错误，且记账凭证同账簿记录的金额相吻合，应采用红字更正法。更正的方法如下：

① 先用红字填制一张与原错误记账凭证内容完全相同的记账凭证，并据以用红字登记入账，冲销原有错误的账簿记录；

② 再用蓝字或黑字填制一张正确的记账凭证，并据以用蓝字或黑字登记入账。

【做中学 4-2】辰光公司以银行存款 3 600 元购买办公用品，会计人员填制了如下的记账凭证，如表 4-15 所示。

表 4-15

记账凭证

2015 年 1 月 8 日　　　　凭证编号____附件 张

摘要	会计科目		借方金额								√	贷方金额								√
	总账科目	明细科目	十	万	千	百	十	元	角	分		十	万	千	百	十	元	角	分	
略	管理费用				3	6	0	0	0	0	√									
	库存现金													3	6	0	0	0	0	√
合计				¥	3	6	0	0	0	0			¥	3	6	0	0	0	0	

用红字更正法更正，先编制一张与原错误记账凭证内容完全相同而金额为红字的记账凭证，如表 4-16 所示。

然后，用蓝字编制正确的记账凭证（见表 4-17），并登记入账。

（2）根据记账凭证所记录的内容记账以后，发现记账凭证中应借、应贷的会计科目和记账方向都没有错误，记账凭证和账簿记录的金额也吻合，只是所记金额大于应记的正确金额，应采用红字更正。更正的方法是将多记的金额用红字填制一张与原错误记账凭证所记载的借贷方向、应借应贷会计科目相同的记账凭证，并据以登记入账，以冲销多记金额，求得正确金额。

表 4-16

记账凭证

2015 年 1 月 10 日　　　　凭证编号 ____ 附件 张

摘要	会计科目		借方金额								√	贷方金额								√
	总账科目	明细科目	十	万	千	百	十	元	角	分		十	万	千	百	十	元	角	分	
略	管理费用				3	6	0	0	0	0	√									
	库存现金													3	6	0	0	0	0	√
	合计			¥	3	6	0	0	0	0			¥	3	6	0	0	0	0	

表 4-17

记账凭证

2015 年 1 月 10 日　　　　凭证编号 ____ 附件 张

摘要	会计科目		借方金额								√	贷方金额								√
	总账科目	明细科目	十	万	千	百	十	元	角	分		十	万	千	百	十	元	角	分	
略	管理费用				3	6	0	0	0	0	√									
	银行存款													3	6	0	0	0	0	√
	合计			¥	3	6	0	0	0	0			¥	3	6	0	0	0	0	

【**做中学 4-3**】用银行存款 3 600 元购买办公用品，在填制记账凭证时，误记金额为 3 800 元，但会计科目、借贷方向均无错误，其记账凭证如表 4-18 所示。

表 4-18

记账凭证

2015 年 1 月 11 日　　　　凭证编号 ____ 附件 张

摘要	会计科目		借方金额								√	贷方金额								√
	总账科目	明细科目	十	万	千	百	十	元	角	分		十	万	千	百	十	元	角	分	
略	管理费用				3	8	0	0	0	0	√									
	银行存款													3	8	0	0	0	0	√
	合计			¥	3	8	0	0	0	0			¥	3	8	0	0	0	0	

在更正时，编制红字金额 200 元的记账凭证，并登记入账，对错误记录进行冲销，更正后，即可反映其正确金额为 3 600 元，如表 4-19 所示。

表 4-19

记账凭证

2015 年 1 月 12 日　　　　凭证编号____附件 张

摘要	会计科目		借方金额								√	贷方金额								√
	总账科目	明细科目	十	万	千	百	十	元	角	分		十	万	千	百	十	元	角	分	
略	管理费用					2	0	0	0	0	√									
	银行存款														2	0	0	0	0	√
合计					¥	2	0	0	0	0				¥	2	0	0	0	0	

3. **补充登记法**

补充登记法又称蓝字补记法。根据记账凭证所记录的内容记账以后，发现记账凭证中应借、应贷的会计科目和记账方向都没有错误，记账凭证和账簿记录的金额也吻合，只是所记金额小于应记的正确金额，应采用补充登记法。更正的方法是将少记的金额用蓝字或黑字填制一张与原错误记账凭证所记载的借贷方向、应借应贷会计科目相同的记账凭证，并据以登记入账，以补记少记金额，求得正确金额。补充登记法适用情况如图 4-7 所示。

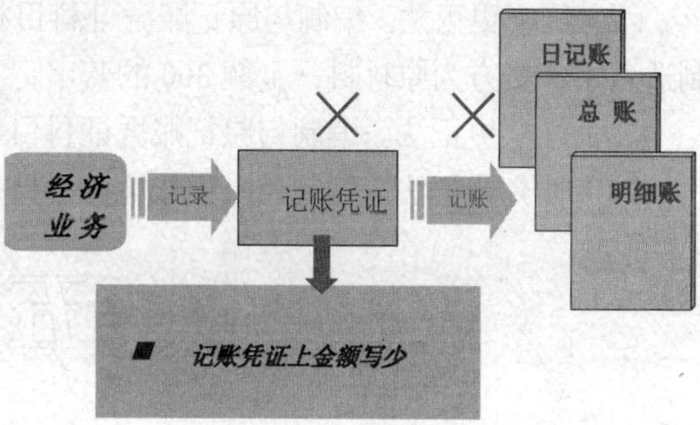

图 4-7 补充登记法适用情况

【做中学 4-4】用银行存款 3 600 元购买办公用品，在填制记账凭证时，误记金额为 3 000 元，但会计科目、借贷方向均无错误，其记账凭证如表 4-20 所示。

表 4-20

记账凭证

2015 年 1 月 14 日　　　　凭证编号 33 附件 张

摘要	会计科目		借方金额								√	贷方金额								√
	总账科目	明细科目	十	万	千	百	十	元	角	分		十	万	千	百	十	元	角	分	
略	管理费用				3	0	0	0	0	0	√									
	银行存款													3	0	0	0	0	0	√
合计				¥	3	0	0	0	0	0			¥	3	0	0	0	0	0	

在更正时，应用蓝字或黑字编制如下记账凭证进行更正（见表 4-21），补充登记后，即可反映其正确的金额为 3 600 元。

表 4-21

记账凭证

2015 年 1 月 15 日　　　　凭证编号 33 附件 张

摘要	会计科目		借方金额								√	贷方金额								√
	总账科目	明细科目	十	万	千	百	十	元	角	分		十	万	千	百	十	元	角	分	
略	管理费用					6	0	0	0	0	√									
	银行存款														6	0	0	0	0	√
	合计				¥	6	0	0	0	0				¥	6	0	0	0	0	

任务实施

周晶发现的这四笔均为错账，应该选择正确的更正方法予以更正。

（1）划线更正法。将金额 14 700 用红线划掉，然后在上方用蓝字写上正确的金额 17 400。

（2）红字更正法。编制与原记账凭证科目相同、金额相同的红字凭证，然后编制一张借方为制造费用，贷方为原材料，金额 300 的蓝字记账凭证，并将这两张记账凭证登记入账。

（3）红字更正法。编制与原记账凭证科目相同，金额 45 000 的红字凭证，并登记入账。

（4）补充登记法。编制与原记账凭证科目相同，金额为 900 的蓝字凭证，并登记入账。

任务五　结账

任务描述

2011 年 3 月新招一个会计陈婷，让她协助刘红一起处理公司的财务工作。刘红为了考核陈婷的工作能力，同时也减轻自己的一些工作量，把公司 3 月月末的结账工作交给了陈婷。陈婷是否能够较好地完成月末结账工作呢？

任务分析

根据企业的会计工作流程，在完成本期记账凭证的填制、账簿的登记等会计工作之后，应该对各账户进行期末结账，为后期编制会计报表做准备。不同的账户，结账的方式也不一样。陈婷接到工作任务后，立刻把公司的各种账簿拿来，对不同的账户采用不同的结账方法，进行月末的结账处理。

相关知识

一、结账的一般程序

结账，就是把一定时期内应记入账簿的经济业务全部登记入账后，计算并记录本期发生额及期末余额，据以编制会计报表，并将余额结转下期或新的账簿。结账的一般程序如图 4-8 所示。

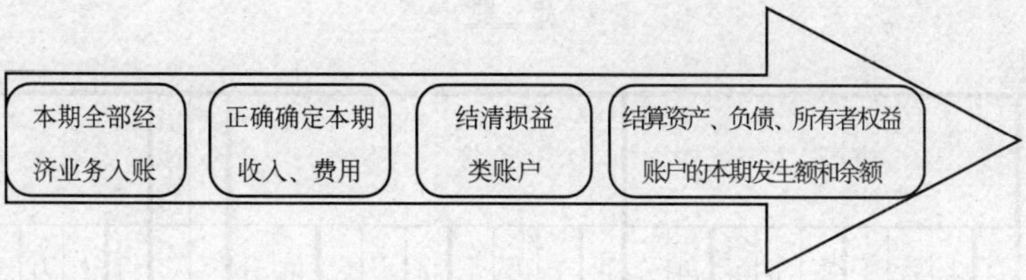

图 4-8　结账的一般程序

结账的程序包括以下几点。

（1）结账前，必须将本期内所发生的各项经济业务全部登记入账，并保证其正确性。结账前应检查本期发生的所有经济业务是否全部填制了记账凭证并登记入账。若发现有错记和漏记，应及时按规定的方法进行更正。

（2）根据权责发生制的要求调整有关账项，合理确定本期应计的收入和应计的费用。按照《企业会计准则》的要求，划清收入、成本、费用的时期界限，正确计算当期的收入、成本、费用，以真实地反映当期的财务成果。

（3）将损益类账户转入“本年利润”账户，结平所有损益类账户。

（4）结算出资产、负债和所有者权益账户的本期发生额和余额，并结转下期，作为下期的期初余额。

二、结账的方法

（1）对不需要按月结计本期发生额的账户，每次记账以后，都要随时结出余额，月末结账时，只需要在最后一笔经济业务事项记录之下划通栏单红线。如应收应付账户。

（2）需要按月结计本期发生额的账户，每月结账时，要结出本月发生额和余额。在最后一笔经济业务记录下面的通栏内划单红线，并在下一行摘要栏内注明“本月合计”字样，并在下面划通栏单红线。例如，现金、银行存款日记账和需要按月结计发生额的收入、费用等明细账。

（3）需要结计本年累计发生额的某些明细账户，每月结账时，应在“本月合计”行下结出自年初起至本月末止的累计发生额，登记在月份发生额下面，在摘要栏内注明“本年累计”字样，并在下面划通栏单红线。12 月月末的“本年累计”就是全年累计发生额，全年累计发生额下划通栏双红线。

（4）总分类账账户平时只需结出月末余额。年终结账时，将所有总分类账账户结出全年发生额和年末余额，在摘要栏内注明“本年合计”字样，并在合计数下通栏划双红线。

（5）年度终了结账时，有余额的账户，要将其余额结转下年，并在摘要栏注明“结转下年”字样；在下一会计年度新建有关会计账户的第一行余额栏内填写上年结转的余额，并在摘要栏注明“上年结转”字样。

任务实施

陈婷对本公司 3 月的有关账簿的处理如下。

（1）不需要按月结计本期发生额账户，以“应付账款”为例，其结账方法如表 4-22 所示。

（2）需要按月结计本期发生额及本年累计发生额的账户，以“现金”日记账为例，其结账方法如表 4-23 所示。

表 4-22

总 账

会计科目 应付财款

2011年		记账凭证		摘要	借方									贷方									√	借或贷	余额								
月	日	种类	号数		百	十	万	千	百	十	元	角	分	百	十	万	千	百	十	元	角	分			百	十	万	千	百	十	元	角	分
3	1			期初余额																				贷			2	0	0	0	0	0	0
	2	略		购入材料												1	1	7	0	0	0	0	√	贷			3	1	7	0	0	0	0
				……																													
	30			偿还购料款			2	3	4	0	0	0	0										√	贷			8	7	4	0	0	0	0

本月最后一笔经济业务下划通栏单红线，表示月结

该余额为月末结转余额

表 4-23

现金日记账

2011年		记账凭证		摘要	借方									贷方									余额								
月	日	种类	号数		百	十	万	千	百	十	元	角	分	百	十	万	千	百	十	元	角	分	百	十	万	千	百	十	元	角	分
3	1			期初余额																						9	6	0	0	0	0
	1	略		提取务用金				2	0	0	0	0	0												1	1	6	0	0	0	0
				购买办公用品														5	0	0	0	0			1	1	1	0	0	0	0
				……																											
	29			退回差旅费					2	0	0	0	0													3	6	0	0	0	0
	31			本月合计				2	8	0	0	0	0				8	6	0	0	0	0				3	6	0	0	0	0
				本季度合计			1	5	6	0	0		0			2	1	6	0	0	0	0				3	6	0	0	0	0
	31			本年累计			1	5	6	0	0		0			2	1	6	0	0	0	0				3	6	0	0	0	0

最后一笔经济业务下划通栏单红线

"本月合计"下划通栏单红线，表示月结

"本季度合计"下划通栏单红线，反映本季度的合计数

"本年累计"下划通栏单红线，反映 1～3 月的累计发生额

（3）若本月是 12 月，陈婷会如何处理本公司月末结账工作呢？以“短期借款”账户为例，其结账方法如表 4-24 所示。

表 4-24　　总账

会计科目　短期借

2011年		记账凭证		摘要	借方									贷方									√	借或贷	余额								
月	日	种类	号数		百	十	万	千	百	十	元	角	分	百	十	万	千	百	十	元	角	分			百	十	万	千	百	十	元	角	分
				……																													
12	1			期初余额																				贷			8	2	0	0	0	0	0
	31	略		1～30日词汇			5	0	0	0	0	0	0										√	贷			3	2	0	0	0	0	0
	31			本年累计			5	0	0	0	0	0	0											贷			3	2	0	0	0	0	0
	31			结转下年																				贷			3	2	0	0	0	0	0

划通栏单红线，表示本月结财

划通栏双红线，表示年末结财

将年末余额“结转下年”

知识链接

在实际工作中，结转账户余额有以下两种不规范的做法，作为财务人员一定要避免。

一是将本账户年末余额，以相反的方向记入最后一笔账内的发生额内。例如，某账户年末为借方余额，在结账时，将此项余额填列在贷方发生额栏内（余额如为贷方，则做相反记录），在摘要栏填明“结转下年”字样，在“借或贷”栏内填“平”字并在余额栏的“元”位上填列“0”符号，表示账目已经结平。

二是在“本年累计”发生额的次行，将年初余额按其同方向记入发生额栏内，并在摘要栏内填明“上年结转”字样；在次行登记年末余额，如为借方余额，填入贷方发生额栏内，反之记入借方，并在摘要栏填明“结转下年”字样。同时，在该行的下端加计借、贷各方的总计数，并在该行摘要栏内填列“总计”二字，在“借或贷”栏内填“平”字，在余额栏的“元”位上填列“0”符号，以示账目已结平。

任务六　会计账簿的更换与保管

任务描述

时间飞逝，一晃就到年末。陈婷工作非常出色，她的最大特点在于工作中有预见性并且主动性强。瞧！这时她手上捧着一大堆新账簿和档案盒走进了办公室，其他部门的工作人员都惊讶地望着她，奇怪地问道："这是要干嘛呢？"老会计刘红笑着说道："你们不清楚吧！新的一年很快就要到了，陈婷是做好更换新账簿并对旧账进行整理归档的准备哦！"

任务分析

按照会计制度的规定，应在每个会计年度结束、新的会计年度开始时进行账簿的更换，并对已更换的旧账整理装订，造册归档。

相关知识

一、会计账簿的更换

会计账簿（Accounting Books）的更换通常在新会计年度建账时进行。一般来说，现金日记账、银行存款日记账、总分类账及一般的明细分类账都要每年更换新账，但固定资产明细账或固定资产卡片可以继续使用，不必每年更换新账。有些财产物资明细账和债权债务明细账材料品种、规格和往来单位较多，更换新账重抄一遍工作量较大，因此也可以跨年度使用，不必每年更换一次。各种备查簿也可以连续使用。不需更换新账的账簿，在"摘要"栏内，要加盖"结转下年"戳记，以划分新旧年度之间的金额。

更换新账的方法如下。

（1）将需要更换的各账户的年末余额直接过入新启用的有关账户中，不需要编制记账凭证，也不必将余额再计入本年账户的借方或贷方，使本年有余额的账户余额变为零。

（2）更换新账要注明各账户的年份，在第一行日期栏内写明1月1日。在摘要栏内注明"上年结转"，把账户余额写入"余额"栏内。

（3）旧账最后一行数字下的空格，画一条斜红线注销，并在旧账页最后一行摘要栏内注明"结转下年"。

二、会计账簿的保管

各种账簿是重要的经济档案，必须按规定妥善保管，不得丢失和任意销毁。会计账簿的保管，既要安全、完善、机密，又要保证使用时能及时迅速查到。年度终了更换新账后，旧账页应清点整理，所有活页归档保管。账簿归档保管要做到五防：防火、防盗、防潮、防霉烂变质、防虫蛀鼠咬。存档后的会计账簿，调阅时必须提出理由，经会计主管人员批准，在保管员陪同下方可查阅，原则上不得借出。

会计账簿暂由本单位财务会计部门保管 1 年，期满之后，由财务会计部门编造清册移交本单位的档案部门保管。

账簿的保管期限如下。

（1）现金和银行存款日记账保管 25 年。

（2）总账、明细分类账和辅助账保管 15 年。

（3）涉外账簿应长期保存。

账簿保管期满需要销毁时，由档案保管部门提出销毁意见，会同财务部门共同鉴定，编造销毁清册，报本单位领导或上级批准方可销毁。销毁时，应由档案保管部门、财务部门和有关部门共同监销。

任务实施

陈婷对本公司的总账、日记账和大部分明细账都进行了更换。以有余额的“应收账款”总账账户更换新账为例，具体做法如表 4-25 和表 4-26 所示。

旧账如表 4-25 所示。

表 4-25

总账

会计科目：应收账款

2014 年 月	日	凭证号数	摘　要	借　方	贷　方	借或贷	余　额
12	1		期初余额			借	9 000
	1		销货	90 000		借	105 000
			……				
	28		收回货款		150 000	借	29 000
	31		本月合计	170 000	150 000	借	29 000
			结转下年			借	29 000

最后一笔经济业务下划通栏单红线

年结，划通栏双红线

多余部分划线注销

新账如表 4-26 所示。

表 4-26

总账

注明年月，写明 1 月 1 日

将上年余额填列在本年度余额栏内，并注明“借贷”方向

会计科目：应收账款

2015 年 月	日	凭证号数	摘　要	借　方	贷　方	借或贷	余　额
1	1		上年结转			借	29 000

模块综述

会计账簿是由具有一定格式而又互相联系的账页组成的，用以全面、系统、连续记录各项经济业务的簿籍，是编制财务报表的依据，也是保存会计资料的重要工具。

账簿按照不同的标准进行分类，按照用途分类：序时账、分类账、备查账；按照外表形式分类：订本式、活页式、卡片式账簿；按照账页格式分类：三栏式、多栏式、数量金额式。然后根据各个账户特点的不同，来选择不同的账页格式以及外表形式。

总分类账，是根据总分类科目开设账户，用来登记全部经济业务，进行总分类核算，提供总括核算资料的分类账簿。总分类账所提供的核算资料是编制会计报表的主要依据，任何单位都必须设置总分类账。总分类账一般采用订本式账簿。总分类账的账页格式，一般采用“借方”“贷方”“余额”三栏式。

明细分类账是根据总账科目所属的明细科目设置的，用于分类登记某一类经济业务事项，提供有关明细核算资料。明细账是按照二级或明细科目设置的账簿，一般采用活页式账簿。各单位应结合自己的经济业务的特点和经营管理的要求，在总分类账的基础上设置若干明细分类账，作为总分类账的补充。明细分类账按账页格式不同可分为三栏式、数量金额式和多栏式。

记账完成之后，会计人员要做好对账以及财产清查的工作，使账证相符、账账相符、账实相符。如果不相符，则需要进行相应的账务处理和调整。在一段时期内所发生的经济业务全部登记入账的基础上，期末办理结账，各种账簿的结账方式是不相同的。

会计年度终了，需将上年旧账更换为次年新账，更换并启用新账后，对更换下来的旧账要整理装订，造册归档。

阅读篇目

- 财政部颁布的《会计基础工作规范》。
- 财政部、国家档案局发布的《会计档案管理办法》。

实施效果检测

一、单项选择题

1. 账簿按（　　）的不同，可以分为序时账簿、分类账簿、备查账簿。

A. 用途　　B. 外表形式　　C. 格式　　D. 启用时间

2. 依据（　　）登记账簿，是基本的会计记账规则。

A. 填制完毕的记账凭证　　B. 审核无误的会计凭证

C. 审核无误的原始凭证　　D. 签章齐全的记账凭证

3. 特种日记账是（　　）。

A. 序时登记全部经济业务和多种经济业务的日记账

B. 专门用来登记货币资金的日记账

C. 专门用来登记某一类经济业务的日记账

D. 对常见的经济业务分设专栏登记

4. 记账人员根据记账凭证登记完毕账簿后，要在记账凭证上注明已记账的符号，主要是为了（　　）。

A. 便于明确记账责任　　B. 避免错行或隔页

C. 避免重记或漏记　　　　　　　　　D. 防止凭证丢失

5. 银行存款日记账的收入方除了根据银行存款收款凭证登记外，有时还要根据（　　）登记。

A. 银行存款付款凭证　　　　　　　　B. 现金收款凭证

C. 现金付款凭证　　　　　　　　　　D. 转账凭证

6. 会计人员在结转前发现根据记账凭证登记入账时，误将 600 元记成 6 000 元，而记账凭证无误，应采用（　　）。

A. 补充登记法　　B. 划线更正法　　C. 红字更正法　　D. 蓝字登记法

7. 活页账簿与卡片账簿可适用于（　　）。

A. 现金日记账　　B. 总分类账　　C. 通用日记账　　D. 明细分类账

8. 原材料明细账的外表形式可采用（　　）。

A. 订本式　　B. 活页式　　C. 三栏式　　D. 多栏式

9. 多栏式明细分类账适用于（　　）。

A. 应收账款明细账　　B. 产成品明细账　　C. 原材料明细账　　D. 材料采购明细账

10. 固定资产明细账外表形式一般采用（　　）。

A. 三栏式　　B. 数量金额式　　C. 多栏式　　D. 卡片式

11. “应交税费——应交增值税”明细账应该采用的格式是（　　）。

A. 借方多栏式　　B. 贷方多栏式　　C. 借方贷方多栏式　　D. 三栏式

12. 现金日记账（　　）结出发生额和余额，并与结存现金核对。

A. 每月　　B. 每 15 天　　C. 每隔三至五天　　D. 每日

13. 在汇总记账凭证核算组织程序下，登记总账的依据是（　　）。

A. 记账凭证　　B. 汇总记账凭证　　C. 原始凭证　　D. 科目汇总表

14. 企业应收账款的账面余额定期与有关债务单位或个人进行的核对属于（　　）。

A. 账证核对　　B. 账账核对　　C. 账实核对　　D. 账表核对

15. 对现金和实物进行清查应采用的方法是（　　）。

A. 实地盘点　　B. 永续盘存　　C. 盘存计耗　　D. 询证核对

16. 记账以后，发现记账凭证中科目正确，但所记金额小于应记的金额，应采用（　　）进行更正。

A. 红字更正法　　B. 平行登记法　　C. 补充登记法　　D. 划线更正法

17. 总账与明细账之间进行平行登记的原因是总账与明细账的（　　）。

A. 格式相同　　　　　　　　　　　　B. 登记时间相同

C. 反映经济业务的内容相同　　　　　D. 提供指标详细程度相同

18. 现金日记账的保管期限是（　　）。

A. 15 年　　B. 10 年　　C. 25 年　　D. 永久

19. 对需要按月进行月结的账簿，结账时，应在“本月合计”字样下面通栏划（　　）。

A. 单红线　　B. 双红线　　C. 注销线　　D. 不划线

20. 下列说法中正确的是（　　）。

A. 会计账簿归档后，会计人员可以随意查阅

B. 总账应该永久保存

C. 期末结账就是在账簿上面划单红线或双红线

D. 每个会计年度开始都应该更换新账

二、多项选择题

1. 会计账簿按用途不同分为（ ）。

A. 日记账　B. 分类账　C. 备查账　D. 总账

2. 下列账簿的账页，一般采用三栏式的是（ ）。

A. 应收账款明细账　B. 总账　C. 管理费用明细账　D. 应付账款明细账

3. 下列账簿中，（ ）必须采用订本式账簿。

A. 现金和银行存款日记账　B. 总账

C. 明细分类账　D. 备查账

4. 企业到银行提取现金 500 元，此项业务应登记（ ）。

A. 库存现金日记账　B. 银行存款日记账

C. 库存现金总分类账　D. 银行存款总分类账

5. 下列对账工作中，属于账账核对的有（ ）。

A. 银行存款日记账与银行对账单的核对

B. 总账账户与所属明细账户的核对

C. 应收款项明细账与债务人账项的核对

D. 会计部门的财产物资明细账与财产物资保管、使用部门明细账的核对

6. 可用于更正因记账凭证错误而导致账簿记录错误的方法有（ ）。

A. 划线更正法　B. 差数核对法　C. 红字更正法　D. 补充登记法

7. 采用划线更正法，其要点是（ ）。

A. 在错误的文字或数字（单个数字）上划一条红线注销

B. 在错误的文字或数字（整个数字）上划一条红线注销

C. 在错误的文字或数字上划一条蓝线注销

D. 将正确的文字或数字用蓝字写在划线的上端

E. 更正人在划线处盖章

8. 在会计工作中红色墨水可用于（ ）。

A. 记账　B. 结账　C. 对账

D. 冲账　E. 算账

9. 银行存款日记账可以采用的账页格式和外表形式是（ ）。

A. 三栏式、订本式　B. 多栏式、订本式

C. 数量金额式、活页式　D. 横线登记式、活页式

10. 明细分类账的格式有三栏式、多栏式、数量金额式，相应的各使用于（ ）。

A. 债权债务明细　B. 卡片式明细账

C. 收入、费用成本式明细账　D. 活页式明细账

E. 材料物资类明细账

11. 下列可以作为登记明细账依据的有（ ）。

A. 原始凭证　B. 记账凭证　C. 汇总原始凭证　D. 科目汇总表

12. 必须逐日结出余额的账簿是（ ）。

A. 现金总账　B. 银行存款总账　C. 现金日记账　D. 银行存款日记账

13. 下列会计事项处理时，不必编制记账凭证的是（　　）。

A. 期末将“主营业务收入”结转入“本年利润”

B. 期末将“主营业务收入”账户更换新账簿，新旧账之间转记余额

C. 期末将“制造费用”结转入“生产成本”账户

D. 年度终了结账时，有余额的账户，将余额结转下年

14. 下列各项中，不需要每年都更换新账的是（　　）。

A. 固定资产卡片账　B. 备查账　C. 银行存款日记账　D. 总账

15. 年度结束后，对于账簿的保管应该做到（　　）。

A. 装订成册　B. 加上封面　C. 统一编号

D. 当即销毁　E. 归档保管

三、判断题

1. 新旧账有关账户之间转记余额，不必编制记账凭证。（　　）

2. 在整个账簿体系中，日记账和分类账是主要账簿，备查账为辅助账簿。（　　）

3. 企业的序时账簿和总分类账簿必须采用订本式账簿。（　　）

4. 企业对受托代销的商品，可以设置备查账簿进行登记。（　　）

5. 普通日记账既可以取代记账凭证，也可以取代总分类账。（　　）

6. 登记账簿时，发生的空行、空页一定要补充书写，不得注销。（　　）

7. 由于编制的记账凭证会计科目错误，导致账簿记录错误，更正时，可以将错误的会计科目划红线注销，然后，在划线上方填写正确的会计科目。（　　）

8. 为便于管理，“应收账款”“应付账款”的明细账必须采用多栏式明细分类账格式。（　　）

9. 费用明细账一般均采用三栏式账簿。（　　）

10. 多栏日记账实际上是普通日记账的一种特殊形式。（　　）

11. 明细账必须逐日逐笔登记，总账必须定期汇总登记。（　　）

12. 总分类账及其明细分类账必须在同一会计期间内登记。（　　）

13. 补充登记法一般适用于记账凭证所记会计科目无误，只是所记金额大于应记金额，从而引起的记账错误。（　　）

14. 账簿只是一个外在形式，账户才是它的真实内容。账簿与账户的关系是形式和内容的关系。（　　）

15. 为了加强对租入固定资产的管理，记录租入、使用、归还情况，企业需要开设分类账簿进行核算。（　　）

16. 会计账簿登记中，如果不慎发生隔页，应立即将空页撕掉，并更改页码。（　　）

17. 补充登记法就是把原来未登记完的业务登记完毕的方法。（　　）

18. 账簿是重要的经济档案和历史资料，必须长期保存，不得销毁。（　　）

19. 各种账户月末结账的方式都一样。（　　）

20. 账簿保管期满，可自行销毁。（　　）

四、技能操作实训

练　习　一

（一）实训目的：练习银行存款日记账的登记。

（二）实训资料：

（1）2015 年 5 月 8 日，外购 A 材料价值 5 000 元，以银行存款支付。

借：原材料 5 000

贷：银行存款 5 000

（2）2015 年 5 月 8 日，购管理用办公用品，价值 400 元，以银行存款支付。

借：管理费用 400

贷：银行存款 400

（3）2015 年 5 月 8 日，销售商品取得银行存款 40 000 元。

借：银行存款 40 000

贷：主营业务收入 40 000

（4）2015 年 5 月 8 日，销售材料取得银行存款 4 000 元。

借：银行存款 4 000

贷：其他业务收入 4 000

（三）实训要求：请根据所给出的会计资料及会计分录登记银行存款日记账簿（见习题表 4-1）。

习题表 4-1

银行存款日记账

年		凭证号数	摘要	对方科目	收入	支付	结余
月	日						
			上月结转				200 000

练　习　二

（一）实训目的：练习总分类账户与明细分类账户的平行登记。

（二）实训资料：

（1）“原材料”“应付账款”总分类账户和明细分类账户的期初如下：

① 富达企业 2015 年 3 月 1 日“原材料”总分类账户及其所属明细分类账户（按材料名称设）的月初余额如下：

名称	数量	单价	金额
A 材料	300 吨	500 元	150 000 元
B 材料	900 千克	40 元	36 000 元
“原材料”借方余额			186 000 元

② 该厂“应付账款”总分类账户及其所属明细分类账户（按付款单位名称设置）的月初余额如下：

顺风工厂	贷方余额	15 000 元
宋唐工厂	贷方余额	8 000 元

“应付账款”贷方余额　　23 000 元

（2）本月发生的各项经济业务如下：

① 向科格工厂购入以下材料，货款未付。材料已验收入库。

名称	数量	单价	金额
B 材料	400 千克	40 元	16 000 元
C 材料	1 000 件	25 元	25 000 元
合计			41 000 元

② 以银行存款 10 000 元偿还前欠顺风工厂货款。

③ 向宋唐工厂购入丙材料 200 件，单价为 25 元，货款暂欠，材料验收入库。

④ 仓库本月发出以下材料投入生产。

名称	数量	单价	金额
A 材料	200 吨	500 元	100 000 元
B 材料	500 千克	40 元	20 000 元
C 材料	700 件	25 元	17 500 元
合计			137 500 元

（三）实训要求：

（1）根据实训资料（1）开设“原材料”和“应付账款”总分类账及所属明细账户并填入期初余额。

（2）根据实训资料（2）编制会计分录，登记“原材料”和“应付账款”总分类账及所属明细账户（其他账户从略）。

（3）结合各种账户的“本期发生额”和“期末余额”编制“原材料”和“应付账款”明细分类账户本期发生额、余额对照表。将“原材料”和“应付账款”总分类账户的本期发生额及期末余额分别与所属各明细分类账户的本期发生额和余额对照表核对，检查双方是否相符。

练　习　三

（一）实训目的：练习错账更正的方法。

（二）实训资料：

（1）企业转账支付本月生产车间照明用的电费 5 000 元。会计做出如下的会计分录并据以入账：

借：管理费用　　5 000

　　贷：银行存款　　5 000

（2）企业购入原材料（已入库）价值 50 000 元，以银行存款支付。会计做出如下的会计分录并据以入账：

借：原材料　　50 000

　　贷：银行存款　　50 000

（3）企业购入固定资产价值 8 500 元，以银行存款支付。（不考虑增值税）会计做出如下的会计分录并据以入账：

借：固定资产　　85 000

　　贷：银行存款　　85 000

（三）实训要求：选择适当的方法进行会计错账更正（写出会计分录）。

模块五

提供经济活动信息，掌握编制会计报表的方法

【知识目标】

1. 了解资产负债表、利润表、现金流量表的概念及作用。
2. 熟悉资产负债表、利润表的结构和内容。
3. 了解现金流量表的结构和内容。
4. 掌握资产负债表、利润表的编制方法。
5. 了解会计报表的装订方法和保管要求以及报送程序。

【技能目标】

1. 能根据期末科目余额表正确地编制资产负债表。
2. 能根据期末科目余额表正确地编制利润表。
3. 能掌握现金流量表的编制方法。
4. 能及时报送财务报表并能规范地装订财务报表。

模块导航

财务会计报告是企业对外提供的能反映企业某一特定日期财务状况和某一会计期间经营成果、现金流量等会计信息的文件。会计报表是财务报告的主要组成部分。在现代经济社会，会计报表不仅是企业评估经营方针的依据，也为投资者评价投资绩效提供了重要的信息来源。可以说，会计报表已成为一种商业语言。企业的各种会计报表，如资产负债表、利润表、现金流量表等，蕴涵了丰富的会计信息，是反映企业经营状况和经营成果的一面镜子。

会计报表是企业、单位会计部门在日常会计核算的基础上定期编制的，综合反映财务状况和经营成果的书面文件。在日常的会计核算中，企业通过填制和审核会计凭证，登记会计账簿，把各项经济业务完整、连续、分类地登记在会计账簿上，虽然比会计凭证反映的信息更加条理化、

系统化，但就某一会计期间的经济活动的整体而言，其所能提供的仍是分散的、部分的信息，不能通过其内在联系集中揭示和反映该会计期间经营活动和财务收支的全貌。会计报表就是为企业的管理者、决策者、股东以及财政、银行、信贷等机构提供必要的财务资料，为现在和潜在的投资者、债权人提供有用的信息，以便帮助他们做出合理的投资和信贷决策。

本模块主要讲述会计报表的作用和种类、会计报表的编制方法、会计报表的报送程序以及会计报表的装订和保管。学习时，要认真思考企业既然已经对发生的每一项经济业务都取得和填制了会计凭证，并且连续、系统地登记了会计账簿，为什么还要编制会计报表；编制各种会计报表的方法和原理；资产负债表每个项目的数据和会计账簿中账户数据的关系；利润表中每一项目的填列顺序和方法；现金流量表的编制原理；编制的会计报表要向哪些部门报送以及如何装订和保管这些会计报表。

任务一　编制资产负债表

任务描述

康宝公司是一家小型工业企业（一般纳税人），王丽是该公司财务部新来的一名会计。2014 年 12 月月末，康宝公司的会计对账、调账、结账工作完毕后，会计主管周敏给她分配一项任务——编制该公司本月的资产负债表。王丽没有会计工作实践经验，面对康宝公司期末科目余额表（见表 5-1）有点茫然，通过登记账簿已经将发生的经济业务进行了连续、系统的分类、汇总，为什么还需要编制资产负债表呢？资产负债表每一项目数字怎么填列呢？会计主管周敏耐心地给她进行了讲解。

表 5-1　　康宝公司 2014 年 12 月 31 日总账科目余额表

账户名称	借方余额	账户名称	贷方余额
库存现金	30 000	短期借款	200 000
银行存款	520 000	应付票据	290 000
其他货币资金	26 000	应付账款	360 000
交易性金融资产	20 000	预收账款	6 000
应收票据	350 000	其他应付款	140 000
应收账款	250 000	应付职工薪酬	107 500
坏账准备	−2 000	应付利息	20 000
预付账款	150 000	应付股利	
其他应收款	20 000	应交税费	60 500
在途物资	35 000	长期借款	400 000
原材料	550 000	其中：1 年内到期的非流动负债	150 000
包装物及低值易耗品	130 000	递延所得税负债	25 000
库存商品	1 200 000	股本	4 050 000
材料成本差异		资本公积	1 000 000
存货跌价准备	−10 000	盈余公积	1 000 000
长期股权投资	230 000	利润分配	2 000 000
固定资产	5 520 000		
累计折旧	−60 000		
固定资产减值损失	0		
工程物资	0		

续表

账户名称	借方余额	账户名称	贷方余额
在建工程	300 000		
无形资产	500 000		
累计摊销	−100 000		
长期待摊费用	0		
合计	9 659 000		9 659 000

2014 年 12 月 31 日，康宝公司部分明细科目余额如表 5-2 所示。

表 5-2

总 账 科 目	明细科目借方余额合计	明细科目贷方余额合计
应收账款	400 000	150 000
预付账款	200 000	50 000
应付账款	40 000	400 000
预收账款	4 000	10 000

任务分析

王丽要弄明白这些问题，首先要了解资产负债表的作用与结构，然后要知道资产负债表每个项目与会计账户的关系，从而掌握资产负债表的编制方法。

相关知识

一、资产负债表概述

在会计核算中，需要以日常会计核算资料为基础，将发生的经济业务取得的原始数据经过加工、整理、归类和汇总形成会计报表。资产负债表（Balance Sheet）就是会计报表中的一种，它是根据资产、负债和所有权益之间的相互关系，按照一定的分类标准和一定的顺序，把企业在一待定日期的资产、负债、所有者权益各项目予以适当排列，并对日常工作中形成的大量数据进行高度浓缩整理后编制而成的。

1. 资产负债表的含义和作用

资产负债表是反映企业在某一特定日期（月末、年末）财务状况的报表。由于该表主要是揭示企业在某一特定日期的资产、负债、所有者权益的情况，因而又称财务状况表，是反映企业财务状况的静态报表。资产负债表必须按月编制，对外报送。年度终了，企业应编报年度资产负债表。

资产负债表反映企业在某一特定日期所拥有或可控制的、预期能为企业带来利益的经济资源，所承担的现有义务和所有者对净资产的要求权。利用该表揭示的财务状况信息进行分析，便于报表使用者了解企业的财务实力、短期偿债能力和支付能力。通过前后期资料的对比分析，还可以预测企业财务状况的发展趋势。

2. 资产负债表的结构和内容

资产负债表一般有表首、正表两部分。表首概括地说明报表名称、编制单位、编制日期、报表编号、货币名称、计量单位等。正表是资产负债表的主体，列示了用以说明企业财务状况的各个项目。资产负债表正表的格式一般有两种，即报告式资产负债表和账户式资产负债表。报告式资产负债表是上下结构，上半部列示资产，下半部列示负债和所有者权益。

账户式资产负债表是左右结构，左方为资产项目，按资产的流动性大小进行排列，流动性大的排在前面，如货币资金、应收票据、应收账款等；流动性小的排在后面，如长期股权投资、固定资产、无形资产等。右方为负债及所有者权益项目，一般按其清偿时间的先后顺序排列，如短期借款、应付票据、应付账款、应付职工薪酬等排在前面；长期借款、应付债券等排在中间；在企业清算之前不需要偿还的所有者权益项目排在后面，如实收资本、资本公积、盈余公积等。左方资产各项目的合计等于右方负债和所有者权益各项目的总合计，即资产 = 负债 + 所有者权益。

在我国，资产负债表一般采用账户式（见表 5-3）。

表 5-3　　资产负债表

会企 01 表

编制单位：　　年　月　日　　单位：元

资　　产	期末余额	年初余额	负债和股东权益	期末余额	年初余额
流动资产：			流动负债：		
货币资金			短期借款		
以公允价值计量且其变动计入当期损益的金融资产			以公允价值计量且其变动计入当期损益的金融负债		
应收票据			应付票据		
应收账款			应付账款		
预付款项			预收款项		
应收利息			应付职工薪酬		
应收股利			应交税费		
其他应收款			应付利息		
存货			应付股利		
划分为持有待售的资产			其他应付款		
一年内到期的非流动资产			划分为持有待售的负债		
其他流动资产			一年内到期的非流动负债		
流动资产合计			其他流动负债		
非流动资产：			流动负债合计		
可供出售金融资产			非流动负债：		
持有至到期投资			长期借款		
长期应收款			应付债券		
长期股权投资			长期应付款		
投资性房地产			专项应付款		
固定资产			预计负债		
在建工程			递延收益		
工程物资			递延所得税负债		
固定资产清理			其他非流动负债		
生产性生物资产			非流动负债合计		
油气资产			负债合计		
无形资产			所有者权益（或股东权益）：		
开发支出			实收资本（或股本）		

续表

资　　产	期末余额	年初余额	负债和股东权益	期末余额	年初余额
商誉			资本公积		
长期待摊费用			其他综合收益		
递延所得税资产			盈余公积		
其他非流动资产			未分配利润		
非流动资产合计			所有者权益合计		
资产总计			负债和所有者权益总计		

二、资产负债表的编制方法

所有的资产负债表项目都列有“期末余额”和“年初余额”两栏，相当于两期的比较资产负债表。该表“年初余额”栏内各项数字，应根据上年末资产负债表“期末余额”栏内所列数字填列。如果本年度资产负债表规定的各个项目的名称和内容与上年不相一致，则应对上年年末资产负债表各项目的名称和数字按照本年度的规定进行调整，填入本表“年初余额”内。表中的“期末余额”，指月末、季末或年末数字，它们是根据各项目有关总账科目或明细科目的期末余额直接填列或计算分析填列，主要有以下几种填列方法。

1. 根据总账科目期末余额直接填列

资产负债表某些项目需要根据总账科目期末余额直接填列。

例如：“应收票据”“应收股利”“应收利息”“固定资产清理”“递延所得税资产”等资产类项目；“短期借款”“应付票据”“应付职工薪酬”“应付股利”“应交税费”“应付利息”“其他应付款”“应付债券”“递延所得税负债”等负债类项目；“实收资本”“资本公积”“盈余公积”等所有者权益类项目均根据其总账科目期末余额直接填列。

例如：飞达公司 2014 年 12 月 31 日结账后的“应收票据”科目余额为 100 000 元。

该企业 2014 年 12 月 31 日资产负债表中的“应收票据”项目应填列金额为 100 000 元。

例如：飞达公司 2014 年 12 月 31 日结账后“短期借款”科目余额为 550 000 元。该企业 2014 年 12 月 31 日资产负债表中的“短期借款”项目应填列金额为 550 000 元。本例中，企业直接以“短期借款”总账科目余额填列在资产负债表中。

2. 根据若干个总账科目期末余额分析计算后填列

资产负债表某些项目需要根据若干个总账科目期末余额计算填列。

例如：资产类的“货币资金”项目是根据“库存现金”“银行存款”“其他货币资金”科目的期末余额合计填列；资产类的“存货”项目是根据“材料采购”“原材料”“库存商品”“周转材料”“委托加工物资”“委托代销商品”“生产成本”“商品进销差价”（借方余额）“材料成本差异”（借方余额）等账户的合计数减去“存货跌价准备”“材料成本差异”（贷方余额）“商品进销差价”（贷方余额）等科目期末贷方余额后的余额计算填列。

例如：飞达公司 2014 年 12 月 31 日结账后的“库存现金”科目余额为 10 000 元，“银行存款”科目余额为 4 000 000 元，“其他货币资金”科目余额为 1 000 000 元。

飞达公司 2014 年 12 月 31 日资产负债表中的“货币资金”项目金额为：10 000+4 000 000+1 000 000=5 010 000（元）本例中，企业应当按照“库存现金”“银行存款”和“其他货币资金”三个总账科目余额加总后的金额，作为资产负债表中“货币资金”项目的金额。

例如：飞达公司 2014 年 12 月 31 日结账后有关总账科目期末余额如表 5-4 所示。

表 5-4

总账科目	期末余额	
	借　方	贷　方
材料采购	270 000	
原材料	14 000	
周转材料	150 000	
库存商品	400 000	
生产成本	47 000	
材料成本差异		2 000
存货跌价准备		25 000

"存货"项目金额为：

270 000 + 14 000 + 150 000 + 400 000 + 47 000−2 000−25 000 = 854 000

"存货"项目金额应该根据"材料采购""原材料""周转材料""库存商品""生产成本"总账科目期末余额合计数减去"材料成本差异""存货跌价准备"贷方余额后的余额填列。

3. 根据若干个明细科目的期末余额分析计算后填列

资产负债表某些项目不能根据总账科目的期末余额或若干个总账科目的期末余额计算填列，需要根据有关科目所属的相关明细科目的期末余额计算填列。例如：

应收账款项目 = 应收账款明细账（借方余额）+ 预收账款明细账（借方余额）−
坏账准备科目中有关应收账款计提的坏账准备余额

预收账款项目 = 应收账款明细账（贷方余额）+ 预收账款明细账（贷方余额）

应付账款项目 = 应付账款明细账（贷方余额）+ 预付账款明细账（贷方余额）

预付账款项目 = 应付账款明细账（借方余额）+ 预付账款明细账（借方余额）−
坏账准备科目中有关预付账款计提的坏账准备余额。

例如：飞达公司 2014 年 12 月 31 日结账后有关科目所属明细科目借贷方余额如表 5-5 所示。

表 5-5

单位：元

总账科目	明细科目借方余额合计	明细科目贷方余额合计
应收账款	8 000 000	1 000 000
预付账款	6 000 000	2 400 000
应付账款	2 000 000	9 000 000
预收账款	5 000 000	1 200 000

飞达公司 2014 年 12 月 31 日资产负债表中相关项目的金额如下：

①"应收账款"项目金额：8 000 000 + 5 000 000 = 13 000 000（元）

②"预付账款"项目金额：6 000 000 + 2 000 000 = 8 000 000（元）

③"应付账款"项目金额：9 000 000 + 2 400 000 = 11 400 000（元）

④"预收账款"项目金额：1 200 000 + 1 000 000 = 2 200 000（元）

"应收账款"项目。应根据"应收账款"科目所属明细科目借方余额 8 000 000 元和"预收账款"科目所属明细科目借方余额 5 000 000 元加总，作为资产负债表中"应收账款"的项目金额，即 13 000 000 元。

“预付账款”项目。应根据“预付账款”科目所属明细科目借方余额 6 000 000 元和“应付账款”科目所属明细科目借方余额 2 000 000 元加总，作为资产负债表中“预付账款”的项目金额，即 8 000 000 元。

“应付账款”项目。应根据“应付账款”科目所属明细科目贷方余额 9 000 000 元和“预付账款”科目所属明细科目贷方余额 2 400 000 元加总，作为资产负债表中“应付账款”的项目金额，即 11 400 000 元。

“预收账款”项目。应根据“预收账款”科目所属明细科目贷方余额 1 200 000 元和“应收账款”科目所属明细科目贷方余额 1 000 000 元加总，作为资产负债表中“预收账款”的项目金额，即 2 200 000 元。

4. 根据总账科目和明细科目余额分析计算后填列

资产负债表上某些项目不能根据有关总账科目的期末余额直接或计算填列，也不能根据有关科目所属明细科目的期末余额计算填列，需要根据总账科目和明细科目余额分析计算填列，例如“长期借款”项目根据“长期借款”总账科目余额扣除“长期借款”科目所属的明细科目中反映的将于一年内到期的长期借款部分分析计算填列。

例如：飞达公司长期借款情况如表 5-6 所示。

表 5-6

借款起始日期	借款期限（年）	金额（元）
2014 年 1 月 1 日	3	5 000 000
2013 年 1 月 1 日	5	6 000 000
2011 年 6 月 1 日	4	3 000 000

飞达公司应当根据“长期借款”总账科目余额 14 000 000 元（5 000 000 + 6 000 000 + 3 000 000），减去一年内到期的长期借款 3 000 000 元，作为飞达公司 2014 年 12 月 31 日资产负债表中“长期借款”项目的金额，即 11 000 000 元。（2011 年 6 月 1 日借入的 4 年期的借款，到期时间为 2015 年 6 月 1 日，距离资产负债表日 2014 年 12 月 31 日还不到一年，因此此项长期借款属于一年内到期的长期借款）

5. 根据科目余额减去其备抵项目后的净额填列

（1）“应收账款”项目。应根据“应收账款”科目所属各明细科目的期末借方余额合计加上“预收账款”科目所属各明细科目的期末借方余额合计，减去“坏账准备”科目中有关应收账款计提的坏账准备期末余额后的金额填列。

例如：豪泰公司 2014 年 12 月 31 日结账后，“应收账款”科目所属明细科目的期末借方余额合计 450 000 元，贷方余额合计 200 000 元；“预收账款”科目所属明细科目的期末借方余额合计 350 000 元，贷方余额合计 10 000 元，对应收账款计提的坏账准备 50 000 元。

豪泰公司 2014 年 12 月 31 日资产负债表中应收账款项目金额为“应收账款”科目所属明细科目借方余额合计 450 000 元加上“预收账款”科目所属明细科目借方余额 350 000 合计，再减去“应收账款”备抵项目“坏账准备”期末余额 50 000 元。

450 000+350 000−50000=750 000（元）

（2）“存货”项目。应根据存货项目余额减去“存货跌价准备”科目期末余额后的金额填列。

例如：豪泰公司采用实际成本法核算材料，2014 年 12 月 31 日结账后有关科目余额为："在途物资"科目余额为 140 000 元（借方），"原材料"科目余额为 2 400 000（借方），"周转材料"科目余额为 1 800 000 元（借方），"库存商品"科目余额为 1 600 000 元（借方），"生产成本"科目余额为 600 000 元（借方），"存货跌价准备"科目余额为 210 000 元（贷方）。

豪泰公司 2014 年 12 月 31 日资产负债表中的"存货"项目金额为："在途物资"（表示在途材料采购成本）"原材料""周转材料"（如包装物和低值易耗品等）"库存商品""生产成本"（表示期末在产品金额）各总账科目余额加总后，减去存货项目备抵科目"存货跌价准备"总账科目余额后的净额，作为资产负债表中"存货"项目的金额。

140 000+2 400 000+1 800 000+1 600 000+600 000−210 000=6 330 000（元）。

（3）"长期股权投资"项目。应根据"长期股权投资"科目的期末余额，减去"长期投资减值准备"科目中有关股权投资减值准备期末余额后的金额填列。

例如：豪泰公司 2014 年 12 月 31 日结账后的"长期股权投资"科目余额为 100 000 元，"长期股权投资减值准备"科目余额为 6 000 元。

豪泰公司 2014 年 12 月 31 日资产负债表中，应以"长期股权投资"总账科目余额 100 000 元，减去其备抵科目"长期股权投资减值准备"科目余额 6 000 元后的净额，作为资产负债表中"长期股权投资"的项目金额。

100 000−6 000=94 000（元）

（4）"固定资产"项目。按照"固定资产"项目余额减去其备抵科目"累计折旧""固定资产减值准备"科目期末余额后的净额填列。

例如：豪泰公司 2014 年 12 月 31 日结账后的"固定资产"科目余额为 1 000 000 元，"累计折旧"科目余额为 90 000 元，"固定资产减值准备"科目余额为 200 000 元。

豪泰公司 2014 年 12 月 31 日资产负债表中，应以"固定资产"总账科目余额 1 000 000，减去"累计折旧"和"固定资产减值准备"两个备抵类总账科目余额 90 000 和 200 000 后的净额，作为资产负债表中"固定资产"的项目金额。

1 000 000−90 000−200 000=710 000（元）

（5）"在建工程"项目。按照"在建工程"科目的期末余额，减去其备抵科目"在建工程减值准备"科目期末余额后的净额填列。

例如：泰豪公司 2014 年 12 月 31 日结账后，"在建工程"科目余额为 439 200 元，"在建工程减值准备"科目余额为 20 000 元。

泰豪公司 2104 年 12 月 31 资产负债表中，应以"在建工程"科目期末余额 439 200 元减去"在建工程减值准备"科目余额（"在建工程"备抵科目）20 000 元后的净额，作为资产负债表中"在建工程"的项目金额。

439 200−2 0000=419 200（元）

（6）"无形资产"项目。按照"无形资产"科目的期末余额减去其备抵科目"累计摊销""无形资产减值准备"科目期末余额后的净额填列，以反映无形资产的期末可收回金额。

例如：泰豪公司 2014 年 12 月 31 日结账后的"无形资产"科目余额为 488 000 元，"累计摊销"科目余额为 48 800 元，"无形资产减值准备"科目余额为 93 000 元。

泰豪公司 2014 年 12 月 31 日资产负债表中，应以"无形资产"总账科目余额 488 000 元，减去"累计摊销"和"无形资产减值准备"两个备抵类总账科目余额 48 800 元和 93 000 元后的净额，作为资产负债表中“无形资产”的项目金额。

488 000−48 800−93 000=346 200（元）

【学习知识查阅】编制资产负债表的理论依据。

任务实施

王丽按照相关知识所介绍的资产负债表的编制方法，根据会计主管周敏提供的公司本月试算平衡表（见表5-1）资料，动手编制了荣升公司2011年12月31日的资产负债表，填入表5-7。

表5-7　　资产负债表

会企01表

编制单位：康宝公司　　2014年12月31日　　单位：元

资　　产	期末余额	年初余额	负债和股东权益	期末余额	年初余额
流动资产：		略	流动负债：		略
货币资金	576 000.00		短期借款	200 000.00	
以公允价值计量且其变动计入当期损益的金融资产			以公允价值计量且其变动计入当期损益的金融负债		
应收票据	370 000.00		应付票据	290 000.00	
应收账款	402 000.00		应付账款	450 000.00	
预付款项	240 000.00		预收款项	160 000.00	
应收利息			应付职工薪酬	107 500.00	
应收股利			应交税费	60 500.00	
其他应收款	20 000.00		应付利息	20 000.00	
存货	1 905 000.00		应付股利		
划分为持有待售的资产			其他应付款	140 000.00	
一年内到期的非流动资产			划分为持有待售的负债		
其他流动资产			一年内到期的非流动负债	150 000.00	
流动资产合计	3 513 000.00		其他流动负债		
非流动资产：			流动负债合计	1 578 000.00	
可供出售金融资产			非流动负债：		
持有至到期投资			长期借款	250 000.00	
长期应收款			应付债券		
长期股权投资	230 000.00		长期应付款		
投资性房地产			专项应付款		
固定资产	5 460 000.00		预计负债		
在建工程	300 000.00		递延收益		
工程物资			递延所得税负债	25 000.00	
固定资产清理			其他非流动负债		
生产性生物资产			非流动负债合计	275 000.00	
油气资产			负债合计	1 853 000.00	
无形资产	400 000.00		所有者权益（或股东权益）：		
开发支出			实收资本（或股本）	4 050 000.00	
商誉			资本公积	1 000 000.00	

续表

资　　产	期末余额	年初余额	负债和股东权益	期末余额	年初余额
长期待摊费用			其他综合收益		
递延所得税资产			盈余公积	1 000 000.00	
其他非流动资产			未分配利润	2 000 000.00	
非流动资产合计	6 390 000.00		所有者权益合计	8 050 000.00	
资产总计	9 903 000.00		负债和所有者权益总计	9 903 000.00	

知识链接

资产负债表各项目“期末余额”的具体填列方法。

1. 资产类项目

（1）“货币资金”项目。根据库存现金、银行存款、其他货币资金（外埠存款、银行汇票存款、银行本票存款、信用卡存款、信用金保证金存款等）总账期末余额合计数填列。

（2）“以公允价值计量且其变动计入当期损益的金融资产”项目。根据债券投资、股票投资、基金投资等公允价值总账期末余额填列。

（3）“应收票据”项目。根据总账期末余额填列。

（4）“应收账款”项目。根据应收账款、预收账款各明细科目借方余额合计数-相应备抵账中的余额填列。

（5）“预付款项”项目。根据预付账款、应付账款各明细科目借方余额合计数填列。

（6）“应收利息”项目。根据总账期末余额填列。

（7）“应收股利”项目。根据总账期末余额填列。

（8）“其他应收款”项目。根据总账期末余额-坏账准备余额填列。

（9）“存货”项目。根据在途物资、原材料、材料采购、低值易耗品、周转材料、委托加工物资、生产成本、库存商品、发出商品、材料成本差异（借方余额）、商品进销差价总账期末余额合计-存货跌价准备余额-材料成本差异（贷方余额）填列。

（10）“1 年内到期的非流动资产”项目。根据持有至到期投资、长期应收款、长期待摊费用中 1 年内到期部分余额合计数填列。

（11）“可供出售金融资产”项目。根据公允价值总账期末余额填列。

（12）“持有至到期投资”项目。根据总账期末余额-1 年内到期的非流动资产部分-持有至到期投资减值准备余额填列。

（13）“长期应收款”项目。根据总账期末余额-1 年内到期的非流动资产部分-坏账准备余额-未确认融资收益填列。

（14）“长期股权投资”项目。根据总账期末余额-长期股权投资减值准备余额填列。

（15）“投资性房地产”项目。根据总账期末余额-投资性房地产减值准备余额填列。

（16）“固定资产”项目。根据总账期末余额-累计折旧余额-固定资产减值准备余额填列。

（17）“在建工程”项目。根据总账期末余额-在建工程减值准备余额填列。

（18）“工程物资”项目。根据总账期末余额-工程物资减值准备余额填列。

（19）“固定资产清理”项目。根据总账期末借方余额填列，若贷方记为“-”。

（20）“无形资产”项目。根据总账期末余额-累计摊销-无形资产减值准备余额填列。

（21）“开发支出”项目。应当根据“研发支出”科目中所属的“资本化支出”明细科目期末余额填列。

（22）“长期待摊费用”项目。根据总账期末余额-1年内到期的非流动资产余额填列。

（23）“递延所得税资产”项目。根据总账期末余额填列。

2. 负债类项目

（1）“短期借款”项目。根据总账期末余额填列。

（2）“以公允价值计量且其变动计入当期损益的金融负债”项目。根据公允价值总账期末余额填列。

（3）“应付票据”项目。根据总账期末余额填列。

（4）“应付账款”项目。根据应付账款、预付账款各明细科目期末贷方余额合计数填列。

（5）“预收款项”项目。根据预收账款、应收账款各明细科目期末贷方余额合计数填列。

（6）“应付职工薪酬”项目。根据总账期末贷方余额填列，若借方记为“-”，表示多付或提前支付，如发放福利。

（7）“应付利息”项目。根据总账期末余额填列。

（8）“应付股利”项目。根据总账期末余额填列。

（9）“其他应付款”项目。根据总账期末余额填列。

（10）“1年内到期的非流动负债”项目。根据长期借款、应付债券、长期应付款1年内到期部分余额合计数填列。

（11）“长期借款”项目。根据总账期末余额-1年内到期的非流动资产部分填列。

（12）“应付债券”项目。根据总账期末余额-1年内到期的非流动资产部分填列。

（13）“长期应付款”项目。根据总账期末余额-1年内到期的非流动资产部分-未确认融资费用余额填列。

（14）“专项应付款”项目。根据总账期末余额填列。

（15）“预计负债”项目。根据总账期末余额填列。

（16）“递延所得税负债”项目。根据总账期末余额填列。

3. 所有者权益类项目

（1）“实收资本（或股本）”项目。根据总账期末余额填列。

（2）“资本公积”项目。根据总账期末余额填列。

（3）“盈余公积”项目。根据总账期末余额填列。

（4）“未分配利润”项目。1～11月需根据“本年利润”和“利润分配”余额填列，12月只根据“利润分配”余额填列。

任务二 编制利润表

任务描述

康宝公司是一家小型工业企业（一般纳税人），适用的税率为17%，企业所得税税率为25%，王丽是该公司财务部新来的一名会计，这是她大学毕业后从事的第一份会计工作。2014年12月月末，康宝公司的会计对账、调账、结账工作完成后，老总想了解企业本期的经营状况，于是会计主管周敏分配给新来的会计王丽一项任务，要求她根据损益类账户本期累计发生额（见表 5-8）编制公司 2014 年 12 月的利润表。王丽刚毕业，没有会计实践经验，对主管布置的任务有点茫然，通过登记账簿已经将发生的经济业务进行了连续、系统的分类、汇总，为什么还要编制利润表呢？利润表每一项目数字怎么填列呢？会计主管周敏耐心地给她进行了讲解。

表 5-8 康宝公司 2014 年 12 月各损益类账户累计发生额

科目名称	借方发生额	贷方发生额
主营业务收入		9 000 000.00
其他业务收入		400 000.00
营业外收入		60 000.00
主营业务成本	2 000 000.00	
其他业务成本	100 000.00	
营业税金及附加	50 000.00	
销售费用	800 000.00	
管理费用	1 000 000.00	
财务费用	40 000.00	
营业外支出	30 000.00	
所得税费用	1 360 000.00	

任务分析

王丽要弄明白这些问题，首先要了解利润表的作用与结构，然后要知道利润表每个项目与各损益类账户累计发生额的关系，从而掌握利润表的编制方法。

相关知识

一、利润表概述

1. 利润表的含义

利润表主要提供有关企业经营成果方面的信息。利润表是反映企业在一定会计期间经营成果的报表。如反映 2014 年 12 月经营成果的利润表，由于它反映的是某一期间的情况，所以，又称为动态报表。有时，利润表也称为损益表或收益表。

2. 利润表的内容和结构

（1）利润表的内容

利润表是反映企业在一定会计期间的经营成果的会计报表。利润表的列报必须充分反映企业经营业绩的主要来源和构成，有助于使用者判断净利润的质量及其风险，有助于使用者预测净利润的持续性，从而做出正确的决策。通过利润表，可以反映企业一定会计期间的收入实现情况，如实现的营业收入有多少，实现的投资收益有多少，实现的营业外收入有多少等；可以反映一定会计期间的费用耗费情况，如耗费的营业成本有多少，营业税费有多少，销售费用、管理费用、财务费用各有多少，营业外支出有多少等；可以反映企业生产经营活动的成果，即净利润的实现情况，据以判断资本保值、增值情况。将利润表中的信息与资产负债表中的信息相结合，还可以提供进行财务分析的基本资料，如将赊销收入净额与应收账款平均余额进行比较，计算出应收账款周转率；将销货成本与存货平均余额进行比较，计算出存货周转率；将净利润与资产总额进行比较，计算出资产收益率等，可以表现企业资金周转情况以及企业的盈利能力和水平，便于报表使用者判断企业未来的发展趋势，做出经营决策。

（2）利润表的结构

利润表一般有表首、正表两部分。其中，表首说明报表名称、编制单位、编制日期、报表编号、货币名称、计量单位等；正表是利润表的主体，反映形成经营成果的各个项目和计算过程，所以这张表曾被称为损益计算书。常见的利润表结构主要有单步式和多步式两种。单步式结构是将所有的收入和支出分别汇总，相减得出本期净利润。多步式结构即通过对当期的收入、费用、支出项目按性质加以归类，按利润形成的主要环节列示一些中间性利润指标，分步计算当期经损益。

利润表主要反映以下几方面的内容：营业收入，由主营业务收入和其他业务收入组成。营业利润，营业收入减去营业成本（主营业务成本、其他业务成本）、营业税金及附加、销售费用、管理费用、财务费用、资产减值损失，加上公允价值变动收益、投资收益，即为营业利润，利润总额，营业利润加上营业外收入，减去营业外支出，即为利润总额。净利润，利润总额减去所得税费用，即为净利润。每股收益，普通股或潜在普通股已公开交易的企业，以及正处于公开发行普通股或潜在普通股过程中的企业，还应当在利润表中列示每股收益信息，包括基本每股收益和稀释每股收益两项指标。

此外，为了使报表使用者通过比较不同期间利润的实现情况，判断企业经营成果的未来发展趋势，企业需要提供比较利润表，利润表还就各项目再分为“本期金额”和“上期金额”两栏分别填列。

在我国，利润表采用多步式结构，如表 5-9 所示。

表 5-9　　利润表

会企 02 表

编制单位：　　单位：元

项　目	本期金额	上期金额
一、营业收入		
减：营业成本		
营业税金及附加		
销售费用		
管理费用		
财务费用		
资产减值损失		
加：公允价值变动收益（损失以“–”号填列）		
投资收益（损失以“–”号填列）		
其中：对联营企业和合营企业的投资收益		
二、营业利润（亏损以“–”号填列）		
加：营业外收入		
其中：非流动资产处置利得		
减：营业外支出		
其中：非流动资产处置损失		
三、利润总额（亏损总额以“–”号填列）		
减：所得税费用		
四、净利润（净亏损以“–”号填列）		

续表

项　目	本期金额	上期金额
五、其他综合收益的税后净额		
（一）以后不能重分类进损益的其他综合收益		
……		
（二）以后将重分类进损益的其他综合收益		
……		
六、综合收益总额		
七、每股收益：		
（一）基本每股收益		
（二）稀释每股收益		

二、利润表的编制方法

利润表（Income Statement）反映企业在一定期间内利润（或亏损）的实际情况，报告企业的经营成果。利润表中的“本期金额”栏反映各项目的本期实际发生数，利润表“上期金额”栏内各项数字，应根据上年该期利润表“本期金额”栏内所列数字填列。如果上年该期利润表规定的各个项目的名称和内容同本期不相一致，应对上年该期利润表各项目的名称和数字按本期的规定进行调整，填入利润表“上期金额”栏内。中期利润表要填列本年 1 月 1 日至中期期末的各对应项目累计数，年度利润表要填列本年 1 月 1 日至 12 月 31 日的各对应项目累计数。这也应该是利润表“本期金额”栏的所属期间。“上期金额”应当填列企业上年 1 月 1 日至上年同期期末各对应项目的累计数，“上期金额”即上年同期金额。

利润表各项目“本期金额”主要根据各损益类科目的发生额分析填列。计算利润时，企业应以收入为起点，计算出当期的营业利润、利润总额和净利润额。各项目具体填列方法分以下几种情况。

1. 根据若干个有关账户本期发生额分析计算填列

“营业收入”项目。应该根据“主营业务收入”“其他业务收入”账户本期发生额加总填列。

“营业成本”项目。应该根据“主营业务成本”“其他业务成本”账户本期发生额加总填列。

2. 根据有关账户本期发生额直接填列

“营业税金及附加”、“资产减值损失”、“公允价值变动损益”、“投资收益”、“营业外收入”、“营业外支出”、“所得税费用”、“管理费用”、“销售费用”、“财务费用”的本期金额，根据相关账户本期发生额直接填列。“公允价值变动损益”和“投资收益”项目如果为净损失，以“–”号填列。

3. 根据表内各项目之间的关系分析计算填列

其营业利润、利润总额和净利润的形成的计算步骤为：

营业利润＝营业收入–营业成本–营业税金及附加–销售费用–管理费用
–财务费用＋公允价值变动收益＋投资收益

利润总额＝营业利润＋营业外收入–营业外支出

净利润＝利润总额–所得税费用

【学习知识查阅】编制利润表的理论依据。

任务实施

王丽按照相关知识所介绍利润表的编制方法，根据会计主管周敏提供的损益类账户本期累计发生额（见表 5-8）资料，动手编制了康宝公司 2014 年 12 月的利润表，填入表 5-10。

营业收入 = 主营业务收入 + 其他业务收入 = 9 000 000 + 400 000 = 9 400 000 元；

营业成本 = 主营业务成本 + 其他业务成本 = 2 000 000 + 100 000 = 2 100 000 元；

营业税金及附加、销售费用、管理费用、财务费用、所得税费用根据本期发生额直接填列。

营业利润 = 营业收入−营业成本−营业税金及附加−销售费用−管理费用−财务费用
= 9 400 000−2 100 000−50 000−800 000−1 000 000−40 000
= 5 410 000（元）

利润总额 = 营业利润 + 营业外收入−营业外支出
= 5 410 000 + 60 000−30 000
= 5 440 000（元）

净利润 = 利润总额−所得税费用
= 5 440 000−1 360 000
= 4 080 000（元）

表 5-10 利润表

会企 02 表

编制单位：康宝公司　　2014 年 12 月　　单位：元

项　目	本期金额	上期金额
一、营业收入	9 400 000.00	略
减：营业成本	2 100 000.00	
营业税金及附加	50 000.00	
销售费用	800 000.00	
管理费用	1 000 000.00	
财务费用	40 000.00	
资产减值损失		
加：公允价值变动收益（损失以“−”号填列）		
投资收益（损失以“−”号填列）		
其中：对联营企业和合营企业的投资收益		
二、营业利润（亏损以“−”号填列）	5 410 000.00	
加：营业外收入	60 000.00	
其中：非流动资产处置利得		
减：营业外支出	30 000.00	
其中：非流动资产处置损失		
三、利润总额（亏损总额以“−”号填列）	5 440 000.00	
减：所得税费用	1 360 000.00	
四、净利润（净亏损以“−”号填列）	4 080 000.00	
五、其他综合收益的税后净额		
（一）以后不能重分类进损益的其他综合收益		
……		
（二）以后将重分类进损益的其他综合收益		
……		

续表

项　　目	本期金额	上期金额
六、综合收益总额		
七、每股收益：		
（一）基本每股收益		
（二）稀释每股收益		

知识链接

利润表中的各项目具体含义及填列说明。

本表“上期金额”栏内各项数字，应根据上年度利润表“本期金额”栏内所列数字填列。如果上年度利润表规定的各个项目的名称和内容同本年度不相一致，应对上年度利润表各项目的名称和数字按本年度的规定进行调整，填入本表“上期金额”栏内。

本表“本期金额”栏内各项目具体含义及填列说明如下。

（1）“营业收入”项目。反映企业经营主要业务和其他业务所确认的收入总额。本项目应根据“主营业务收入”和“其他业务收入”账户的贷方发生额扣除借方发生额后的净额计算填列。

（2）“营业成本”项目。反映企业经营主要业务和其他业务发生的实际成本总额。本项目应根据“主营业务成本”和“其他业务成本”账户的借方发生额扣除贷方发生额后的净额计算填列。

（3）“营业税金及附加”项目。反映企业经营业务应负担的营业税、消费税、城市维护建设税、资源税、土地增值税和教育费附加等。本项目应根据“营业税金及附加”账户借方发生额直接填列。

（4）“销售费用”项目。反映企业在销售商品过程中发生的包装费、广告费等费用和为销售本企业商品而专设的销售机构的职工薪酬、业务费等经营费用。本项目应根据“销售费用”账户借方发生额直接填列。

（5）“管理费用”项目。反映企业为组织和管理生产经营发生的管理费用。本项目应根据“管理费用”账户借方发生额直接填列。

（6）“财务费用”项目。反映企业筹集生产经营所需资金等发生的筹资费用。本项目应根据“财务费用”账户借方发生额直接填列。

（7）“资产减值损失”项目。反映企业各项资产发生的减值损失。本项目应根据“资产减值损失”账户借方发生额直接填列。

（8）“公允价值变动净收益”项目。反映企业按照相关准则规定应当计入当期损益的资产或负债公允价值变动净收益，如交易性金融资产当期公允价值的变动额。如为净损失，以“−”号填列。

（9）“投资收益”项目。反映企业以各种方式对外投资所取得的收益。如为净损失，以“−”号填列。

（10）“营业外收入”“营业外支出”项目。反映企业发生的与其经营活动无直接关系的各项收入和支出。其中，处置非流动资产净损失，应当单独列示。“营业外收入”项目应根据其账户贷方发生额直接填列；“营业外支出”项目应根据其账户借方发生额直接填列。

（11）“利润总额”项目。反映企业实现的利润总额。如为亏损总额，以“−”号填列。该项目应由“营业利润”项目金额加上“营业外收入”项目金额，减去“营业外支出”项目金额计算填列。

（12）“所得税费用”项目。反映企业根据所得税准则确认的应从当期利润总额中扣除的所得税费用。本项目应根据“所得税费用”账户借方发生额直接填列。

（13）“净利润”项目。反映企业实现的税后利润。如为亏损总额，以“-”号填列。该项目应由“利润总额”项目金额，减去“所得税费用”项目金额计算填列。

（14）“基本每股收益”和“稀释每股收益”项目。应当根据《企业会计准则第34号——每股收益》的规定计算的金额填列。《企业会计准则第 34 号——每股收益》及其应用指南规定，企业应当按照归属于普通股股东的当期净利润，除以发行在外普通股的加权平均数计算基本每股收益。

任务三　编制现金流量表

任务描述

康宝公司是一家小型工业企业（一般纳税人），老总想了解企业2014年度的现金流动情况，以便做出下一步的经营决策。王丽是该公司财务部新来的一名会计，这是她大学毕业后从事的第一份会计工作。会计主管周敏分配给新来的会计王丽一项任务，要求她根据出纳人员登记的多栏式现金日记账和多栏式银行存款日记账各明细项目本年累计发生额（出纳提供的现金账户和银行存款账户本期发生额汇总见表5-11和表5-12），编制康宝公司2014年度的现金流量表。老总为什么通过现金流量表进行经营决策呢？现金流量表到底有什么作用？又如何编制呢？

表5-11　　2014年康宝公司现金日记账发生额汇总表　　单位：元

经营活动产生		投资活动产生		筹资活动产生	
现金流入量	现金流出量	现金流入量	现金流出量	现金流入量	现金流出量
98 768	36 859	0	0	0	0

表5-12　　2014年康宝公司银行存款日记账发生额汇总表　　单位：元

经营活动产生		投资活动产生		筹资活动产生	
现金流入量	现金流出量	现金流入量	现金流出量	现金流入量	现金流出量
6 420 000	4 280 000	3 480 000	2 200 000	8 000 000	5 200 000

任务分析

现金流量表能够提供企业在一定期间内现金的来龙去脉及现金余额变动的会计信息。它可以告诉读表人现金从何处来，又用到何处去；可以规划和预测企业在未来产生现金的能力。现金流量表最大的功能就是具有透视的功能。借助现金流量表提供的信息，可以分析企业净利润与相关现金流量产生差异的原因。对于企业来讲，利润和现金之间到底有多大的差距，我们可以用现金流量表对它加以透视。

相关知识

一、现金流量表概述

现金流量表（Cash Flow Statement）能够提供企业在一定期间现金流量的信息，为会计报表使用者了解和评价企业获取现金及现金等价物的能力，预测企业未来现金流量提供资料依据；现金流量表能够说明企业在一定期间现金流入、流出的原因，现金净增加额及来源方向，用以分析企业的支付债务能力和支付股利的能力；通过现金流量表，可以分析企业未来获取现金的能力，透视企业投资理财活动对经营成果和财务状况的影响，有助于对企业的整体财务状况做出客观评价。现金流量表属于动态报表。

1. 现金流量表的含义

现金流量表（Cash Flow Statement）是反映企业一定会计期间内现金及现金等价物流入及流出信息的报表。它以收付实现制为原则，从动态上反映企业资金运动的过程和结果。这里的现金与前述会计核算所讲的现金不同，其范围要广泛得多，它是指企业的库存现金和可以随时用于支付的银行存款及现金等价物，具体包括库存现金、银行存款、其他货币资金和现金等价物四项内容。

现金流量表将现金流量分为三类，即经营活动产生的现金流量、投资活动产生的现金流量和筹资活动产生的现金流量。

（1）经营活动产生的现金流量

经营活动是指企业投资活动和筹资活动以外的所有交易和事项，如销售商品或提供劳务、购买商品或接受劳务、经营性租赁、支付工资、支付管理费用、缴纳各项税款等。

经营活动现金流入包括销售商品及提供劳务收到的现金、收到的税费返还、收到的其他与经营活动有关的现金；经营活动的现金流出包括购买商品及接受劳务支付的现金、支付给职工以及为职工支付的现金、支付的各项税费、支付的其他与经营活动有关的现金。

（2）投资活动产生的现金流量

投资活动是指企业长期资产的购建和不包括现金等价物范围内的投资及其处置活动，既包括对外投资，又包括长期资产的购建与处置。

投资活动的现金流入包括收回投资收到的现金、取得投资收益收到的现金、处置固定资产和无形资产及其他长期资产收回的现金净额、收到的其他与投资活动有关的现金；投资活动的现金流出包括购建固定资产和无形资产及其他长期资产支付的现金、投资所支付的现金、支付的其他与投资活动有关的现金。

（3）筹资活动产生的现金流量

筹资活动是指导致企业资本及债务规模及结构发生变化的活动，包括发行股票或接受投入资本、分派现金股利、取得和偿还银行借款、发行和偿还公司债券等。

筹资活动的现金流入包括吸收投资收到的现金、取得借款收到现金、收到的其他与筹资活动有关的现金；筹资活动的现金流出包括偿还债务支付的现金、分配股利或利润及偿付利息支付的现金、支付的其他与筹资活动有关的现金。

2. 现金流量表的结构

我国企业现金流量表采用报告式结构（见表5-13），分类反映经营活动产生的现金流量、投资活动产生的现金流量、筹资活动产生的现金流量，最后汇总反映企业某一期间现金及现金等价物的净增加额。

（1）经营活动产生的现金流量

① 销售商品、提供劳务收到的现金。

销货收现＝营业收入±应收净额±预收净变动额＋应交税费−坏账准备

② 购买商品、接受劳务支付的现金。

购货付现＝营业成本±应付净变动额±预付净变动额＋应缴税费±
存货净变动额−薪酬−折旧

③ 支付给职工以及为职工支付的现金。

注意：支付给工程人员的薪酬在投资活动反映。

支付离退休人员的薪酬在支付其他与经营活动有关的现金中反映。

④ 其他支付项目。

（2）投资活动产生的现金流量

① 收回投资收到的现金。

② 取得投资收益收到的现金。

③ 处置固定资产、无形资产和其他长期资产收到的现金净额。

④ 收到其他与投资活动有关的现金。

⑤ 购建固定资产、无形资产和其他长期资产支付的现金。

⑥ 投资支付的现金。

⑦ 取得子公司及其他营业单位支付的现金净额。

（3）筹资活动产生的现金流量

① 吸收投资收到的现金。

② 取得借款收到的现金。

③ 收到其他与筹资活动有关的现金。

④ 偿还债务支付的现金。

注意：只反映偿还的本金部分。

⑤ 分配股利、利润或偿付利息支付的现金。

（4）现金流量表补充资料

采用间接法计算经营活动现金净流量，即从净利润出发来计算经营活动净现金流量。

表 5-13　　　　现金流量表

编制单位：　　　　年　月　　　　单位：元

项　目	本期金额	上期金额
一、经营活动产生的现金流量：		
销售商品、提供劳务收到的现金		
收到的税费返还		
收到其他与经营活动有关的现金		
经营活动现金流入小计		
购买商品、接受劳务支付的现金		
支付给职工以及为职工支付的现金		
支付的各项税费		
支付其他与经营活动有关的现金		
经营活动现金流出小计		
经营活动产生的现金流量净额		
二、投资活动产生的现金流量：		
收回投资收到的现金		
取得投资收益收到的现金		
处置固定资产、无形资产和其他长期资产收回的现金净额		
处置子公司及其他营业单位收到的现金净额		

续表

项　目	本期金额	上期金额
收到其他与投资活动有关的现金		
投资活动现金流入小计		
购建固定资产、无形资产和其他长期资产支付的现金		
投资支付的现金		
取得子公司及其他营业单位支付的现金净额		
支付其他与投资活动有关的现金		
投资活动现金流出小计		
投资活动产生的现金流量净额		
三、筹资活动产生的现金流量：		
吸收投资收到的现金		
取得借款收到的现金		
收到其他与筹资活动有关的现金		
筹资活动现金流入小计		
偿还债务支付的现金		
分配股利、利润或偿付利息支付的现金		
支付其他与筹资活动有关的现金		
筹资活动现金流出小计		
筹资活动产生的现金流量净额		
四、汇率变动对现金及现金等价物的影响		
五、现金及现金等价物净增加额		
加：期初现金及现金等价物余额		
六、期末现金及现金等价物余额		
补充资料：		
1．将净利润调节为经营活动现金流量：		
净利润		
加：资产减值准备		
固定资产折旧、油气资产折耗、生产性生物资产折旧		
无形资产摊销		
长期待摊费用摊销		
处置固定资产、无形资产和其他长期资产的损失（收益以“－”号填列）		
固定资产报废损失（收益以“－”号填列）		
公允价值变动损失（收益以“－”号填列）		
财务费用（收益以“－”号填列）		
投资损失（收益以“－”号填列）		
递延所得税资产减少（增加以“－”号填列）		
递延所得税负债增加（减少以“－”号填列）		
存货的减少（增加以“－”号填列）		
经营性应收项目的减少（增加以“－”号填列）		

续表

项　目	本期金额	上期金额
经营性应付项目的增加（减少以"-"号填列）		
其他		
经营活动产生的现金流量净额		
2. 不涉及现金收支的重大投资和筹资活动：		
债务转为资本		
一年内到期的可转换公司债券		
融资租入固定资产		
3. 现金及现金等价物净变动情况：		
现金的期末余额		
减：现金的期初余额		
加：现金等价物的期末余额		
减：现金等价物的期初余额		
现金及现金等价物净增加额		

二、现金流量表的编制方法

编制现金流量表（Cash Flow Statement）时，列报经营活动现金流量的方法有两种，一种是直接法，另一种是间接法。

在直接法下，一般是以利润表中的营业收入为起算点，调节与经营活动有关的项目的增减变动，然后计算出经营活动产生的现金流量。

在间接法下，将净利润调节为经营活动现金流量，实际上就是将按权责发生制原则确定的净利润调整为现金净流入，并剔除投资活动和筹资活动对现金流量的影响。

采用直接法编报的现金流量表，便于分析企业经营活动产生的现金流量的来源和用途，预测企业现金流量的未来前景；采用间接法编报现金流量表，便于将净利润与经营活动产生的现金流量净额进行比较，了解净利润与经营活动产生的现金流量差异的原因，从现金流量的角度分析净利润的质量。所以，我国企业会计准则规定企业应当采用直接法编报现金流量表，同时要求在附注中提供以净利润为基础调节到经营活动现金流量的信息。

采用工作底稿法编制现金流量表，是以工作底稿为手段，以资产负债表和利润表数据为基础，对每一项目进行分析并编制调整分录，从而编制现金流量表。工作底稿法的程序包括以下几步。

第一步，将资产负债表的期初数和期末数过入工作底稿的期初数栏和期末数栏。

第二步，对其业务进行分析并编制调整分录。编制调整分录时，要以利润表项目为基础，从"营业收入"开始，结合资产负债表项目逐一进行分析。在调整分录中，有关现金和现金等价物的事项，并不直接借记或贷记现金，而是分别计入"经营活动产生的现金流量""投资活动产生的现金流量""筹资活动产生的现金流量"有关项目，借记表示现金流入，贷记表示现金流出。

第三步，将调整分录过入工作底稿中的相应部分。

第四步，核对调整分录，借方、贷方合计数均已经相等，资产负债表项目期初数加减调整分录中的借贷金额以后，也等于期末数。

第五步，根据工作底稿中的现金流量表项目部分编制正式的现金流量表。

采用T型账户法编制现金流量表，是以T型账户为手段，以资产负债表和利润表数据为基础，对每一项目进行分析并编制调整分录，从而编制现金流量表。T型账户法的程序包括以下几步。

第一步，为所有的非现金项目（包括资产负债表项目和利润表项目）分别开设T型账户，并将各自的期末期初变动数过入该账户。如果项目的期末数大于期初数，则将差额过入和项目余额相同的方向；反之，过入相反的方向。

第二步，开设一个大的“现金及现金等价物”T型账户，每边分为经营活动、投资活动和筹资活动三个部分，左边记现金流入，右边记现金流出。与其他账户一样，过入期末期初变动数。

第三步，以利润表项目为基础，结合资产负债表分析每一个非现金项目的增减变动，并据此编制调整分录。

第四步，将调整分录过入各T型账户，并进行核对，该账户借贷相抵后的余额与原先过入的期末期初变动数应当一致。

第五步，根据大的“现金及现金等价物”T型账户编制正式的现金流量表。

分析填列法是直接根据资产负债表、利润表和有关会计科目明细账的记录，分析计算出现金流量表各项目的金额，并据以编制现金流量表的一种方法。

利用工作底稿法和T型账户法编制现金流量表都有一个关键环节——编制调整分录。可以说调整分录编制的正确与否决定了现金流量表编制的正确与否。但在会计实务中，会计人员普遍反映的困难就在于调整分录的编制。不通过调整分录就可以把现金流量表编制出来是许多会计人员的愿望。利用多栏式日记账编制现金流量表可以帮助会计人员实现这一愿望。根据多栏式日记账编制现金流量表，不需要编制目前大多数会计人员无法接受和理解的调整分录，而采用多栏式日记账编制现金流量表，既简单易于理解，又符合账务处理的一般程序。不过，这会增大出纳人员登记日记账的工作量。多栏式日记账包括多栏式库存现金日记账、多栏式银行存款日记账、多栏式其他货币资金日记账。多栏式日记账的基本格式同三栏式日记账，只是将三栏式日记账中的借方栏和贷方栏分别改为现金流入栏和现金流出栏，在现金流入栏和现金流出栏再按现金流量表的具体项目设置专栏，一个项目设一个栏目。为避免账页过长，经营活动现金流量、投资活动现金流量、筹资活动现金流量分页设置、分页登记。一页账页集中登记某一类活动现金流入量和现金流出量。由于现金流量表中的现金流入和现金流出项目大部分都是银行存款的变动，因此多栏式银行存款日记账项目最多，账页最长。多栏式日记账的登记方法与三栏式日记账的登记方法基本相同，须根据收款凭证、付款凭证按经济业务发生的先后顺序序时登记。所不同的是每发生一笔库存现金、银行存款、其他货币资金收付业务均需按现金流量表具体项目进行归类，并登记到项目栏。为适应多栏式日记账的登记要求，记账凭证的格式可稍做修改，将“明细科目”栏改为“明细科目或现金流量项目”栏，这样在填制记账凭证时就将库存现金、银行存款、其他货币资金的收付按现金流量表项目进行了适当归类，会计主管在审核收付款凭证时，需根据现金流量表准则规定的项目归类标准审核凭证中项目归类的正确性。出纳人员就直接根据审核后的收付款凭证上的归类项目登记多栏式日记账相应栏目。期末，会计人员就可以根据多栏式日记账直接取数，编制现金流量表。

【学习知识查阅】编制现金流量表的作用。

任务实施

王丽按照相关知识所介绍的利用多栏式日记账编制现金流量表的方法，根据出纳人员登记的多栏式现金日记账和多栏式银行存款日记账各明细项目本期累计发生额汇总如表 5-11 和表 5-12 所示，动手编制了康宝公司2014 年度的现金流量表（简表），填入表 5-14，完成了会计主管周敏交代的任务。

表 5-14　　现金流量表

编制单位：康宝公司　　2014 年度　　单位：元

项　目	本 期 金 额	上期金额（略）
一、经营活动产生的现金流量：		
经营活动现金流入小计	6 518 768.00	
经营活动现金流出小计	4 316 859.00	
经营活动产生的现金流量净额	2 201 909.00	
二、投资活动产生的现金流量：		
投资活动现金流入小计	3 480 000.00	
投资活动现金流出小计	2 200 000.00	
投资活动产生的现金流量净额	1 280 000.00	
三、筹资活动产生的现金流量：		
筹资活动现金流入小计	8 000 000.00	
筹资活动现金流出小计	5 200 000.00	
筹资活动产生的现金流量净额	2 800 000.00	
现金及现金等价物净增加额	6 281 909.00	

知识链接

通过现金流量表对企业未来状况进行分析

评价过去是为了预测未来，虽然现金流量表反映的是企业过去一定时期内现金流量变化的动态信息，但它却为预测企业未来的财务状况提供了可靠的数据。

（1）企业未来获取现金能力的预测

如根据本期销售商品产生的现金，参考下一期间的销售前景和收账政策等，就可以预测下一期间销售商品产生的现金；又如企业通过银行筹得大笔资金，在本期现金流量表中反映为现金流入，但却意味着将来偿还款时要流出大笔现金；再如应收未收的款项，在本期现金流量表中虽然反映为现金流出，但意味着将来会有现金流入。

（2）企业未来发展状况的预测

一般情况下，一个企业要扩大生产规模，长期资产必须增加，反映在现金流量表中，投资活动中的现金流出量就会大幅度提高。对内投资的现金流出量大幅度提高，往往意味着该企业面临一个新的投资机会；对外投资的现金流出量大幅度提高，则说明该企业在通过对外投资来寻找新的获利机会和发展机遇。另外，在分析企业未来发展状况时，也可以将投资活动与筹资活动所产生的现金流量联系起来考察和分析。如果投资活动中的现金净流出量与筹资活动中现金净流入量在本期数额都相当大，说明该企业在保持内部经营稳定进行的前提下，从外界筹集了大笔资金以扩大生产经营规模；反之，如果投资活动中产生的现金流入量与筹资活动中产生的现金流出量在数额上比较接近且较大，说明企业在保持内部经营稳定进行的前提下，收回大笔对外投资的资金支付到期债务，意味着企业没有扩张的动机。此外，还可以从支付股利能力、现金周转能力、投资活动和理财活动对经营成果和财务状况的影响以及非现金的投资和筹资方面对现金流量表进行财务分析，以全面了解企业的过去和将来的财务状况。

任务四　会计报表的报送、装订和保管

任务描述

年度会计报表已经编制完毕，下一步该做什么呢？新来的会计王丽面对编制完毕的会计报表在思考：我们编制的报表要给哪些人阅读呢？对于不同的使用者，阅读报表的目的不同，我们采用的报送方式有哪些呢？报送的流程是怎样的呢？需要报送的材料具体又包括哪些呢？对报送时间有没有要求呢？报送完毕我们的报表还有用吗?应该如何保管呢？

任务分析

会计报表的需要者和阅读者很多，由于不同的报表阅读者运用会计信息的利益取向有所不同，其阅读会计报表的目的也就各有千秋，从而其需要的会计信息自然也不尽相同。因此，不同的会计报表阅读者在阅读会计报表时各有侧重。对此，有必要了解不同报表阅读者对会计报表阅读与分析的重点。一般而言，与企业有经济利害关系的有关方面可以分为投资者、债权人、供应商、经营者、客户、政府部门、企业职工、竞争对手和社会公众等。这些方面构成了会计报表的不同阅读者。会计报表编制完成及时报送后，会计人员要对留存的报表按月装订成册，包好封面谨防丢失。

相关知识

财务报表报送、装订和保管

1. 财务报告体系

会计报表是根据日常会计核算资料定期编制的，综合反映企业某一特定日期财务状况和某一会计期间经营成果、现金流量的总结性书面文件。它是企业财务报告的主要部分，是企业向外传递会计信息的主要手段。企业财务会计报告分为年度、半年度、季度和月度财务会计报告。其中，半年度、季度和月度财务会计报告统称为中期财务会计报告。

年度、半年度财务会计报告应当包括以下内容。

（1）会计报表。包括资产负债表、利润表、现金流量表及相关附表。其中，相关附表主要包括利润分配表、所有者权益变动表等。

（2）会计报表附注。

（3）财务情况说明书。

季度、月度财务会计报告通常仅指会计报表，一般至少应该包括资产负债表、利润表和现金流量表，小企业可以不提供现金流量表。

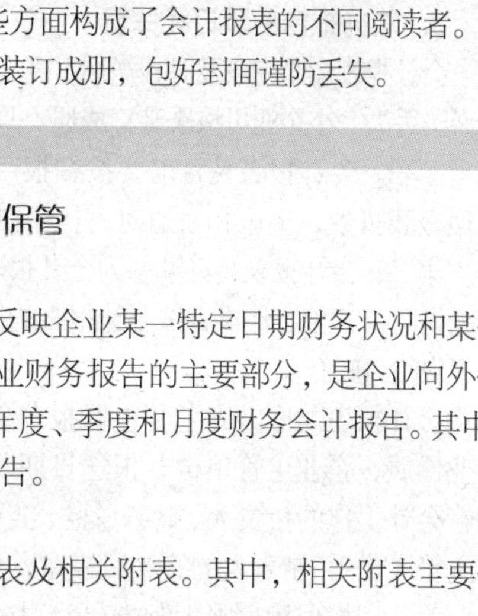

2. 报表报送

财务会计报告需要经注册会计师审计的，企业应当将注册会计师及其会计师事务所出具的审计报告随同财务会计报告一并对外提供。在规定的时限内及时向其所有者、债权人、有关各方、当地财税机关、开户银行、主管部门等报送。公开发行股票的公司应按时向债券交易机构和证券监督管理会等部门提供会计报告。企业向外提供的会计报告主要包括资产负债表、利润表、现金流量表、股东权益增减变动表、利润分配表、会计报表附注、财务情况说明书等。企业向外报送的年度会计报表应依次编定页数，加具封面，装订成册，加盖公章。对于会计报表的封面，单位名称应当填写全称；单位公章应当使用单位行政公章，不能用财务专用章代替；同时还要盖齐单位负责人、总会计师、会计机构负责人、制表人等人员的印章；随同报表的财务情况说明书，应在封面之内与报表装订在一起，并在封面上注明“内附财务状况说明书一份”字样；报送文件一般应贴在报表封面上，不能与财务状况说明书订在一起；因为财务情况说明书是财务报告的组成部分，报送文件只是一种履行报送程序的方式。

企业应按月度和年度向主管税务机关报送财务报表。一般月度财务会计报表报送期为月度终了后 15 日内；年度财务会计报表报送期限为年度终了后 5 个月内。采取自行（窗口）申报的纳税人应到主管税务机关办税服务厅或驻街税务所报送财务报表；采取网上报税的申报方式的纳税人应通过网上报税系统报送财务报表，并于年度终了后 2 个月内向主管税务机关办税服务厅报送月度和年度纸制财务报表。某些上市公司为了自身利益，会利用各种手段进行会计造假，粉饰会计报表，有关部门需要加强对公司财务报表的审核和监管。

3. 财务报告的装订和保管

会计报表编制完成及时报送后，留存的报表按月装订成册谨防丢失。小企业可按季装订成册。具体装订要求如下。

第一，会计报表装订前要按编报目录核对是否齐全，整理报表页数，上边和左边对齐压平，防止折角，如有损坏部位经修补后，完整无缺地装订。

第二，会计报表装订顺序为会计报表封面、会计报表编制说明、各种会计报表按会计报表的编号顺序排列、会计报告的封底。

会计报表封面内容主要包括报表名称、企业名称、企业性质、企业主管单位、报送日期以及企业负责人、主管会计工作的负责人、财务总监、会计机构负责人（会计主管人员）、制表人的签名和盖章，如图 5-1 所示。

第三，按保管期限编制卷号。财务报表等原则上是每个月都需要装订的，但一般实务操作都是一年汇总装订一次。要注意对电子报表的保存和备份。财务报表可以单独装订，也可以和纳税申报表等一起装订。装订成册的会计报表要和其他会计档案一起存档保管。一般月度、季度财务报告保管期限是 3 年，包括文字分析。年度财务报告（决算）保管期限是永久，包括文字分析。

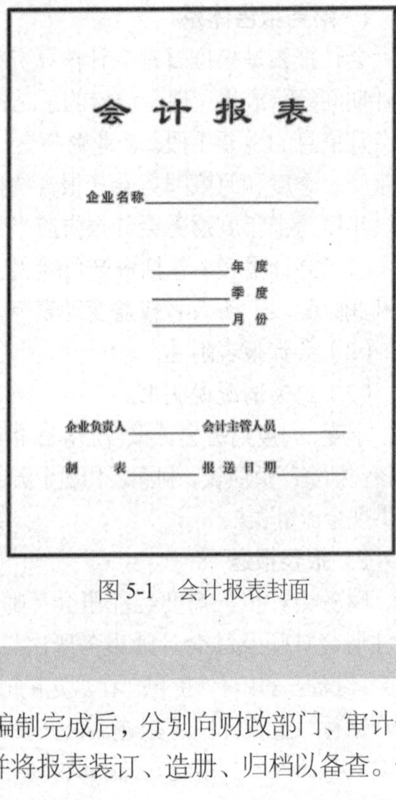
会计报表

企业名称＿＿＿＿＿＿＿＿

＿＿＿＿年 度
＿＿＿＿季 度
＿＿＿＿月 份

企业负责人＿＿＿＿ 会计主管人员＿＿＿＿
制　　表＿＿＿＿ 报送日期＿＿＿＿

图 5-1　会计报表封面

✎【学习知识查阅】编制中期财务报告的意义。

任务实施

新来的会计王丽按照要求将康宝公司的财务会计报告编制完成后，分别向财政部门、审计部门、税务部门、上级主管部门、工商行政管理部门报送，并将报表装订、造册、归档以备查。会计主管周敏对王丽的工作非常满意，王丽感到在新的会计工作岗位中学到了许多书本上学不到的知识，对自己今后的会计工作充满信心。

知识链接

财务报表的种类

财务报表（Financial Statement）可以按照不同的标准进行分类。

（1）按报表所提供会计信息的重要性不同，可分为主表和附表。

① 主表即主要财务报表，是指所提供的会计信息比较全面、完整，能基本满足各种信息需要者的不同要求的财务报表。现行的主表主要有 3 张，即资产负债表、利润表和现金流量表。

② 附表即从属报表，是指对主表中不能或难以详细反映的一些重要信息所做的补充说明的报表。现行的附表中，利润分配表和分部报表是利润表的附表，应交增值税明细表和资产减值准备明细表是资产负债表的附表。主表与有关附表之间存在着勾稽关系，主表反映企业的主要财务状况、经营成果和现金流量，附表则对主表进一步补充说明。

（2）按编制和报送的时间不同，可分为中期财务报表和年度财务报表。广义的中期财务报表包括月份、季度、半年期财务报表。狭义的中期财务报表仅指半年期财务报表。年度财务报表是全面反映企业整个会计年度的经营成果、现金流量情况及年末财务状况的财务报表。企业每年年底必须编制并报送年度财务报表。

（3）按编报单位不同，可分为基层财务报表和汇总财务报表。基层财务报表是由独立核算的基层单位编制的财务报表，是用以反映本单位财务状况和经营成果的报表。汇总财务报表是指上级和管理部门将本身的财务报表与其所属单位报送的基层报表汇总编制而成的财务报表。

（4）按编报的会计主体不同，可分为个别报表和合并报表。个别报表是指在以母公司和子公司组成的具有控股关系的企业集团中，由母公司和子公司各自为主体分别单独编制的报表，用以分别反映母公司和子公司本身各自的财务状况和经营成果。合并报表是以母公司和子公司组成的企业集团为一会计主体，以母公司和子公司单独编制的个别财务报表为基础，由母公司编制的综合反映企业集团经营成果、财务状况及其资金变动情况的财务报表。

（5）按服务对象不同，可以分为对外报表和内部报表。

① 对外报表是企业必须定期编制、定期向上级主管部门、投资者、财税部门等报送或按规定向社会公布的财务报表。这是一种主要的、定期规范化的财务报表。它要求有统一的报表格式、指标体系和编制时间等，资产负债表、利润表和现金流量表等均属于对外报表。

② 内部报表是企业根据其内部经营管理的需要而编制的、供其内部管理人员使用的财务报表。它不要求统一格式，没有统一指标体系，如成本报表则属于内部报表。

模块综述

会计报表是企业、单位会计部门在日常会计核算的基础上，利用统一的货币计量单位，按照会计报表统一规定的格式、内容和编制方法定期编制的，综合反映企业财务状况和经营成果、现金流量状况的书面文件。会计报表主要包括资产负债表、利润表、现金流量表等。

资产负债表亦称财务状况表，表示企业在一定日期（通常为各会计期末）财务状况（即资产、负债和所有者权益的状况）的主要会计报表。资产负债表利用“资产 = 负债 + 所有者权益”会计平衡原理，将“资产”和“负债及所有者权益”分布在左右 2 大区块，以特定日期的静态财务状况为基准，浓缩成一张报表。资产负债表有的根据总分类账户的期末余额直接填列，有的则需要整理、汇总、分析计算后填列。

利润表又称损益表，是反映企业在一定会计期间经营成果的一张动态报表。利润表的结构是依据“收入-费用=利润”的会计等式，利润表的格式主要有多步式和单步式两种。按照我国企业会计制度的规定，我国企业的利润表采用多步式。利润表根据收入、费用类账户的净发生额分析计算填列。

现金流量表是反映企业在一定会计期间现金和现金等价物流入和流出的报表。现金流量表的具体编制方法一般采用工作底稿法和T型账户法。在会计实务中还可以利用多栏式日记账编制现金流量表。

阅读篇目

- 财政部颁布的《会计基础工作规范》。
- 财政部、国家档案局发布的《会计档案管理办法》。

实施效果检测

一、单项选择题

1. 财务报告是反映会计主体财务状况、经营成果和财务收支情况的书面文件，由（　　）组成。

A. 资产负债表、损益表、财务状况变动表和有关附表

B. 资产负债表、损益表、现金流量表

C. 财务报告、报表附注和有关附表

D. 对外报送的会计报表、会计报表附注和财务情况说明书

2. 下列属于静态会计报表的是（　　）。

A. 资产负债表　　B. 现金流量表　　C. 利润表　　D. 利润分配表

3. 资产负债表填列的依据是（　　）。

A. 总账各账户余额　　B. 总账各账户本期发生额

C. 总账各账户余额和某些明细账余额　　D. 总账发生额和明细账发生额

4. 利润分配表中期末未分配利润与（　　）中未分配利润项目的金额应该保持一致。

A. 损益表　　B. 资产负债表

C. 财务状况变动表　　D. 主营业务收支明细表

5. 资产负债表中的应收账款项目，应根据（　　）填列。

A. 应收账款总账账户的期末余额

B. 应收账款总账账户所属明细账户的期末余额

C. 应收账款和应付账款总账账户所属明细账户的本期借方余额的合计数

D. 应收账款和预收账款总账账户所属明细账户的本期借方余额的合计数-坏账准备科目中有关应收账款计提的坏账准备余额

6. 如果企业本月利润表中的营业收入为200万元，营业成本为50万元，营业税金及附加为2万元，管理费用为10万元，财务费用为8万元，销售费用为30万元，则其营业利润应填（　　）万元。

A. 300　　B. 200　　C. 100　　D. 130

7. 如果企业月末资产负债表中，固定资产原价为 200 万元，累计折旧为 40 万元，固定资产减值准备为 60 万元，则企业固定资产合计应填列（　　）万元。

A. 100　　B. 60　　C. 140　　D. 160

8. 在资产负债表中，（　　）项目金额根据其总账余额直接填列。

A. 应收票据　　B. 存货　　C. 应收账款　　D. 长期借款

9. 资产负债表（12 月）中未分配利润项目是（　　）。

A. 本年利润账户余额

B. 利润分配账户余额

C. 本年利润账户余额–利润分配账户余额

D. 本年利润账户贷方余额+（–）利润分配账户贷（借）方余额

10. 净利润等于（　　）。

A. 营业收入–营业成本

B. 营业收入–营业成本–营业税金及附加–管理费用–销售费用–财务费用

C. 营业外收入–营业外成本

D. 利润总额–所得税费用

二、多项选择题

1. 会计报表的使用者有（　　）。

A. 投资者　　B. 债权人

C. 各级主管机关和国家经济管理机关　　D. 企业内部管理人员

2. 企业对外报送的财务报告包括（　　）。

A. 财务会计报表　　B. 财务会计报表附注

C. 材料费用分配表　　D. 财务情况说明书

3. 资产负债表中货币资金项目，应根据（　　）合计填列。

A. 库存现金总账科目余额　　B. 银行存款总账科目余额

C. 其他货币资金总账科目余额　　D. 应收票据科目总账余额

4. 企业对外会计报表主表包括（　　）。

A. 资产负债表　　B. 利润表　　C. 现金流量表　　D. 利润分配表

5. 会计报表附注的主要内容有（　　）。

A. 采用的主要会计处理方法

B. 会计处理方法变更的情况、原因和影响

C. 非经营性项目的说明

D. 会计报表重要项目的明细资料

6. 填列资产负债表期末数，可以分别采用的具体方法有（　　）。

A. 根据总账科目的期末余额直接填列

B. 根据若干总账科目的期末余额计算填列

C. 根据若干明细科目的期末余额计算分析填列

D. 根据总账科目的期末余额和明细科目的期末余额计算分析填列

7. 在编制资产负债表时，需要根据若干明细账户的期末余额计算填列的项目有（　　）。

A. 存货　　B. 应收账款　　C. 预收账款　　D. 应付账款

8. 有关利润表说法正确的是（　　）。

A. 是总括反映企业在一定时期经营成果的会计报表

B. 是动态会计报表

C. 表体形式为单步式和多步式

D. 是静态会计报表

9. 资产负债表项目中，可以根据总账科目期末余额直接填列的有（　　）。

A. 应收票据　　B. 短期借款　　C. 长期借款　　D. 应付利息

10. 企业财务会计报告分为（　　）。

A. 年度财务会计报告　　B. 半年度财务会计报告

C. 季度财务会计报告　　D. 月度财务会计报告

三、判断题

1. 资产负债表是反映企业在一定期间经营成果的报表，所以它是动态报表。（　）

2. 虽然资产负债表中的项目，有些是根据总账余额直接填列，有些是总账余额或明细账余额计算填列，但它们共同之处都是来源于账簿的期末余额。（　　）

3. 资产负债表中应收账款项目是根据应收账款总账科目余额直接填列。（　　）

4. 营业收入=主营业务收入+其他业务收入+营业外收入。（　　）

5. 资产负债表中固定资产项目根据固定资产总账期末余额减去累计折旧余额。（　　）

6. 资产负债表中的金额反映的是编表时的累计数额，利润表中的金额反映的是编表时的时点数额。（　　）

7. 企业年度会计报表应经中华人民共和国政府批准的注册会计师验证和出具证明，方为有效会计报表。（　　）

8. 会计报表既要向有关部门报送，又要提供给企业内部有关人员分析使用。（　　）

9. 资产负债表中的“长期借款”项目是根据“长期借款”账户的期末余额直接填列的。（　　）

10. 利润表是反映企业在某一特定日期（月末、年末）财务状况的报表，所以它是静态的。（　　）

四、技能操作实训

练　习　一

（一）实训目的：掌握资产负债表的编制。

（二）实训资料：鸿雁公司是一家小型工业企业（一般纳税人），2014 年 12 月月末，会计对账、调账、结账工作完毕，现在给你一份公司的总账科目余额表和部分明细科目余额表（见习题表 5-1 和习题表 5-2）。

（三）实训要求：请你为鸿雁公司编制本月的资产负债表，并将数据填入习题表 5-3 中。

习题表 5-1　　鸿雁公司 2014 年 12 月 31 日总账科目余额表

账户名称	借方余额	账户名称	贷方余额
库存现金	10 000	短期借款	300 000
银行存款	540 000	应付票据	245 000
其他货币资金	60 000	应付账款	560 000
交易性金融资产	40 000	预收账款	220 000
应收票据	250 000	其他应付款	150 000

续表

账户名称	借方余额	账户名称	贷方余额
应收账款	350 000	应付职工薪酬	100 000
坏账准备	−5 000	应付利息	20 000
预付账款	150 000	应付股利	
其他应收款	20 000	应交税费	60 000
在途物资	15 000	长期借款	300 000
原材料	550 000	其中：1 年内到期的非流动负债	50 000
包装物及低值易耗品	130 000	递延所得税负债	45 000
库存商品	1 200 000	股本	3 000 000
材料成本差异	10 000	资本公积	1 000 000
存货跌价准备	−80 000	盈余公积	2 000 000
长期股权投资	230 000	利润分配	2 500 000
固定资产	6 500 000		
累计折旧	−100 000		
固定资产减值损失	−50000		
在建工程	400 000		
在建工程减值准备	−10 000		
无形资产	400 000		
累计摊销	−110 000		
长期待摊费用	0		
合计	10 500 000		10 500 000

2014 年 12 月 31 日，康宝公司部分明细科目余额如习题表 5-2 所示。

习题表 5-2

总 账 科 目	明细科目借方余额合计	明细科目贷方余额合计
应收账款	500 000	150 000
预付账款	250 000	100 000
应付账款	40 000	600 000
预收账款	60 000	280 000

习题表 5-3　　资产负债表

会企 01 表

编制单位：　　年　月　日　　单位：元

资　　产	期末余额	年初余额	负债和股东权益	期末余额	年初余额
流动资产：			流动负债：		
货币资金			短期借款		
以公允价值计量且其变动计入当期损益的金融资产			以公允价值计量且其变动计入当期损益的金融负债		
应收票据			应付票据		
应收账款			应付账款		
预付款项			预收款项		

续表

资　　产	期末余额	年初余额	负债和股东权益	期末余额	年初余额
应收利息			应付职工薪酬		
应收股利			应交税费		
其他应收款			应付利息		
存货			应付股利		
划分为持有待售的资产			其他应付款		
一年内到期的非流动资产			划分为持有待售的负债		
其他流动资产			一年内到期的非流动负债		
流动资产合计			其他流动负债		
非流动资产：			流动负债合计		
可供出售金融资产			非流动负债：		
持有至到期投资			长期借款		
长期应收款			应付债券		
长期股权投资			长期应付款		
投资性房地产			专项应付款		
固定资产			预计负债		
在建工程			递延收益		
工程物资			递延所得税负债		
固定资产清理			其他非流动负债		
生产性生物资产			非流动负债合计		
油气资产			负债合计		
无形资产			所有者权益（或股东权益）：		
开发支出			实收资本（或股本）		
商誉			资本公积		
长期待摊费用			其他综合收益		
递延所得税资产			盈余公积		
其他非流动资产			未分配利润		
非流动资产合计			所有者权益合计		
资产总计			负债和所有者权益总计		

练　习　二

（一）实训目的：练习利润表的编制。

（二）实训资料：和诚公司 2014 年 12 月月底资料为例，其损益类各账户 12 月累计发生额见习题表 5-4，请根据损益类账户累计发生额编制 2014 年 12 月利润表。

（三）实训要求：根据以上资料编制该公司 2014 年 12 月利润表（本期金额），填入习题表 5-5。

习题表 5-4　　　　和诚公司 2014 年 12 月各损益类各账户累计发生额汇总表

科 目 名 称	借方发生额	贷方发生额
主营业务收入		6000 000.00
其他业务收入		800 000.00
营业外收入		100 000.00

续表

科 目 名 称	借方发生额	贷方发生额
主营业务成本	2 000 000.00	
其他业务成本	300 000.00	
营业税金及附加	87 200.00	
销售费用	700 000.00	
管理费用	1200 000.00	
财务费用	60 000.00	
营业外支出	40 000.00	
所得税费用	628 200.00	

习题表 5-5　　利润表

会企 02 表

编制单位：　　单位：元

项　　目	本期金额	上期金额
一、营业收入		
减：营业成本		
营业税金及附加		
销售费用		
管理费用		
财务费用		
资产减值损失		
加：公允价值变动收益（损失以“−”号填列）		
投资收益（损失以“−”号填列）		
其中：对联营企业和合营企业的投资收益		
二、营业利润（亏损以“−”号填列）		
加：营业外收入		
其中：非流动资产处置利得		
减：营业外支出		
其中：非流动资产处置损失		
三、利润总额（亏损总额以“−”号填列）		
减：所得税费用		
四、净利润（净亏损以“−”号填列）		
五、其他综合收益的税后净额		
（一）以后不能重分类进损益的其他综合收益		
……		
（二）以后将重分类进损益的其他综合收益		
……		
六、综合收益总额		
七、每股收益：		
（一）基本每股收益		
（二）稀释每股收益		

模块六

展示学习成果，进行会计工作过程的基本技能综合实训

【知识目标】

1. 掌握原始凭证的填制方法。
2. 掌握记账凭证的编制方法。
3. 掌握日记账的登记方法。
4. 掌握明细分类账的登记方法。
5. 掌握科目汇总表的编制方法。
6. 掌握总分类账的登记方法。
7. 掌握会计报表的编制方法。

【技能目标】

1. 能根据经济业务活动内容正确填制并审核原始凭证。
2. 能根据经济业务活动内容正确编制并审核记账凭证。
3. 能根据记账凭证正确登记日记账。
4. 能根据原始凭证、汇总凭证和记账凭证登记各种明细分类账。
5. 能根据科目汇总表登记总分类账。
6. 能根据总分类账及相关资料编制会计报表。

模块导航

通过前面五个模块的系统学习和各项任务的实施，同学们已经对会计基本理论、核算方法和基本会计操作技能有比较深刻的认识。下面将结合工业企业一个月的经济业务让同学进一步提高对企业账务处理工作的认识，增强学生对基础会计的基本理论内容和技能的感性认识。通过实际案例规范操作，掌握和提高对企业经济业务进行账务处理的能力，其中包括填制和审核会计凭证、

登记账簿、编制会计报告等，从而为编制会计报表、进行会计分析以及审计提供主要依据。再者，通过实训，培养学生良好的工作作风和职业道德，锻炼和提高学生实际工作能力，为后续专业课程的学习和今后从事相关财务工作奠定基础。

本模块全面模拟工业企业账务处理实务操作流程，包括填制原始凭证、编制记账凭证、登记明细账、科目汇总、登记总账、编制会计报表这几个部分。

任务　结合实训案例进行账务处理

任务描述

江西汇通工厂是一个技术密集型国有企业，有职工 200 余人，总资产 400 多万元，注册资本 220 万元，生产 A（111）和 B（222）两种代号产品，质量稳定，产品供不应求。该厂只设有一个基本生产车间，根据订单组织生产。产品成本采用分批法核算。全厂管理部门设有厂办、材料仓库及若干行政职能科室，组织全厂生产经营活动及后勤保障工作。财务部门人员配备齐全，职责分工明确。

该厂在南昌市工商银行人民路办事处开户，银行存款结算账号为：3632542012109876，税务登记号为：3600213458763，地址：南昌市人民东路，法人代表：张胜文，财务主管：黄静，出纳：张婷，会计：张晓红。

以下是该厂 2015 年 6 月月初余额资料（见表 6-1）。

表 6-1　　2015 年 6 月月初有关数据

单位：元

账户名称	摘要	借或贷	余额
库存现金	2015 年 5 月 31 日余额	借	1 800.00
银行存款	2015 年 5 月 31 日余额	借	485 400.00
交易性金融资产	2015 年 5 月 31 日余额	借	200 000.00
——新亚债券	8 月 10 日到期	借	200 000.00
应收票据	2015 年 5 月 31 日余额	借	180 000.00
——银行承兑汇票	江西百胜有限责任公司 9 月 30 日到期	借	100 000.00
——商业承兑汇票	南昌振兴有限责任公司 6 月 30 日到期	借	80 000.00
应收账款	2015 年 5 月 31 日余额	借	250 000.00
——华强公司	欠货款	借	120 000.00
——南昌振兴有限责任公司	欠货款	借	80 000.00
——沙泉公司	欠货款	借	50 000.00
其他应收款	2015 年 5 月 31 日余额	借	36 200.00
——行政科	备用金	借	35 000.00
——王强	出差借款	借	1 200.00
在途物资	2015 年 5 月 31 日余额（甲材料）	借	156 000.00
原材料	2015 年 5 月 31 日余额	借	522 000.00
——甲材料		借	240 000.00

续表

账户名称	摘要	借或贷	余额
——乙材料		借	250 000.00
——辅助材料		借	32 000.00
周转材料	2015 年 5 月 31 日余额	借	50 600.00
——包装物		借	50 600.00
生产成本	2015 年 5 月 31 日余额	借	388 000.00
——A（111）	华强公司订货	借	388 000.00
库存商品	2015 年 5 月 31 日余额	借	660 000.00
——A（111）	南昌振兴有限责任公司订货	借	260 000.00
——B（222）	江西百胜有限责任公司订货	借	400 000.00
长期股权投资	2015 年 5 月 31 日余额	借	600 000.00
——通用股票		借	600 000.00
固定资产	2015 年 5 月 31 日余额	借	2 566 000.00
——生产车间用		借	2 160 000.00
——管理部门用		借	406 000.00
累计折旧	2015 年 5 月 31 日余额	贷	520 000.00
短期借款	2015 年 5 月 31 日余额	贷	85 000.00
——工商银行	流动资金借款	贷	85 000.00
应付票据	2015 年 5 月 31 日余额	贷	142 000.00
——银行承兑汇票	应付江西鸿发有限责任公司 本月到期	贷	142 000.00
应付账款	2015 年 5 月 31 日余额	贷	380 000.00
——江西鸿发有限责任公司	欠货款	贷	180 000.00
——兴通公司	欠货款	贷	110 000.00
——东银公司	欠货款	贷	90 000.00
预收账款	2015 年 5 月 31 日余额	贷	200 000.00
——华强公司	预付款	贷	60 000.00
——南昌振兴有限责任公司	预付款	贷	50 000.00
——江西百胜有限责任公司	预付款	贷	90 000.00
其他应付款	2015 年 5 月 31 日余额	贷	24 000.00
——吴明		贷	24 000.00
应付职工薪酬	2015 年 5 月 31 日余额	贷	120 000.00
——职工福利		贷	120 000.00
应付股利	2015 年 5 月 31 日余额	贷	70 000.00
应交税费	2015 年 5 月 31 日余额	贷	237 340. 00
——应交增值税	进项税额 202500，销项税额 407500	贷	205 000.00
——应交所得税		贷	32 340.00
其他应付款	2015 年 5 月 31 日余额	贷	8 000.00
——出借包装物押金		贷	8 000.00
实收资本	2015 年 5 月 31 日余额	贷	2 500 000.00
——国家资本金		贷	2 500 000.00

续表

账户名称	摘要	借或贷	余额
盈余公积	2015 年 5 月 31 日余额	贷	342 320.00
本年利润	2015 年 5 月 31 日余额	贷	650 000.00
利润分配	2015 年 5 月 31 日余额	贷	152 340.00
——提取盈余公积		借	64 630.00
——投资者利润		借	129 260.00
——未分配利润		贷	346 230.00

请你根据江西汇通工厂 2015 年 6 月月初相关账务数据结合本月发生的经济业务完成 2015 年 6 月江西汇通工厂的账务处理工作。

任务分析

要完成江西汇通工厂 2015 年 6 月的账务处理，首先要清楚企业账务处理的基本流程。

相关知识

在日常工作中，账务处理流程大致如下所示。

（1）根据企业月初账户余额资料开设日记账、总账、明细账。

（2）根据原始凭证编制汇总原始凭证，并对原始凭证进行审核。

（3）根据原始凭证或汇总原始凭证编制记账凭证，并对其进行审核。

（4）登记日记账，出纳人员根据收款凭证、付款凭证逐日逐笔登记现金日记账和银行存款日记账。

（5）登记各种明细分类账，一般单位根据业务量大小设置会计岗位，由数名会计人员根据原始凭证、汇总原始凭证和记账凭证登记各种明细账。

（6）根据各种记账凭证编制科目汇总表。

（7）根据科目汇总表登记总分类账，总账会计根据记账凭证定期汇总，编制科目汇总表，并根据科目汇总表登记总账。

（8）期末，财会人员要进行对账，日记账和明细账核对，明细账与总账核对，做到账账相符；与此同时，进行期末结账。

（9）期末，根据总分类账和明细分类账的记录，编制会计报表。

（10）装订凭证。

下面根据企业账务处理流程进行实务操作。

第一步，根据月初账户余额资料，开设账户。

（1）日记账（现金日记账、银行存款日记账）（见表 6-2）。

表 6-2 库存现金 日记账

2015 年		凭证号数		摘 要	借 方	贷 方	借贷方向	余 额
月	日	字	号					
6	1			期初余额			借	1 800.00

银行存款日记账期初账户登记略。

（2）明细账（三栏式明细账、多栏式明细账、数量金额式明细账）（见表 6-3）。

表 6-3　　**应收票据 明细账**

二级明细科目　　南昌振兴有限责任公司

2015 年		凭证号数		摘　要	借　方	贷　方	借贷方向	余　额
月	日	字	号					
6	1			期初余额			借	80 000.00

其余账户略。

（3）总账（三栏式）（见表 6-4）。

表 6-4　　**应收票据 总账**

2015 年		凭证号数		摘　要	借　方	贷　方	借贷方向	余　额
月	日	字	号					
6	1			期初余额				180 000.00

其余账户略。

第二步，根据经济业务内容对相应的原始凭证进行填制与审核。

该企业 2015 年 6 月发生的经济业务如下。

（1）2 日，生产车间领用原材料甲 80 000 元投入产品 A（111）生产（见图 6-1）。

领　料　单

领料部门：生产部门（A（111））　　开票日期 2015 年 6 月 2 日　　字第 1 号

材料编号	材料名称	规　格	单　位	请领数量	实发数量	计划价格 单　价	计划价格 金　额
01001	甲		吨	20	20	4 000	80 000.00

用　途	生产用	领料部门 负责人	领料部门 领料人	发料部门 核准人	发料部门 发料人
		梁红	李强	张华	李晓

第一联：仓库（黑色）；　第二联：记账（红色）；　第三联：领料部门（绿色）

图 6-1

（2）3 日，接银行收账通知，收到华强公司还来货款 120 000 元（见图 6-2）。

（3）4 日，采购员王强报销差旅费 1 020 元，余款收回现金（见图 6-3）。

中国工商银行　进账单（回单）

2015 年 6 月 3 日

出票人	全称	华强公司	收款人	全称	江西汇通工厂										
	账号	89876575476542		账号	3632542012109876										
	开户行	南昌市丁公路支行		开户行	南昌市工商银行人民路办事处										
金额	人民币（大写）壹拾贰万元整			亿	千	百	十	万	千	百	十	元	角	分	
						¥	1	2	0	0	0	0	0	0	
票据种类	转账支票														
票据张数	1														
单位主管　会计　复核　记账				持票人开户行签章											

南昌市工行人民路办事处　2015.06.03　办讫

图 6-2

出差旅费报销单

报销日期：2015-6-4

部门	管理部门							出差人		王强					出差事由	
出发				到达				交通工具	单据张数	车船费	住宿费				其他费用	
月	日	时	地点	月	日	时	地点				人数	天数	金额		项目	金额
略																
合计																
报销总额	人民币（大写）	壹仟零贰拾元整										¥ 1020. 00			退回金额	¥ 180.00

现金收讫

主管　黄静　　审核　张晓红　　报销人　王强

图 6-3

（4）4 日，上月采购甲材料到货，验收入库（见图 6-4）。

入库单

报销日期：2015-6-4

类别	编号	名称	规格	单位	数量		价格									附注
					应收	实收	单价	总价								
								十	万	千	百	十	元	角	分	
原材料		甲		吨	39	39	4000	1	5	6	0	0	0	0	0	

会计主管　　仓库主管　　保管员　　验收员　李丽华　　采购员　王强

图 6-4

（5）5 日，向江西鸿发有限责任公司采购原材料甲，价值 200 000 元，增值税税率为 17%，签发 6 个月的商业承兑汇票支付全部货款。材料已经验收入库（见图 6-5～图 6-7）。

32012589　　**江西增值税专用发票**　　No 82375983

发票联

开票日期：2015年6月5日

购货单位	名　　称：江西汇通工厂 纳税人识别号：3600213458763 地址、电话：南昌市人民东路 开户行及账号：南昌市工行人民路办事处 3632542012109876				密码区	677<<>p09886588<>/* 9896/1>>9875o678$// 345673<>78/023/*/78*		
货物或应税劳务名称	规格型号	单位	数量	单价	金额	税率	税额	
甲材料		吨	50	4000	200 000.00	17%	34 000.00	
合　　计					200 000.00		34 000.00	
价税合计（大写）	人民币贰拾叁万肆仟元整				（小写）¥234 000.00			
销货单位	名　　称：江西鸿发有限责任公司 纳税人识别号：36024659755 地址、电话：市人民路 开户行及账号：南昌市工行人民路办事处 3632512345667789				备注			

收款人：　　复核：杜子美　　开票人：黄可　　销货单位（章）

图 6-5

商业承兑汇票

出票日期　贰零壹伍年陆月零伍日

付款人	全　称	江西汇通工厂	收款人	全　称	江西鸿发有限责任公司
	账　号	3632542012109876		账　号	3632512345667789
	开户银行	南昌市工行人民路办事处		开户银行	南昌市工行人民路办事处

出票金额	人民币贰拾叁万肆仟元整	亿	千	百	十	万	千	百	十	元	角	分
				¥	2	3	4	0	0	0	0	0

汇票到期日期	贰零壹伍年壹拾贰月零伍日	交易合同号码	897776557
本汇票已经本单位承兑，到期日无条件支付票款。 承兑人签章 承兑日期　年　月　日		本汇票请予以承兑，到期日付款 出票人签章	

图 6-6

入库单

类别	编号	名称	规格	单位	数量		价格										附注
					应收	实收	单价	总价									
								十	万	千	百	十	元	角	分		
原材料		甲		吨	50	50	4000	2	0	0	0	0	0	0	0		

会计主管　　仓库主管　　保管员　　验收员 李丽华　　制单 周亮

图 6-7

（6）5日，以银行存款支付借款利息 8 000 元（见图 6-8）。

银行特种转账借方传票

2015年　6月 5 日　　　　字第 011 号

付款人	全称	江西汇通工厂	收款人	全称	市工行人民办
	账号	3632542012109876		账号	3456754456778997
	开户银行	市工行人民办		开户银行	市工行人民办

金额	人民币捌仟元整	千	百	十	万	千	百	十	元	角	分
					¥	8	0	0	0	0	0

原凭证金额		赔偿金	
原凭证名称		号码	
转账原因	6月份利息 银行签章	审批人	科目（借）201 对方科目（贷）501 会计　复核　制票 李太

图 6-8

（7）6日，南昌振兴有限责任公司提取已订商品 A（111），总价款 312 000 元，增值税税率为 17%，扣除预付款后余额收到一张商业承兑汇票，结转销售成本。（见图 6-9～图 6-11）。

320008978　　**江西增值税专用发票**　　No 8809421

记账联　　　　开票日期：2015年6月6日

购货单位	名称：南昌振兴有限责任公司 纳税人识别号：34455678899966 地址、电话：南昌市系马桩 开户行及账号：省工行分理处 6214567854321234	密码区	677<<>p09886588<>/* 9896/1>>9875o678$// 315670<>78/023/*/78*

货物或应税劳务名称	规格型号	单位	数量	单价	金额	税率	税额
A(111)		台	200	1560	312 000.00	17%	53 040.00
合　计					312 000.00		53 040.00
价税合计（大写）	人民币叁拾陆万伍仟零肆拾元整				（小写）¥365 040.00		

销货单位	名称：江西汇通工厂 纳税人识别号：3600213458763 地址、电话：南昌市人民东路 开户行及账号：南昌市工行人民路办事处 3632542012109876	备注	江西汇通工厂 3600213458763 发票专用章

收款人：　　复核：黄静　　开票人：张晓红　　销货单位（章）：

图 6-9

商业承兑汇票

出票日期　贰零壹伍年陆月零陆日

付款人	全　称	南昌振兴有限责任公司	收款人	全　称	江西汇通工厂
	账　号	6214567854321234		账　号	3632542012109876
	开户银行	省工行分理处		开户银行	南昌市工行人民路办事处

出票金额	人民币叁拾壹万伍仟零肆拾元整	亿	千	百	十	万	千	百	十	元	角	分
				¥	3	1	5	0	4	0	0	0

汇票到期日期	贰零壹伍年柒月零陆日	交易合同号码	678947
本汇票已经本单位承兑，到期日无条件支付票款 承兑人签章 南昌振兴有限责任公司 财务专用章 李立印 承兑日期　年　月　日		本汇票请予以承兑，到期日付款 出票人签章 南昌振兴有限责任公司 财务专用章 李立印	

图 6-10

出库单

字　1　号

类别	编号	名称	规格	单位	数量		成本									附注
					应收	实收	单价	总成本								
								十	万	千	百	十	元	角	分	
成品	A(111)			台	200	200	1300	2	6	0	0	0	0	0	0	

会计主管　　仓库主管　　保管员　　经发 李晓　　制单 李正

图 6-11

（8）6 日，采购员王强预借差旅费 2 500 元，签发现金支票支付（见图 6-12 和图 6-13）。

借款单

2015 年 6 月 6 日　　第 1 号

单位或名字	供应科
领款事由	预借差旅费
金额	人民币贰仟伍佰元整　现金付讫
附注	签发现金支票

核准　　会计 张晓红　　出纳 张婷　　领款人 王强

图 6-12

中国工商银行

现金支票存根

A 12343222

附加信息

出票日期 2015 年 6 月 6 日

收款人：王强
金额：¥2 500.00
用途：预借差旅费

单位主管 黄静　会计 张晓红

图 6-13

（9）7 日，以银行存款交纳增值税 205 000 元（见图 6-14）。

中华人民共和国

增值税税收缴款书

注册类型：国有企业　　填发日期：2015 年 6 月 7 日　　征收机关：南昌市西湖区国家税务局

缴款单位			预算科目		
	代码	45678865678		编码	09009
	全称	江西汇通工厂		名称	增值税
	账号	3632542012109876		级次	国家级
	开户行	南昌市工行人民路办事处	收款国库		南昌市工行人民路办事处
税款所属时期		2015 年 5 月 31 日	税款限缴日期		2015 年 6 月 7 日

税目名称	应纳税收入或其他计税依据	税率或征收率	扣除数	应纳税额	扣除已交税额	减免会抵免额	实缴金额 千	百	十	万	千	百	十	元	角	分
增值税	2397058.83	17%	202500	20500					2	0	5	0	0	0	0	0
金额（大写）贰拾万零伍仟元整								¥	2	0	5	0	0	0	0	0

缴款单位（人）（盖章） 经办人（章）	税务机关（盖章） 填票人（章）	上列款已收妥并划转收款单位账户 国库（银行）盖章　年　月　日	备注：

图 6-14

（10）7 日，江西百胜有限责任公司提取已订商品 B（222），不含税价款 500 000 元，增值税税率为 17%，扣除预付款后的余额江西百胜有限责任公司已经打入本公司账上。同时，结转销售成本（见图 6-15～图 6-17）。

中国工商银行 进账单（回单）

2015 年 6 月 7 日

付款人	全　称	江西百胜有限责任公司	收款人	全　称	江西汇通工厂
	账　号	363254203456742		账　号	3632542012109876
	开户行	市工行中山支行		开户行	南昌市工行人民路办事处

金额	亿	千	百	十	万	千	百	十	元	角	分
人民币（大写）肆拾玖万伍仟元整			¥	4	9	5	0	0	0	0	0

票据种类		
票据张数		
单位主管　会计　复核　记账		持票人开户签章

图 6-15

320009271　　**江西增值税专用发票**　　No　158897980

记账联

开票日期：2015 年 6 月 7 日

购货单位	名　称：江西百胜有限责任公司 纳税人识别号：67898768998832 地址、电话：南昌市中山路 开户行及账号：市工行中山支行 363254203456742				密码区	677<<>p098865444 9896/1>>9875o678$4 345673<>78/023/*/7	
货物或应税劳务名称	规格型号	单位	数量	单价	金额	税率	税额
B（222）		台	200	2500	500 000.00	17%	85 000.00
合　计					500 000.00		85 000.00
价税合计（大写）	人民币伍拾捌万伍仟元整				（小写）¥585 000.00		
销货单位	名　称：江西汇通工厂 纳税人识别号：3600213458763 地址、电话：南昌市人民东路 开户行及账号：南昌市工行人民路办事处 3632542012109876				备注		

收款人：　　复核：黄静　　开票人：张晓红　　销货单位（章）

图 6-16

出库单

字 2 号

类别	编号	名称	规格	单位	数量		成本									附注
					应收	实收	单价	总成本								
								十	万	千	百	十	元	角	分	
成品	B(222)			台	200	200	2000	4	0	0	0	0	0	0	0	

会计主管　　仓库主管　　保管员　　经发 李晓　　制单 李正

图 6-17

（11）8 日，开出现金支票，提取现金 260 000 元，发放工资，其中生产人员工资 210 000 元，车间管理人员公司 20 000 元，行政管理人员工资 30 000（见图 6-18～图 6-20）。

中国工商银行

现金支票存根

A 12343223

附加信息

出票日期 2015 年 6 月 8 日

收款人：江西汇通工厂
金额：¥260 000.00
用途：工资

单位主管 黄静　会计 张晓红

图 6-18

工资结算汇总表

2015 年 6 月 8 日

车间部门	人员类别	应付工资			实发工资
		计时工资	计件工资	应付工资	
基本生产车间	生产工人	略	略	210 000.00	210 000.00
	管理人员		略	20 000.00	20 000.00
企业管理部门				30 000.00	30 000.00
合计				260 000.00	260 000.00

主管　制单 张晓红

图 6-19

工资分配计算表

2015 年 6 月 8 日

科目	批次/产品	金额
生产成本	A(111)	210 000.00
制造费用		20 000.00
管理费用		30 000.00
合计		260 000.00

主管　会计 张晓红

图 6-20

（12）9 日，行政科购买办公费用 6 150 元，签发现金支票（见图 6-21、图 6-22）。

商业零售统一发票

客户名称：汇通工厂　　2015年6月9日

货号	品名及规格	单位	数量	单价	金额
	复印纸	包	10	200.00	2 000.00
	复写纸	盒	10	40.00	400.00
	墨盒	只	5	300.00	1 500.00
	打印纸	包	5	450.00	2 250.00
金额（大写）陆仟壹佰伍拾元整					¥61 50.00

单位：　　收款：李可　　开票：胡天科

图 6-21

中国工商银行

现金支票存根

A 12343224

附加信息

出票日期 2015年6月9日

收款人：江西汇通工厂
金额：¥6 150.00
用途：办公用品

单位主管 黄静　会计 张晓红

图 6-22

（13）10日，接银行收款通知，受托向南昌振兴有限责任公司收取的汇票款80 000元到账，该公司月初前的欠货款80 000元也同时到账（见图6-23）。

委托收款凭证（收款通知）

委邮　　委托日期：2015年6月10日　　委托号码：第 1233 号

付款人	全称	南昌振兴有限责任公司	收款人	全称	江西汇通工厂
	账号	6214567854321234		账号	3632542012109876
	开户银行	省工行分理处		开户银行	南昌市工行人民路办事处

委托金额	人民币（大写）壹拾陆万元整	千	百	十	万	千	百	十	元	角	分
			¥	1	6	0	0	0	0	0	0

款项内容	货款	委托收款凭证名称	商业承兑汇票	附寄单证张数	1

备注	上列款项 1.已全部划回收入你方账户。 2.已收回部分款项收入你方账户。 3.全部未收到。

图 6-23

（14）11 日，接到银行通知，汇付江西鸿发有限责任公司月初汇票款 142 000 元（见图 6-24）。

委托付款凭证（付款通知）

委邮　　委托日期：2015 年 6 月 11 日　　委托号码：第　02423 号

付款人			收款人		
付款人	全　　称	江西汇通工厂	收款人	全　　称	江西鸿发有限责任公司
	账　　号	3632542012109876		账　　号	3632512345667789
	开户银行	南昌市工行人民路办事处		开户银行	市工商银行人民路办事处

委托金额	人民币（大写）壹拾肆万贰仟元整	千	百	十	万	千	百	十	元	角	分
			¥	1	4	2	0	0	0	0	0

款项内容	货款	委托收款凭证名称	银行承兑汇票	附寄单证张数	2

备注	上列款项： 1. 已全部划回收入你方账户。 2. 已收回部分款项收入你方账户。 3. 全部未收到。

（印章：南昌市工行人民路办事处 2015.06.11 办讫）

图 6-24

（15）12 日，从江西东银公司购入辅助材料一批，价值 40 000 元，增值税税率为 17%，转账支付，材料尚未收到（见图 6-25）。

320009234　　**江西增值税专用发票**　　No　8897980

发　票　联　　开票日期：2015 年 6 月 12 日

购货单位	名　　称：江西汇通工厂 纳税人识别号：360021345876З 地址、电话：南昌市人民东路 开户行及账号：南昌市工行人民路办事处 3632542012109876	密码区	677<<>p098865444 9896/1>>9875o678$4 345673<>78/023/*/7

货物或应税劳务名称	规格型号	单位	数量	单价	金额	税率	税额
辅材		吨	500	80	40 000.00	17%	6 800.00
合　　计					40 000.00		6 800.00
价税合计（大写）	人民币肆万陆仟捌佰元整				（小写）¥46 800.00		

销货单位	名　　称：江西东银公司 纳税人识别号：365787699879087 地址、电话：市华海路 开户行及账号：工行华海路支行 3685987956737890	备注	（印章：江西东银有限责任公司 365787699879087 发票专用章）

收款人：熊晓　　复核：项天　　开票人：何红　　销货单位（章）：

图 6-25

（16）14 日，签发转账支票，支付前欠洪福公司货款 110 000 元（见图 6-26）。
（17）15 日，开出现金支票支付当月车间设备修理费用 5 800 元（见图 6-27）。

中国工商银行

转账支票存根

A 123345

附加信息

出票日期 2015 年 6 月 14 日

收款人：洪福公司
金额：¥110 000.00
用途：支付货款

单位主管 黄静　会计 张晓红

图 6-26

中国工商银行

现金支票存根

A 1234748

附加信息

出票日期 2015 年 6 月 15 日

收款人：青红服务公司
金额：¥5 800.00
用途：支付修理费

单位主管 黄静　会计 张晓红

图 6-27

（18）16 日，签发转账支票支付长恒广告公司广告费用 8 000 元（见图 6-28）。

中国工商银行

转账支票存根

A 123346

附加信息

出票日期 2015 年 6 月 16 日

收款人：长恒公司
金额：¥8 000.00
用途：广告费

单位主管 黄静　会计 张晓红

图 6-28

（19）17 日，采购员王强报销差旅费 2 620 元，余款现金付讫（见图 6-29）。
（20）19 日，行政科购入计算机一台，价值 7 020 元（含税），转账支付（见图 6-30、图 6-31）。

出差旅费报销单

报销日期：2015-6-17

部门	管理部门			出差人		王强								出差事由	
出发				到达				交通工具	单据张数	车船费	住宿费			其他费用	
月	日	时	地点	月	日	时	地点				人数	天数	金额	项目	金额
略															
合计															
报销总额	人民币（大写）	贰仟陆佰贰拾元整										¥ 2 620.00		补领金额	¥ 120.00

主管 黄静　　审核 张晓红　　报销人 王强

图 6-29

22034514　　**江西增值税专用发票**　　No 1898762

发票联

开票日期：2015 年 6 月 19 日

购货单位	名　　称：江西汇通工厂 纳税人识别号：3600213458763 地址、电话：南昌市人民东路 开户行及账号：南昌市工行人民路办事处 3632542012109876	密码区	677<<>p098865444 9896/1>>9875o678$4 345673<>78/023/*/7

货物或应税劳务名称	规格型号	单位	数量	单价	金额	税率	税额
计算机		台	1	6 000.00	6 000.00	17%	1 020.00
合　　计					6 000.00		1 020.00
价税合计（大写）	人民币柒仟零贰佰元整				（小写）¥7 020.00		

销货单位	名　　称：南昌天华电子有限公司 纳税人识别号：3256789254 地址、电话：市华海路 开户行及账号：工行华海路支行 367865576422445	备注	南昌天华电子有限公司 3256789254 发票专用章

收款人：李强　　复核：刘可欣　　开票人：曾红　　销货单位（章）

图 6-30

中国工商银行

转账支票存根

A 1234750

附加信息

出票日期 2015 年 6 月 19 日

收款人：天华电子有限公司
金额：¥7 020.00
用途：购计算机

单位主管 黄静　　会计 张晓红

图 6-31

（21）20 日，销售乙材料一批，价值 30 000 元，增值税税率为 17%，货款已收，存入银行。材料已经发出，成本 20 000 元（见图 6-32～图 6-34）。

320009234　　**江西增值税专用发票**　　No 8897980

记账联

开票日期：2015 年 6 月 20 日

购货单位	名　　称：江西富江工厂 纳税人识别号：364567893478652 地址、电话：南昌市解放路 开户行及账号：市解放路支行 36325420876559876	密码区	677<<>p098865444 9896/1>>9875o678$4 345673<>78/023/*/7

货物或应税劳务名称	规格型号	单位	数量	单价	金额	税率	税额
乙		吨	10	3000.00	30 000.00	17%	5 100.00
合　　计					30 000.00		5 100.00
价税合计（大写）	人民币叁万伍仟壹佰元整				（小写）¥35 100.00		

销货单位	名　　称：江西汇通工厂 纳税人识别号：3600213458763 地址、电话：南昌市人民东路 开户行及账号：南昌市工行人民路办事处 3632542012109876	备注

（印章：江西汇通工厂 3600213458763 发票专用章）

收款人：　　复核：黄静　　开票人：张晓红　　销货单位（章）：

图 6-32

中国工商银行 进账单（回单）

2015 年 6 月 20 日

出票人	全称	江西富江工厂	收款人	全称	江西汇通工厂
	账号	36325420876559876		账号	3632542012109876
	开户行	南昌市解放路		开户行	南昌市工行人民路办事处

金额	人民币（大写）叁万伍仟壹佰元整	十	万	千	百	十	元	角	分
		¥	3	5	1	0	0	0	0
票据种类									
票据张数	2								

（印章：南昌市工行人民路办事处 2015.06.20 办讫）

单位主管　会计　复核　记账　　　　持票人开户签章

图 6-33

出库单

字 2 号

类别	编号	名称	规格	单位	数量 应收	数量 实收	单价	十	万	千	百	十	元	角	分	附注
材料		乙		台	10	10	2000		2	0	0	0	0	0	0	

（成本：单价、总成本）

会计主管　　仓库主管　　保管员　　经发 李晓　　制单 李正

图 6-34

（22）22 日，以银行存款支付投资者利润 70 000 元（见图 6-35）。

一般缴款书（收据）

2015 年 6 月 22 日　　国缴字 17 号

<table>
<tr><td rowspan="3">收款单位</td><td>财政机关</td><td colspan="4">南昌财政局</td><td rowspan="3" colspan="2">缴款单位</td><td colspan="3">全　称</td><td colspan="6">江西汇通工厂</td></tr>
<tr><td>预算级次</td><td colspan="4">市级</td><td colspan="3">账　户</td><td colspan="6">南昌市工行人民路办事处</td></tr>
<tr><td>收缴国库</td><td colspan="4">南昌市支库</td><td colspan="3">账　号</td><td colspan="6">3632542012109876</td></tr>
<tr><td colspan="2">预算科目</td><td rowspan="2">年度</td><td rowspan="2">月份</td><td colspan="10">金额</td><td colspan="3" rowspan="2">备注</td></tr>
<tr><td>款</td><td>项</td><td>千</td><td>百</td><td>十</td><td>万</td><td>千</td><td>百</td><td>十</td><td>元</td><td>角</td><td>分</td></tr>
<tr><td>国营企业上交利润</td><td>重工</td><td>2015</td><td>6</td><td></td><td></td><td></td><td>7</td><td>0</td><td>0</td><td>0</td><td>0</td><td>0</td><td>0</td><td colspan="3"></td></tr>
<tr><td></td><td></td><td></td><td></td><td></td><td></td><td></td><td></td><td></td><td></td><td></td><td></td><td></td><td></td><td colspan="3"></td></tr>
<tr><td colspan="2">合 计</td><td></td><td></td><td></td><td></td><td>¥</td><td>7</td><td>0</td><td>0</td><td>0</td><td>0</td><td>0</td><td>0</td><td colspan="3"></td></tr>
<tr><td colspan="17">金额人民币（大写）柒万元整</td></tr>
<tr><td colspan="5">缴款单位公章
复核员
经办人</td><td colspan="12">上述宽限已收妥并划转收款单位预算账户
国库（银行）盖章
复核员　记账员　出纳员
年　月　日</td></tr>
</table>

图 6-35

（23）25 日，从江西东银公司购入的辅助材料到货，验收入库（见图 6-36）。

入库单

字　4 号

<table>
<tr><td rowspan="3">类别</td><td rowspan="3">编号</td><td rowspan="3">名称</td><td rowspan="3">规格</td><td rowspan="3">单位</td><td colspan="2">数量</td><td colspan="9">成本</td><td rowspan="3">附注</td></tr>
<tr><td rowspan="2">应收</td><td rowspan="2">实收</td><td rowspan="2">单价</td><td colspan="8">总成本</td></tr>
<tr><td>十</td><td>万</td><td>千</td><td>百</td><td>十</td><td>元</td><td>角</td><td>分</td></tr>
<tr><td>原材料</td><td></td><td>辅料</td><td></td><td></td><td></td><td></td><td></td><td></td><td>4</td><td>0</td><td>0</td><td>0</td><td>0</td><td>0</td><td>0</td><td></td></tr>
<tr><td></td><td></td><td></td><td></td><td></td><td></td><td></td><td></td><td></td><td></td><td></td><td></td><td></td><td></td><td></td><td></td><td></td></tr>
<tr><td></td><td></td><td></td><td></td><td></td><td></td><td></td><td></td><td></td><td></td><td></td><td></td><td></td><td></td><td></td><td></td><td></td></tr>
<tr><td></td><td></td><td></td><td></td><td></td><td></td><td></td><td></td><td></td><td></td><td></td><td></td><td></td><td></td><td></td><td></td><td></td></tr>
</table>

会计主管　　仓库主管　　保管员　　验收 李丽华　　制单 周亮

图 6-36

（24）26 日，以银行存款支付当月电费 8600 元（其中，车间 7 200 元，管理部门 1 400 元），支付水费 4 200 元（其中，车间 3 600，管理部门 600）（见图 6-37～图 6-41）。

江西省南昌市自来水公司水费发票

客户名称：江西汇通工厂　　2015 年 6 月 26 日

<table>
<tr><td rowspan="2">本月表数</td><td rowspan="2">上月表数</td><td rowspan="2">实际水量</td><td rowspan="2">单位</td><td rowspan="2">单价</td><td colspan="6">金额</td><td rowspan="2">备注</td></tr>
<tr><td>千</td><td>百</td><td>十</td><td>元</td><td>角</td><td>分</td></tr>
<tr><td>3394</td><td>2344</td><td>1050</td><td>吨</td><td>4.00</td><td>4</td><td>2</td><td>0</td><td>0</td><td>0</td><td>0</td><td></td></tr>
<tr><td></td><td></td><td></td><td></td><td></td><td></td><td></td><td></td><td></td><td></td><td></td><td></td></tr>
<tr><td></td><td></td><td></td><td></td><td></td><td></td><td></td><td></td><td></td><td></td><td></td><td></td></tr>
<tr><td colspan="12">合计人民币（大写）肆仟贰佰元整　　¥4 200.00</td></tr>
</table>

开票人：秦欢　　收款人：何田　　抄表人：黄亮可　　开票单位(开票单位)

图 6-37

江西省南昌市电费统一发票

客户名称：江西汇通工厂　　　　2015年6月26日

名称	上月表数	本月表数	实际用量	单价	金额						备注
					千	百	十	元	角	分	
工业用电	3354	7654	4300	2.00	8	6	0	0	0	0	
合计人民币（大写）捌仟陆佰元整					¥8 600.00						

开票人：洪期　　收款人：许欣　　抄表人：何琪　　开票单位(开票单位)：南昌市供电公司 3256789254 发票专用章

图6-38

委托银行收款结算凭证（支款通知）

委邮　　委托日期：2015年6月26日　　委托号码：第　02424号

付款人	全称	江西汇通工厂	收款人	全称	南昌市自来水公司
	账号	3632542012109876		账号	3632534566345
	开户银行	南昌市工行人民路办事处		开户银行	市工行船山路支行

委托金额	人民币（大写）捌仟陆佰元整	千	百	十	万	千	百	十	元	角	分
					¥	4	2	0	0	0	0

款项内容	水费	委托收款凭证名称	电费专用发票	附寄证张数	1
备注		上列款项： 1. 已全部划回收入你方账户。 2. 已收回部分款项收入你方账户。 3. 全部未收到。			

南昌市工行人民路办事处 2015.06.26 办讫

图6-39

委托银行收款结算凭证（支款通知）

委邮　　委托日期：2015年6月26日　　委托号码：第　02424号

付款人	全称	江西汇通工厂	收款人	全称	南昌市供电公司
	账号	3632542012109876		账号	3623345653224
	开户银行	南昌市工行人民路办事处		开户银行	市工行解放路支行

委托金额	人民币（大写）肆仟贰佰元整	千	百	十	万	千	百	十	元	角	分
					¥	8	6	0	0	0	0

款项内容	电费	委托收款凭证名称	水费专用发票	附寄证件张数	1
备注		上列款项： 1. 已全部划回收入你方账户。 2. 已收回部分款项收入你方账户。 3. 全部未收到。			

南昌市工行人民路办事处 2015.06.26 办讫

图6-40

费用分配表

2015 年 6 月 26 日

部门产品	科目	电费		水费		合计
		耗量	金额	耗量	金额	
应分配费用			8 600		4 200	12 800
分配率						
基本生产车间	制造费用		7 200		3 600	10 800
管理部门	管理费用		1 400		600	2 000

会计主管　　　　制单 张晓红

图 6-41

（25）28 日，以银行存款支付当月电话费 1 800 元（见图 6-42）。

委托银行收款结算凭证（支款通知）

委邮　　委托日期：2015 年 6 月 28 日　　委托号码：第　02489 号

付款人	全　称	江西汇通工厂	收款人	全　称	南昌电信局
	账　号	3632542012109876		账　号	8776565447890
	开户银行	南昌市工行人民路办事处		开户银行	市工商银行建设路支行
委托金额	人民币（大写）壹仟捌佰元整			万 千 百 十 元 角 分	¥ 1 8 0 0 0 0
款项内容	电话费	委托付款凭证名称		附寄单证张数	2
备注		上列款项： 1. 已全部划回收入你方账户。 2. 已收回部分款项收入你方账户。 3. 全部未收到。			

（印章：南昌市工行人民路办事处 2015.06.28 办讫）

图 6-42

（26）30 日，计提固定资产折旧（直线折旧）（见图 6-43）。

固定资产折旧计算表

2015 年 6 月 30 日

固定资产类别	上月计提		上月增加		上月减少		本月计提	
	原值	折旧	原值	折旧	原值	折旧	原值	折旧
生产用	2160000	21 280						21 280
管理部门用	406 000	4 060						4 060
合计		25 340						25 340

会计主管　　　　制单 张晓红

图 6-43

(27) 30日，结转制造费用（见图6-44）。

制造费用分配表

2015年6月30日

产品名称	分配标准	分配率	分配金额
A(111)			
合计			

会计主管　　　　制单

图 6-44

(28) 30日，A（111）全部完工，按照实际成本结转完工产品成本（见图6-45）。

产品成本计算单

2015年6月30日

产品名称：A(111)　　　　完工产品数量：500

项目	直接材料	直接人工	制造费用	合计
期初在产品				
本月发生额				
合计				
完工产品成本				
期末在产品成本				
单位成本				

会计主管　　　　制单

图 6-45

(29) 30日，结转本年利润（见图6-46）。

结转当期损益

科目	金额	科目	金额
合计			

图 6-46

（30）30 日，按照利润总额的 25%计算应交所得税（见图 6-47）。

应交所得税计算表

2015 年 6 月 30 日　　单位：元

本月会计利润	纳税调整	应纳税所得额	税率	税额
			25%	

会计主管　　制单

图 6-47

（31）30 日，按照净利润的 10%提取法定盈余公积金（见图 6-48）。

盈余公积计算表

2015 年 6 月 30 日　　单位：元

项目	本年净利润	计提比例	金额	备注

会计主管　　制单

图 6-48

（32）30 日，按照净利润的 20%向投资者分配利润（见图 6-49）。

投资者利润计算表

2015 年 6 月 30 日　　单位：元

本年净利润	计提比例	金额	备注

会计主管　　制单

图 6-49

第三步，根据原始凭证编制记账凭证。

（1）

表 6-5　　记账凭证

年　月　日　　记字第　号

摘　要	会计科目		借方金额	贷方金额
	一级科目	明细科目		
合计				

附件　张

会计主管　　记账　　出纳　　审核　　制单

（2）

表 6-6

记账凭证

年　月　日　　　　记字第　号

摘　要	会计科目		借方金额	贷方金额
	一级科目	明细科目		
合计				

附件　张

会计主管　记账　出纳　审核　制单

（3）

表 6-7

记账凭证

年　月　日　　　　记字第　号

摘　要	会计科目		借方金额	贷方金额
	一级科目	明细科目		
合计				

附件　张

会计主管　记账　出纳　审核　制单

（4）

表 6-8

记账凭证

年　月　日　　　　记字第　号

摘　要	会计科目		借方金额	贷方金额
	一级科目	明细科目		
合计				

附件　张

会计主管　记账　出纳　审核　制单

（5）

表 6-9

记账凭证

年 月 日　　　　记字第 号

摘 要	会计科目		借方金额	贷方金额
	一级科目	明细科目		
合计				

附件 张

会计主管　记账　出纳　审核　制单

表 6-10

记账凭证

年 月 日　　　　记字第 号

摘 要	会计科目		借方金额	贷方金额
	一级科目	明细科目		
合计				

附件 张

会计主管　记账　出纳　审核　制单

（6）

表 6-11

记账凭证

年 月 日　　　　记字第 号

摘 要	会计科目		借方金额	贷方金额
	一级科目	明细科目		
合计				

附件 张

会计主管　记账　出纳　审核　制单

（7）

表 6-12

记账凭证

年　月　日　　　　记字第　号

<table>
<tr><td rowspan="2">摘　要</td><td colspan="2">会计科目</td><td rowspan="2">借方金额</td><td rowspan="2">贷方金额</td><td rowspan="6">附件

张</td></tr>
<tr><td>一级科目</td><td>明细科目</td></tr>
<tr><td></td><td></td><td></td><td></td><td></td></tr>
<tr><td></td><td></td><td></td><td></td><td></td></tr>
<tr><td></td><td></td><td></td><td></td><td></td></tr>
<tr><td></td><td></td><td></td><td></td><td></td></tr>
<tr><td colspan="3">合计</td><td></td><td></td><td></td></tr>
</table>

会计主管　　记账　　出纳　　审核　　制单

表 6-13

记账凭证

年　月　日　　　　记字第　号

<table>
<tr><td rowspan="2">摘　要</td><td colspan="2">会计科目</td><td rowspan="2">借方金额</td><td rowspan="2">贷方金额</td><td rowspan="6">附件

张</td></tr>
<tr><td>一级科目</td><td>明细科目</td></tr>
<tr><td></td><td></td><td></td><td></td><td></td></tr>
<tr><td></td><td></td><td></td><td></td><td></td></tr>
<tr><td></td><td></td><td></td><td></td><td></td></tr>
<tr><td></td><td></td><td></td><td></td><td></td></tr>
<tr><td colspan="3">合计</td><td></td><td></td><td></td></tr>
</table>

会计主管　　记账　　出纳　　审核　　制单

（8）

表 6-14

记账凭证

年　月　日　　　　记字第　号

<table>
<tr><td rowspan="2">摘　要</td><td colspan="2">会计科目</td><td rowspan="2">借方金额</td><td rowspan="2">贷方金额</td><td rowspan="6">附件

张</td></tr>
<tr><td>一级科目</td><td>明细科目</td></tr>
<tr><td></td><td></td><td></td><td></td><td></td></tr>
<tr><td></td><td></td><td></td><td></td><td></td></tr>
<tr><td></td><td></td><td></td><td></td><td></td></tr>
<tr><td></td><td></td><td></td><td></td><td></td></tr>
<tr><td colspan="3">合计</td><td></td><td></td><td></td></tr>
</table>

会计主管　　记账　　出纳　　审核　　制单

（9）

表 6-15

记账凭证

年　月　日　　　　记字第　号

摘　要	会计科目		借方金额	贷方金额
	一级科目	明细科目		
合计				

附件　张

会计主管　　记账　　出纳　　审核　　制单

（10）

表 6-16

记账凭证

年　月　日　　　　记字第　号

摘　要	会计科目		借方金额	贷方金额
	一级科目	明细科目		
合计				

附件　张

会计主管　　记账　　出纳　　审核　　制单

表 6-17

记账凭证

年　月　日　　　　记字第　号

摘　要	会计科目		借方金额	贷方金额
	一级科目	明细科目		
合计				

附件　张

会计主管　　记账　　出纳　　审核　　制单

（11）

表6-18

记账凭证

年　月　日　　　　　　　　记字第　号

摘　要	会计科目		借方金额	贷方金额
	一级科目	明细科目		
合计				

附件　张

会计主管　　记账　　出纳　　审核　　制单

表6-19

记账凭证

年　月　日　　　　　　　　记字第　号

摘　要	会计科目		借方金额	贷方金额
	一级科目	明细科目		
合计				

附件　张

会计主管　　记账　　出纳　　审核　　制单

表6-20

记账凭证

年　月　日　　　　　　　　记字第　号

摘　要	会计科目		借方金额	贷方金额
	一级科目	明细科目		
合计				

附件　张

会计主管　　记账　　出纳　　审核　　制单

（12）

表 6-21

记账凭证

年 月 日　　　　记字第 号

<table>
<tr><td rowspan="2">摘　要</td><td colspan="2">会 计 科 目</td><td rowspan="2">借方金额</td><td rowspan="2">贷方金额</td><td rowspan="7">附件

张</td></tr>
<tr><td>一 级 科 目</td><td>明 细 科 目</td></tr>
<tr><td></td><td></td><td></td><td></td><td></td></tr>
<tr><td></td><td></td><td></td><td></td><td></td></tr>
<tr><td></td><td></td><td></td><td></td><td></td></tr>
<tr><td></td><td></td><td></td><td></td><td></td></tr>
<tr><td colspan="3">合计</td><td></td><td></td></tr>
</table>

会计主管　　记账　　出纳　　审核　　制单

（13）

表 6-22

记账凭证

年 月 日　　　　记字第 号

<table>
<tr><td rowspan="2">摘　要</td><td colspan="2">会 计 科 目</td><td rowspan="2">借方金额</td><td rowspan="2">贷方金额</td><td rowspan="7">附件

张</td></tr>
<tr><td>一 级 科 目</td><td>明 细 科 目</td></tr>
<tr><td></td><td></td><td></td><td></td><td></td></tr>
<tr><td></td><td></td><td></td><td></td><td></td></tr>
<tr><td></td><td></td><td></td><td></td><td></td></tr>
<tr><td></td><td></td><td></td><td></td><td></td></tr>
<tr><td colspan="3">合计</td><td></td><td></td></tr>
</table>

会计主管　　记账　　出纳　　审核　　制单

（14）

表 6-23

记账凭证

年 月 日　　　　记字第 号

<table>
<tr><td rowspan="2">摘　要</td><td colspan="2">会 计 科 目</td><td rowspan="2">借方金额</td><td rowspan="2">贷方金额</td><td rowspan="7">附件

张</td></tr>
<tr><td>一 级 科 目</td><td>明 细 科 目</td></tr>
<tr><td></td><td></td><td></td><td></td><td></td></tr>
<tr><td></td><td></td><td></td><td></td><td></td></tr>
<tr><td></td><td></td><td></td><td></td><td></td></tr>
<tr><td></td><td></td><td></td><td></td><td></td></tr>
<tr><td colspan="3">合计</td><td></td><td></td></tr>
</table>

会计主管　　记账　　出纳　　审核　　制单

（15）

表 6-24

记账凭证

年　月　日　　　　记字第　号

摘　要	会计科目		借方金额	贷方金额
	一级科目	明细科目		
合计				

附件　张

会计主管　记账　出纳　审核　制单

（16）

表 6-25

记账凭证

年　月　日　　　　记字第　号

摘　要	会计科目		借方金额	贷方金额
	一级科目	明细科目		
合计				

会计主管　记账　出纳　审核　制单

（17）

表 6-26

记账凭证

年　月　日　　　　记字第　号

摘　要	会计科目		借方金额	贷方金额
	一级科目	明细科目		
合计				

附件　张

会计主管　记账　出纳　审核　制单

（18）

表 6-27

记账凭证

年　月　日　　　　记字第　号

摘　要	会计科目		借方金额	贷方金额
	一级科目	明细科目		
合计				

会计主管　　记账　　出纳　　审核　　制单

（19）

表 6-28

记账凭证

年　月　日　　　　记字第　号

摘　要	会计科目		借方金额	贷方金额
	一级科目	明细科目		
合计				

附件　张

会计主管　　记账　　出纳　　审核　　制单

（20）

表 6-29

记账凭证

年　月　日　　　　记字第　号

摘　要	会计科目		借方金额	贷方金额
	一级科目	明细科目		
合计				

附件　张

会计主管　　记账　　出纳　　审核　　制单

（21）

表 6-30

记账凭证

年　月　日　　　　　　　　　　　　记字第　号

摘　要	会计科目		借方金额	贷方金额
	一级科目	明细科目		
合计				

附件　张

会计主管　　记账　　出纳　　审核　　制单

表 6-31

记账凭证

年　月　日　　　　　　　　　　　　记字第　号

摘　要	会计科目		借方金额	贷方金额
	一级科目	明细科目		
合计				

附件　张

会计主管　　记账　　出纳　　审核　　制单

（22）

表 6-32

记账凭证

年　月　日　　　　　　　　　　　　记字第　号

摘　要	会计科目		借方金额	贷方金额
	一级科目	明细科目		
合计				

附件　张

会计主管　　记账　　出纳　　审核　　制单

（23）

表 6-33　　记账凭证

年　月　日　　　　记字第　号

摘　要	会计科目		借方金额	贷方金额	附件
	一级科目	明细科目			
					张
合计					

会计主管　　记账　　出纳　　审核　　制单

（24）

表 6-34　　记账凭证

年　月　日　　　　记字第　号

摘　要	会计科目		借方金额	贷方金额	附件
	一级科目	明细科目			
					张
合计					

会计主管　　记账　　出纳　　审核　　制单

（25）

表 6-35　　记账凭证

年　月　日　　　　记字第　号

摘　要	会计科目		借方金额	贷方金额	附件
	一级科目	明细科目			
					张
合计					

会计主管　　记账　　出纳　　审核　　制单

（26）

表 6-36

记账凭证

年　月　日　　　　记字第　号

摘　要	会计科目		借方金额	贷方金额
	一级科目	明细科目		
合计				

附件　张

会计主管　记账　出纳　审核　制单

（27）

表 6-37

记账凭证

年　月　日　　　　记字第　号

摘　要	会计科目		借方金额	贷方金额
	一级科目	明细科目		
合计				

附件　张

会计主管　记账　出纳　审核　制单

（28）

表 6-38

记账凭证

年　月　日　　　　记字第　号

摘　要	会计科目		借方金额	贷方金额
	一级科目	明细科目		
合计				

附件　张

会计主管　记账　出纳　审核　制单

（29）

表 6-39　　　　记账凭证

年　月　日　　　　记字第　号

摘　要	会计科目		借方金额	贷方金额	附件　张
	一级科目	明细科目			
合计					

会计主管　　记账　　出纳　　审核　　制单

表 6-40　　　　记账凭证

年　月　日　　　　记字第　号

摘　要	会计科目		借方金额	贷方金额	附件　张
	一级科目	明细科目			
合计					

会计主管　　记账　　出纳　　审核　　制单

（30）

表 6-41　　　　记账凭证

年　月　日　　　　记字第　号

摘　要	会计科目		借方金额	贷方金额	附件　张
	一级科目	明细科目			
合计					

会计主管　　记账　　出纳　　审核　　制单

表 6-42

记账凭证

年　月　日　　　　记字第　号

摘要	会计科目		借方金额	贷方金额
	一级科目	明细科目		
合计				

附件　张

会计主管　记账　出纳　审核　制单

（31）

表 6-43

记账凭证

年　月　日　　　　记字第　号

摘要	会计科目		借方金额	贷方金额
	一级科目	明细科目		
合计				

附件　张

会计主管　记账　出纳　审核　制单

（32）

表 6-44

记账凭证

年　月　日　　　　记字第　号

摘要	会计科目		借方金额	贷方金额
	一级科目	明细科目		
合计				

附件　张

会计主管　记账　出纳　审核　制单

第四步，根据收款凭证、付款凭证逐笔登记现金日记账和银行存款日记账。

现金日记账如表 6-45 所示，银行存款日记账如表 6-46 所示。

表 6-45

现金日记账

2015 年		凭证号数		摘　要	借　方	贷　方	余　额
月	日	字	号				

表 6-46

银行存款日记账

2015 年		凭证号数		摘　要	借　方	贷　方	余　额
月	日	字	号				

第五步，根据记账凭证，登记各种明细分类账。

各种明细分类账如表 6-47～表 6-87 所示。

表 6-47　　应收票据明细账

二级明细科目　南昌振兴有限责任公司

2015 年		凭证号数		摘要	借方	贷方	余额
月	日	字	号				

表 6-48　　应收账款明细账

二级明细科目　华强公司

2015 年		凭证号数		摘要	借方	贷方	余额
月	日	字	号				

表 6-49　　应收账款明细账

二级明细科目　南昌振兴有限责任公司

2015 年		凭证号数		摘要	借方	贷方	余额
月	日	字	号				

表 6-50　　其他应收款明细账

二级明细科目　王强

2015 年		凭证号数		摘要	借方	贷方	余额
月	日	字	号				

表 6-51　　**在途物资明细账**

二级明细科目　甲材料

2015 年		凭证号数		摘 要	借 方	贷 方	余 额
月	日	字	号				

表 6-52　　**在途物资明细账**

二级明细科目　辅助材料

2015 年		凭证号数		摘 要	借 方	贷 方	余 额
月	日	字	号				

表 6-53　　**原材料明细账**

类别＿＿＿＿＿＿＿＿品名＿＿＿甲材料＿＿＿计量单位＿＿＿＿＿＿＿＿储存地点＿＿＿＿＿＿＿＿

2015 年		凭证号数	摘要	借方（收入）			贷方（发出）			结存		
月	日			数量	单价	金额	数量	单价	金额	数量	单价	金额

表 6-54　　**原材料明细账**

类别＿＿＿＿＿＿＿＿品名＿＿＿乙材料＿＿＿计量单位＿＿＿＿＿＿＿＿储存地点＿＿＿＿＿＿＿＿

2015 年		凭证号数	摘要	借方（收入）			贷方（发出）			结存		
月	日			数量	单价	金额	数量	单价	金额	数量	单价	金额

表 6-55

原材料明细账

二级明细科目 辅助材料

2015 年		凭证号数		摘要	借方	贷方	余额
月	日	字	号				

表 6-56

生产成本明细账

二级明细科目 A(111)

2015 年		凭证号数		摘要	借方	贷方	余额
月	日	字	号				

表 6-57

制造费用明细账

二级明细科目 生产车间

2015 年		凭证号数		摘要	借方	贷方	余额
月	日	字	号				

表 6-58

库存商品明细账

类别______ 品名 A(111) 计量单位______ 储存地点______

2015 年		凭证号数	摘要	借方（收入）			贷方（发出）			结存		
月	日			数量	单价	金额	数量	单价	金额	数量	单价	金额

表 6-59

库存商品明细账

类别________品名　B(222)　计量单位________储存地点________

2015年		凭证号数	摘要	借方（收入）			贷方（发出）			结存		
月	日			数量	单价	金额	数量	单价	金额	数量	单价	金额

表 6-60

固定资产明细账

二级明细科目　管理部门

2015年		凭证号数		摘要	借方	贷方	余额
月	日	字	号				

表 6-61

累计折旧明细账

2015年		凭证号数		摘要	借方	贷方	余额
月	日	字	号				

表 6-62

应付票据明细账

二级明细科目　江西鸿发有限责任公司（银行承兑汇票）

2015年		凭证号数		摘要	借方	贷方	余额
月	日	字	号				

表 6-63

应付票据明细账

二级明细科目　江西鸿发有限责任公司（商业承兑汇票）

2015 年		凭证号数		摘要	借方	贷方	余额
月	日	字	号				

表 6-64

应付账款明细账

二级明细科目　江西鸿发有限责任公司

2015 年		凭证号数		摘要	借方	贷方	余额
月	日	字	号				

表 6-65

预收账款明细账

二级明细科目　南昌振兴有限责任公司

2015 年		凭证号数		摘要	借方	贷方	余额
月	日	字	号				

表 6-66

预收账款明细账

二级明细科目　江西百胜有限责任公司

2015 年		凭证号数		摘要	借方	贷方	余额
月	日	字	号				

表 6-67

应付职工薪酬明细账

二级明细科目　工资

2015 年		凭证号数		摘要	借方	贷方	余额
月	日	字	号				

表 6-68

应付职工薪酬明细账

二级明细科目　福利费

2015 年		凭证号数		摘要	借方	贷方	余额
月	日	字	号				

表 6-69

应交税费明细账

二级明细科目　应交增值税

2015 年		凭证号数		摘要	借方	贷方	余额
月	日	字	号				

表 6-70

应交税费明细账

二级明细科目 应交所得税

2015 年		凭证号数		摘要	借方	贷方	余额
月	日	字	号				

表 6-71

应付股利明细账

二级明细科目 上交国库

2015 年		凭证号数		摘要	借方	贷方	余额
月	日	字	号				

表 6-72

盈余公积明细账

二级明细科目 法定盈余公积

2015 年		凭证号数		摘要	借方	贷方	余额
月	日	字	号				

表 6-73

利润分配明细账

二级明细科目 未分配利润

2015 年		凭证号数		摘要	借方	贷方	余额
月	日	字	号				

表 6-74

利润分配明细账

二级明细科目　提取法定盈余公积

2015 年		凭证号数		摘 要	借 方	贷 方	余 额
月	日	字	号				

表 6-75

利润分配明细账

二级明细科目　投资者利润

2015 年		凭证号数		摘 要	借 方	贷 方	余 额
月	日	字	号				

表 6-76

本年利润明细账

2015 年		凭证号数		摘 要	借 方	贷 方	余 额
月	日	字	号				

表 6-77

主营业务成本明细账

二级明细科目　A(111)

2015 年		凭证号数		摘 要	借 方	贷 方	余 额
月	日	字	号				

表 6-78　　**主营业务成本明细账**

二级明细科目　B(222)

2015 年		凭证号数		摘 要	借 方	贷 方	余 额
月	日	字	号				

表 6-79　　**主营业务收入明细账**

二级明细科目　A (111)

2015 年		凭证号数		摘 要	借 方	贷 方	余 额
月	日	字	号				

表 6-80　　**主营业务收入明细账**

二级明细科目　B(222)

2015 年		凭证号数		摘 要	借 方	贷 方	余 额
月	日	字	号				

表 6-81　　**其他业务收入明细账**

2015 年		凭证号数		摘 要	借 方	贷 方	余 额
月	日	字	号				

表 6-82　　其他业务成本明细账

2015 年		凭证号数		摘 要	借 方	贷 方	余额
月	日	字	号				

表 6-83　　所得税明细账

2015 年		凭证号数		摘 要	借 方	贷 方	余 额
月	日	字	号				

表 6-84　　利润分配明细账

二级明细科目　未分配利润

2015 年		凭证号数		摘 要	借 方	贷 方	余 额
月	日	字	号				

表 6-85　　管理费用明细账

2015 年		凭证号数	摘 要	借方					余额
月	日								

表 6-86 财务费用明细账

2015 年		凭证号数	摘 要	借方					余额
月	日								

表 6-87 销售费用明细账

年		凭证号数	摘 要	借方					余额
月	日								

第六步，根据记账凭证编制科目汇总表（见表 6-88）。

表 6-88 科目汇总表

科目名称	借方期初余额	贷方期初余额	借方发生额	借方发生额	借方期末余额	贷方期末余额
库存现金						
银行存款						
交易性金融资产						
应收票据						
应收账款						
其他应收款						
在途物资						
原材料						
周转材料						
生产成本						
制造费用						
库存商品						
长期股权投资						
固定资产						
累计折旧						
短期借款						
应付票据						
应付账款						
预收账款						
应付职工薪酬						
其他应付款						
应付股利						

续表

科目名称	借方期初余额	贷方期初余额	借方发生额	借方发生额	借方期末余额	贷方期末余额
应交税费						
实收资本						
盈余公积						
本年利润						
利润分配						
主营业务收入						
主营业务成本						
其他业务收入						
其他业务成本						
销售费用						
财务费用						
管理费用						
所得税费用						
合计						

第七步，根据科目汇总表登记总账（见表6-89～表6-116）。

表6-89　　库存现金　总账

2015年		凭证号数		摘　要	借　方	贷　方	余　额
月	日	字	号				

表6-90　　银行存款　总账

2015年		凭证号数		摘　要	借　方	贷　方	余　额
月	日	字	号				

表6-91　　应收票据　总账

2015年		凭证号数		摘　要	借　方	贷　方	余　额
月	日	字	号				

表 6-92

应收账款　总账

2015 年		凭证号数		摘　要	借　方	贷　方	余　额
月	日	字	号				

表 6-93

其他应收款　总账

2015 年		凭证号数		摘　要	借　方	贷　方	余　额
月	日	字	号				

表 6-94

在途物资　总账

2015 年		凭证号数		摘　要	借　方	贷　方	余　额
月	日	字	号				

表 6-95

原材料　总账

2015 年		凭证号数		摘　要	借　方	贷　方	余　额
月	日	字	号				

表 6-96

生产成本　总账

2015 年		凭证号数		摘　要	借　方	贷　方	余　额
月	日	字	号				

表 6-97

制造费用　总账

2015 年		凭证号数		摘　要	借　方	贷　方	余　额
月	日	字	号				

表 6-98

库存商品　总账

2015 年		凭证号数		摘　要	借　方	贷　方	余　额
月	日	字	号				

表 6-99

固定资产　总账

2015 年		凭证号数		摘　要	借　方	贷　方	余　额
月	日	字	号				

表 6-100

累计折旧　总账

2015 年		凭证号数		摘　要	借　方	贷　方	余　额
月	日	字	号				

表 6-101

应付票据　总账

2015 年		凭证号数		摘　要	借　方	贷　方	余　额
月	日	字	号				

表 6-102

应付账款 总账

2015年		凭证号数		摘要	借方	贷方	余额
月	日	字	号				

表 6-103

预收账款 总账

2015年		凭证号数		摘要	借方	贷方	余额
月	日	字	号				

表 6-104

应付职工薪酬 总账

2015年		凭证号数		摘要	借方	贷方	余额
月	日	字	号				

表 6-105

应付股利 总账

2015年		凭证号数		摘要	借方	贷方	余额
月	日	字	号				

表 6-106

盈余公积 总账

2015年		凭证号数		摘要	借方	贷方	余额
月	日	字	号				

表 6-107

利润分配　总账

2015 年		凭证号数		摘　要	借　方	贷　方	余　额
月	日	字	号				

表 6-108

本年利润　总账

2015 年		凭证号数		摘　要	借　方	贷　方	余　额
月	日	字	号				

表 6-109

主营业务收入　总账

2015 年		凭证号数		摘　要	借　方	贷　方	余　额
月	日	字	号				

表 6-110

主营业务成本 总账

2015 年		凭证号数		摘　要	借　方	贷　方	余　额
月	日	字	号				

表 6-111

其他业务收入 总账

2015 年		凭证号数		摘　要	借　方	贷　方	余　额
月	日	字	号				

表 6-112

其他业务成本 总账

2015 年		凭证号数		摘 要	借 方	贷 方	余 额
月	日	字	号				

表 6-113

销售费用 总账

2015 年		凭证号数		摘 要	借 方	贷 方	余 额
月	日	字	号				

表 6-114

管理费用 总账

2015 年		凭证号数		摘 要	借 方	贷 方	余 额
月	日	字	号				

表 6-115

财务费用 总账

2015 年		凭证号数		摘 要	借 方	贷 方	余 额
月	日	字	号				

表 6-116

所得税费用 总账

2015 年		凭证号数		摘 要	借 方	贷 方	余 额
月	日	字	号				

期末，现金日记账、银行存款日记账和明细分类账的余额同有关总分类账的余额核对相符。

第八步，期末，根据总分类账和明细分类账的记录，编制会计报表。

资产负债表如表 6-117 所示，利润表如表 6-118 所示。

表 6-117　　资产负债表

编制单位：　　　　年　月　日　　　　单位：元

资　产	期末余额	年初余额	负债和所有者权益	期末余额	年初余额
流动资产：			流动负债：		
货币资金			短期借款		
交易性金融资产			交易性金融负债		
应收票据			应付票据		
应收账款			应付账款		
预付款项			预收款项		
应收利息			应付职工薪酬		
应收股利			应交税费		
其他应收款			应付利息		
存货			应付股利		
一年内到期的非流动资产			其他应付款		
其他流动资产			一年内到期的非流动负债		
流动资产合计			其他流动负债		
非流动资产：			流动负债合计		
可供出售金融资产			非流动负债：		
持有至到期投资			长期借款		
长期应收款			应付债券		
长期股权投资			长期应付款		
投资性房地产			专项应付款		
固定资产			预计负债		
在建工程			递延所得税负债		
工程物资			其他非流动负债		
固定资产清理			非流动负债合计		
生产性生物资产			负债合计		
无形资产			所有者权益（或股东权益）：		
开发支出			实收资本（或股本）		
商誉			资本公积		
长期待摊费用			减：库存股		
递延所得税资产			盈余公积		
其他非流动资产			未分配利润		
非流动资产合计			所有者权益合计		
资产总计			负债和所有者权益合计		

表 6-118　　利润表

编制单位：　　年　月　日　　单位：元

项　　目	本期金额	上期金额
一、营业收入		
减：营业成本		
营业税金及附加		
销售费用		
管理费用		
财务费用		
资产减值损失		
加：公允价值变动收益（损失以“－”号填列）		
投资收益（损失以“－”号填列）		
其中：对联营企业和合营企业的投资收益		
二、营业利润（亏损以“－”号填列）		
加：营业外收入		
减：营业外支出		
其中：非流动资产处置损失		
三、利润总额（亏损总额以“－”号填列）		
减：所得税费用		
四、净利润（净亏损以“－”号填列）		
五、每股收益：		
（一）基本每股收益		
（二）稀释每股收益		

模块综述

账务处理程序主要是对会计数据的记录、归类、汇总、呈报的步骤和方法。即从原始凭证的整理、汇总，记账凭证的填制、汇总，日记账、明细分类账的登记，到会计报表的编制的步骤和方法。财务处理程序可以概括为原始凭证—记账凭证—会计账簿—会计报表。通过会计工作过程的基本技能综合实训，展示学习成果，同学们应该对账务处理的基本流程有了比较深刻的认识。

阅读篇目

- 财政部颁布的《会计基础工作规范》。
- 财政部、国家档案局发布的《会计档案管理办法》。